Cornelia Haller-Zingerling | Susanne Hofmann

Die Welt von MILCH und Käse

»Bescheiden ist, wer sich den Käse mit den größten Löchern nimmt.«

ADOLPH FREIHERR VON KNIGGE

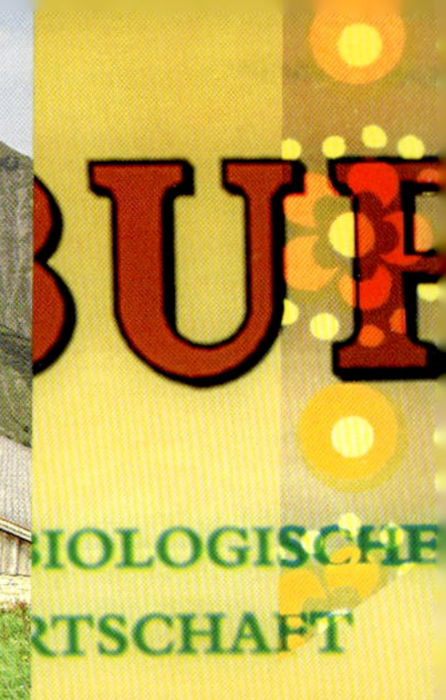

Impressum

Lektorat
Vanessa Herzog, Neustadt an der Weinstraße

Herstellung
Janine Becker, Neustadt an der Weinstraße

Bildredaktion
Stefanie Simon, Neustadt an der Weinstraße

Gestaltung und Satz
die Basis – Kommunikation, Ideenwerk und Design, Wiesbaden

Lithografie
RGD, Digitale Medientechnik GmbH, Langen

Druck
Druckkollektiv GmbH, Gießen

Printed in Germany
ISBN 978-3-86528-672-7

Besuchen Sie uns im Internet
www.umschau-buchverlag.de

INHALT

LECHE

VORWORT

Eine meiner ersten Erinnerungen an Milch oder Käse ist eng mit meiner Mutter verknüpft. Sie hatte in der Küche immer ein paar Schalen mit Milch stehen, die nach ein paar Tagen »sauer« wurde und in die sie Pumpernickel hineinbröckelte. Wir Kinder mochten das gar nicht und bevorzugten ein »Velveta«-Brot, dick mit dem berühmten Schmelzkäse bestrichen.

Unvergesslich sind auch die Besuche in der Düsseldorfer Altstadt am Samstagvormittag, wenn ich meinen Vater oder die Großeltern zum Wochenendeinkauf begleiten durfte und wir, an einer Ecke angelangt, nur noch der Nase nachgehen mussten und schon im »Stinkeladen« standen. Dort hielten wir Kinder uns die Nase zu, bis endlich alle Käsepäckchen verstaut waren.

Als ich älter wurde, kam ich um Toast Hawaii und Partys mit Käse-Igeln nicht herum. Damals war eine Portion Spaghetti à la »Mirácoli« aus der Pappschachtel mit einem Tütchen geriebenen Parmesan das Größte – und so italienisch!

Doch irgendwann kam dann die Zeit, in der ich mein erstes Stückchen Parmigiano Reggiano probierte, der mit dem Parmesan aus der Tüte so gar keine Ähnlichkeit mehr hatte. Von da an probierte ich mich durch die europäischen Käsetheken mit ihren köstlichen Rohmilchkäsen. Ein gutes Stück Käse mit einem dazu passenden Glas Wein, das den Geschmack des Käses erst richtig zur Geltung bringt, bedeuten noch heute für mich ein kleines Stück Luxus, das sich jeder einmal gönnen sollte: Ruhe zum Genießen.

Über den Genuss kam dann das Interesse an dem Produkt. Welche Sorten gibt es? Welches Brot, welches Obst, welcher Wein passt am besten? Zu welchem Käse passt Mostarda, Honig oder Chutney? Unser Kühlschrank ohne drei oder vier schöne Käse? Undenkbar! Heute führt uns unser erster Weg in jeder Stadt zunächst auf den Markt, in die Markthalle oder in einen Käseladen, um uns die Spezialitäten der Region zeigen zu lassen. Und immer kehrt man mit einer ziemlich voll gepackten Einkaufstüte heim – ob aus Korsika, der Auvergne, aus London oder Madrid.

Wandeln Sie auf den Spuren von Milch und Käse, entdecken Sie ihre Geschichte, lüften Sie die Geheimnisse der Herstellung und des Sortenreichtums und schmecken Sie mit mir und Susanne Hofmann nach, was die verschiedensten Länder rund um die Welt an Köstlichkeiten hervorbringen.

Guten Appetit dabei!

Cornelia Haller-Zingerling

4800
J·M·V

Geschichte der Milch

Milch – eines der ältesten Getränke der Welt

Milch ist nach Wasser das älteste Getränk der Welt und das allererste, das Säugetiere und Menschen zu sich nehmen. Schon seit Urzeiten ist die Milch eines der wichtigsten Grundnahrungsmittel der Menschen. Vor dem Neolithikum (Jungsteinzeit) in Vorderasien und dem Mesolithikum (Mittelsteinzeit) in Europa lebten die ersten Nutztiere wie Schafe, Ziegen und Rinder zahm oder halbzahm in der Nähe der prähistorischen Jäger und Sammler. Den Menschen, die zu dieser Zeit zum größten Teil noch als Nomaden lebten, dienten sie vor allem als Nahrung. Erst ab circa 9000 v. Chr. begann der Mensch Tiere zu domestizieren. Das Schaf und die Ziege (circa 9000 bis 8000 v. Chr.) sind nach dem Hund die ersten uns bekannten »Haustiere«, etwa ein- bis zweitausend Jahre später kam die Urform der heutigen Rinder, der Auerochse, als weiteres Milch gebendes Tier hinzu. Julius Caesar verdanken wir die äußerst bildhafte Beschreibung dieser Urrinder:

»Sie sind etwas kleiner als Elefanten und haben das Aussehen, die Farbe und die Gestalt von Stieren. Sie besitzen gewaltige Kräfte, sind schnell und scheuen weder wilde Tiere noch Menschen …«

Als das sesshafte, dörfliche Leben dem Nomadentum ein Ende setzte, begann man kleine Tiergehege um die Wohnhütten zu bauen, in erster Linie wohl zum Schutz der Tiere während der Nacht. Hauptsächlich waren es allerdings Ziegen und Schafe, denn sie konnten sich selbst im kargsten Bergland noch von Gestrüpp und harten Blättern ernähren, während die viel größeren Rinder nur in fruchtbaren, weiten Tälern überleben konnten. Das Pflegen der Herden war eine aufwendige und manchmal gefährliche Aufgabe. Die Sorge der Hirten um ihre Tiere ist ein durchlaufendes biblisches Symbol – auch Jesus bezeichnete sich als »guter Hirte«. Da der Ackerbau zunehmend eine Rolle spielte, setzte man die inzwischen domestizierten Rinder vorwiegend als Zugtiere ein, lange bevor Pferde, Maultiere oder Esel diese Aufgabe übernahmen.

Archäozoologen können heute anhand von Tierknochen nicht nur die Art, sondern auch das Alter von Tieren bestimmen. So ist es nachweisbar, dass in der Jungsteinzeit nicht mehr ausschließlich das Fleisch der Nutztiere, sondern auch die sekundären Produkte wie Milch oder Wolle genutzt wurden. Haustiere waren zur Zeit der ersten Domestikation ein wertvolles Gut, sie dienten nicht nur als Nutztier und Nahrungsmittel, sondern auch als kostbares Tauschobjekt und können als eine Art Urform des Geldes angesehen werden.

Haustier	*Urform*	*Gebiet*	*Domestikationszeit*
Schaf	Mufflon	Vorderasien	circa 9000–8000 v. Chr.
Ziege	Bezoarziege	Vorderasien, Südosteuropa	circa 9000–8000 v. Chr.
Rind	Ur (Auerochse)	Vorderasien, Südosteuropa	circa 7000–6000 v. Chr.
Pferd	Wildpferd	Sibirien, Europa	circa 4000–3000 v. Chr.
Büffel	Wasserbüffel	Südostasien, Indien	circa 3000 v. Chr.
Esel	Wildesel	Nordafrika (Ägypten)	circa 3000 v. Chr.

Aus Milch wird Käse

Von der Milch zum Käse ist es nur ein kleiner Schritt. Es ranken sich mehrere Geschichten darum, wie der Käse denn nun entdeckt wurde. So erzählt man sich zum Beispiel, dass ein Hirte Milch als Proviant in seinem Ledersack mitgeführt haben soll. Diese fermentierte, der Hirte kostete davon und hatte damit den Käse »erfunden«. Einer anderen Geschichte zufolge hatte man Milch aus Versehen in der Nähe einer warmen Feuerstelle stehen lassen, oder ein wenig Milch war übrig geblieben, damals noch in Lederbeuteln und Holz- oder Tongefäßen, die schwer zu reinigen waren und man überhaupt mit der Hygiene, wie wir sie heute kennen, noch nicht viel am Hut hatte. So wurde also ein Schälchen Milch sauer – Käsefeinde würden sagen, sie war verdorben – und stockte. Die Wärme und die Milchsäurebakterien ließen die Milch gerinnen, die Molke setzte sich ab und übrig blieb eine weiße, feste Masse: Quark!

Der genaue Weg bis hin zur Käseherstellung lässt sich heute nicht mehr nachvollziehen, da die Menschen aber erstmals über eine große und regelmäßige Menge an Milch der domestizierten Tiere verfügten, entwickelte sie sich wahrscheinlich zufällig und an mehreren Orten unabhängig voneinander. Zu welcher Zeit das Lab als Gerinnungsmittel der Milch ins Spiel kam, liegt ebenfalls im Dunkel. Vielleicht wurde irgendwann einmal ein Kalb, das Muttermilch getrunken hatte, geschlachtet und man fand in seinem Magen eine Art Käsebröckchen. Gut möglich, dass dank dieser Beobachtung entdeckt wurde, dass die Enzyme im Kälbermagen Milch gerinnen lassen und so der Labkäse entstand.

Die Domestikation brachte die Sesshaftwerdung der Menschen mit sich, Jäger und Sammler wandelten sich zu Hirten und Ackerbauern. Durch die neue Verfügbarkeit von Milch entwickelte sich im Laufe der Zeit die Käseherstellung.

Domestikation von Schaf und Ziege
circa **9000–8000 v. Chr.**

Domestikation von Rindern
circa **7000–6000 v. Chr.**

9000 v. Chr. — 8000 v. Chr. — 7000 v. Chr.

Neolithikum (Jungsteinzeit) in Vorderasien circa **9000–3000 v. Chr.**

Mesolithikum (Mittelsteinzeit) in Europa circa **8500–5500 v. Chr.**

Weiterentwicklung der Käsekunst – Die frühen Hochkulturen in Ägypten und Mesopotamien

Historiker sind sich einig, dass man ab dem Jahr 5000 v. Chr relativ sicher davon ausgehen kann, dass in Mesopotamien (dem heutigen Irak), dem Schwarzmeerraum, Kleinasien, Ägypten und Nordafrika Käse hergestellt wurde. Die ältesten bildlichen und schriftlichen Darstellungen von Menschen, die Kühe melken und Käse machen, so zum Beispiel in dem Tempel der Lebensgöttin Ninchursag in Mesopotamien, stammen jedoch erst aus der Zeit um 3000 v. Chr. Ein weiterer Hinweis auf die Produktion von Käse zu dieser Zeit sind Funde der Überreste von siebartig durchlöcherten Tongefäßen, die – so vermutet man – dazu dienten, die Molke von dem Käsebruch zu trennen. Der so entstandene Dickmilch- bzw. Sauermilchkäse wurde schnell zu einem Grundnahrungsmittel.

Auch in Altbabylonien wurde die Herstellung verschiedenster Milchprodukte erfolgreich kultiviert. Der Babylonier-König Ammiditana soll um 1600 v. Chr. an einen Beamten, der die Aufsicht über die Rinderherden hatte, geschrieben haben:

»Hier braucht man Milch und himetu zum Fest des Monats Ab. Einer deiner Agenten soll 30 Kühe und zehn Liter himetu nach Babylon bringen. Bis zum Schluss des Festes wird er die Milch für die zur Verfügung halten, die sie benötigen.«

Ab dem Jahre **5000 v. Chr.** ist relativ sicher davon auszugehen, dass die Käseherstellung in Mesopotamien, dem Schwarzmeerraum, Kleinasien, Ägypten und Nordafrika bekannt war.

6000 v. Chr.

5000 v. Chr.

4000 v. Chr.

Neolithikum (Jungsteinzeit) in Europa circa **5500–2300 v. Chr.**

Bei *himetu* handelt es sich wahrscheinlich um geklärte Butter, die in heißen Ländern geeigneter ist als frische Butter. Sie zeichnet sich durch einen niedrigeren Wassergehalt als normale Butter aus und ist daher auch ohne Kühlung lange haltbar. Noch heute wird sie als *ghee* in Indien häufig benutzt. In Ägypten verwendete man geklärte Butter vermutlich schon um 3000 v. Chr. Die exakten Herstellungsverfahren von Butter sind zwar nicht überliefert, man vermutet aber, dass Milch auf Reisen in Schläuchen aus Schafs-, Kamel- oder Ziegenmägen transportiert wurde, wo sie ununterbrochen auf den Rücken der Tiere hin- und herschwankte. Am Ende der Reise hatte sich die Milch in Butter verwandelt, wobei ein Enzym in den Tiermägen, in denen die Milch transportiert wurde, diesen Prozess noch begünstigte. Von Zentralasien bis nach Arabien ist eine andere Methode der Butterherstellung bekannt: An einem beweglichen Balken hängt in einem Dreifuß ein mit Milch gefüllter Schlauch, der schnell hin- und herbewegt wird und die Milch dadurch zu Butter werden lässt.

Feinschmecker aus der Antike

Wenn wir in die Epoche des Römischen Reiches blicken, so gilt das »Kochbuch des Apicius« als eines der ältesten der Geschichte. Es stammt aus der römischen Kaiserzeit um das Jahr Christi Geburt und listet etliche Rezepte sowie Kochanweisungen auf, allerdings nur drei, die Milch verwenden. Zu jener Zeit stand Milch nur Bauern und Menschen, die auf dem Land lebten, zur Verfügung. Auch Butter war weder bei den Römern noch bei den Griechen besonders geschätzt, zum Teil wegen ihres niedrigen Schmelzpunktes, andererseits wegen ihrer schnellen Verderblichkeit. Wie überall im Mittelmeerraum war es der Olivenbaum, der als Öllieferant ein »besseres« Fett bot. Trotzdem verdeutlicht in Homers »Odyssee« ein besonderer Wortschatz für die Käsezubereitung, dass die Bauern Käse aus Schaf- und Ziegenmilch herstellten und als Lab den Saft des Feigenbaums verwendeten. Sehr »modern« mutet die Tatsache an, dass man Käse damals schon nicht nur auf oder zu Brot aß, sondern ihn mit

Aus dieser Zeit (**um 3000 v. Chr.**) stammen die ältesten bildlichen und schriftlichen Darstellungen von Menschen, die Kühe melken und Käse herstellen.

1600 v. Chr. | *Altbabylonien:* himetu | *Indien:* Butter und Butterschmalz

3000 v. Chr.

2000 v. Chr.

1000 v. Chr.

Neolithikum (Jungsteinzeit) in Vorderasien

Neolithikum (Jungsteinzeit) in Europa

Frühe Hochkulturen in Ägypten (circa **3000–30 v. Chr.**) und Mesopotamien (ab circa **3000 v. Chr.** Sumerische Stadtstaaten; ab circa **1900 v. Chr.** Babylonisches Reich)

Um 1000 v. Chr. Königreich Israel, Judentum

Feigen, Oliven, Honig oder Gemüse kombinierte und ihn sogar schon in einer Urform der Pizza einbackte.

In der griechisch-römischen Antike waren vor allem Schaf- und Ziegenmilch geschätzt, andere Tiere konnten in den oftmals kargen Landschaften ohnehin nicht überleben. Sowohl die Griechen als auch die Römer kannten schon eine Art Konservenmilch, die sie aus saurer Schafmilch mit Kräutern und Zwiebeln herstellten. Überhaupt waren die Römer regelrechte Feinschmecker, was Käse betrifft. Zur täglichen Verpflegung der römischen Soldaten gehörten Brot, Wein, Salz und auch Käse. Es gab schon gereifte und gesalzene – wir würden heute sagen »affinierte« – Käse, die in alkoholgetränkte Blätter gewickelt und mit Kräutern, Wein oder Essig gewürzt wurden. Und als Schönheitsmittel galten Bäder in Eselsmilch, wie von der Kaiserin Poppaea, Neros Frau, überliefert ist.

Von klugen Mönchen und pfiffigen Sündern – Erfindungsreichtum im Mittelalter

Nachdem die Käsewelt durch die Römer mit Weichkäse, aber auch mit affiniertem Hartkäse bereichert worden war, waren es die Mönche in den Klöstern des Mittelalters, die Pionierarbeit leisteten und viele der uns heute bekannten Traditionskäse entwickelten. Findig wie die frommen Brüder und Schwestern nun einmal waren, ersannen sie Abhilfe, um die strengen Fastenregeln auf möglichst »erlaubte« Weise zu brechen. Fleisch war tabu – also bereicherten sie ihre einfachen Gemüse- und Getreidemahlzeiten mit Käse und machten sich dabei ungeheuer verdient um Käsespezialitäten, die wir noch heute genießen. Eine dieser Spezialitäten ist der *Tête de Moine*, wörtlich Mönchskopf, mit dem sich ein Ordensbruder unsterblich gemacht hat. Vielleicht ist mit dem Namen aber auch die kreisrunde Tonsur auf dem Hin-

4. Jh. v. Chr. | Überquerung der Alpen durch die Kelten, Veredlung der Käsekunst in Europa. Die Germanen übernahmen keltische Traditionen und bauten sie aus.
4. Jh. v. Chr. | Käse auch in Griechenland bekannt und beliebt. Aristoteles verfasst Pragmatien – die erste uns bekannte Abhandlung über die Verarbeitung von Milch.

Um 700 n. Chr. | Entwicklung der Käsegrundsorten im Frühen Mittelalter.

0

500 n. Chr.

1000 n. Chr.

500 v. Chr.–500 n. Chr. Römisches Reich

500–1000 n. Chr. Frühes Mittelalter

800 v. Chr.–500 n. Chr. Antike (Antikes Griechenland und Römisches Reich)

500–1500 Mittelalter

800–400 v. Chr.
Antikes Griechenland

terkopf gemeint, in Anspielung auf die Form dieses Käses. Die Erfindungen der Klöster wurden alsbald außerhalb ihrer Mauern bekannt und im Zuge der zunehmenden Verstädterung wurde Käse zu einer begehrten Ware, die man europaweit vermarktete. Aus den strengen Hygienevorschriften und festgelegten Zubereitungsverfahren, die die Mönche erstmals schriftlich fixierten, entwickelte sich der Grundgedanke heutiger Qualitätsstandards. Schließlich landete das Know-how der Käseproduktion in Übersee, als die Europäer 1492 die Neue Welt entdeckten und hier auch auf bis dato unbekannte Milch liefernde Tiere trafen, wie zum Beispiel die Lamas. Die vielen tausend Emigranten aus aller Welt brachten Tiere aus ihrer Heimat mit und so entwickelte sich schnell eine große Käsevielfalt.

THE DURHAM CHEESE.

1200 | Ursprung Alpkäserei

1200 | Klosterkultur treibt Käseherstellung und Sortenreichtum voran. In dieser Zeit wurden heutige Traditionskäse entwickelt und die Rezepturen erstmals niedergeschrieben.

Um 1600 | Reformationsbewegung | Liebe zur Butter

Um 1700 | Erste große Käsemärkte in der Schweiz und in Holland

1250

1500

1750

1100–1300 Hochmittelalter

1492 Entdeckung Amerikas

1400–1500 Spätmittelalter

16.–19. Jh. Neuzeit

500–1500 Mittelalter

Käseproduktion im Wandel – Die Industrialisierung der (Käse-)Welt

Das Aufblühen der internationalen Handelsbeziehungen ab dem 14. Jahrhundert ebnete den Weg zu den um 1700 erstmals stattfindenden großen Käsemärkten und Käsemessen in der Schweiz und in Holland. Käse stieg spätestens zu dieser Zeit zu einem wichtigen Handelsgut auf.

Bis Mitte des 19. Jahrhunderts wurde zur Käseherstellung ausschließlich Rohmilch verwendet. Der französische Mikrobiologe Louis Pasteur entwickelte 1854 eine Methode, die die Produktion von Käse revolutionierte: Zur Haltbarmachung wurde Rohmilch kurz hocherhitzt, was zur Abtötung schädlicher Mikroorganismen führte. Durch das sogenannte Pasteurisieren konnte Käse nun fabrikmäßig erzeugt werden – ein bis heute eingesetztes Verfahren. Einerseits ist das von Vorteil, denn so können die Großmolkereien der großen Nachfrage ohne Probleme nachkommen. Andererseits leiden darunter die kleinen und bäuerlichen Betriebe, deren köstliche Erzeugnisse nun in großem Stil, aber nicht immer original kopiert werden können: Eine Minderung der Qualität, der Individualität und somit des Geschmacks beim industriell hergestellten Käse ist die Folge. Milch und Milchprodukte, darunter vor allem der Käse, sind heute ein wichtiger Wirtschaftszweig.

1854 | Entdeckung der Bakterien durch Louis Pasteur
19. Jh. | Beginn der Käseindustrialisierung

2000

20.–21. Jh. Neueste Geschichte

Mystischer Trank – Der Kult um die Milch

Milch spielte eine große Rolle im Glauben und Aberglauben, in Ritualen und Brauchtümern, in Religion und Mythologie der Menschen überall auf der Welt. Sie galt als rein und natürlich und diente als Nahrung sowie Opfergabe. Sie klang verheißungsvoll – warum sonst sollte Moses seinem Volk »ein gelobtes Land, in dem Milch und Honig fließen« versprechen? In der Bibel war sie also ein Symbol des Überflusses: »An jenem Tag fließen die Hügel über von Milch« (Joel 4,18), aber auch der Reinheit, wie es in den Klageliedern (4,7) heißt: »Ihre jungen Männer waren reiner als Schnee, weißer als Milch«. Auch bei kultischen Mahlzeiten verwendete man Milch als Symbol des Überflusses und als Attribut des Paradieses. In der frühchristlichen Kirche wurden Täuflinge wohl mit Milch getauft – als Symbol der reinen Lehre Christi, dieser Brauch starb aber um 600 n. Chr. aus.

Milch war auf vielen Teilen der Welt eine beliebte Opfergabe. In West- und Ostfinnland ist die Sitte bekannt, die Milch eines schwarzen Schafes als Opfer für »Pekko« oder »Pekka«, den Gott des Feldes, auf dem Gerstenacker zu vergießen, wenn das Getreide zu verdorren droht. In den skandinavischen Ländern war der Fruchtbarkeitskult eng mit dem Verzehr von Milchprodukten verbunden, denn Milch und ihre Derivate galten als Nahrung der Götter.
Über die Balten schreibt ein anonymer Autor in »A New Account of Poland and Lithuania« (1702):

»In alten Zeiten beteten die Litauer das Feuer an, verehrten Schlangen und verbrannten die Leichen der Verstorbenen zusammen mit ihren Pferden, zwei Jagdhunden und was sonst sie zumeist schätzten, wenn sie lebten. Sie tanzten um das Leichenfeuer, bliesen die Trompete und schlugen die ganze Zeit die Trommel; später opferten sie der Asche noch Milch, Honig und Wasser.«

Auf Gran Canaria brachten junge Mädchen, die in den Zellen des Höhlenklosters lebten, gar tägliche Milchopfer, die das höchste Wesen »Acoran« milde stimmen sollten. Ähnliches gab es ebenfalls auf der Insel Lanzarote, wo in der Mitte eines labyrinthartigen Tempels einem Götterbild von menschlicher Gestalt Milch und Butter geopfert wurden.

Neben der Opfergabe ist Milch aber auch ein sagenumwobenes Lebenselixier. Das zeigt ein Blick in die griechische Mythologie:

Vor langer, langer Zeit geschah es im antiken Griechenland, dass sich Uranus, der Himmel, und Gaia, die Erde, miteinander vermählten. Unter ihren Kindern waren Kronos und Rhea, die sich ineinander verliebten. Aber auch damals galt Inzest zumindest als bedenklich, und so befragte Kronos, bevor er sich mit

Rhea einließ, das Orakel: Eines seiner Kinder, so orakelte es, würde einmal Kronos' Nachfolger. Damit war selbiger aber gar nicht einverstanden und so verschlang er seine neugeborenen Kinder eines nach dem anderen mit Haut und Haar; er wusste, dass auch sie unsterblich waren. Erst beim sechsten Kind – und hier kommt Zeus auf die Welt – wurde es Rhea zu viel. Sie wickelte den kleinen Zeus in Windeln und versteckte ihn in einer Höhle auf dem kretischen Berg Ida. Ihrem Gatten legte sie einen in Fetzen gewickelten Stein zum Fraß vor. Zeus indes wurde in der Höhle von der Ziege Amaltheia gesäugt und von Nymphen aufgezogen. Als er herangewachsen war, brach er Amaltheia ein Horn ab, das als »Füllhorn« magische Kräfte bekam. Zum Dank für ihre Dienste wurde Amaltheia der Zutritt zum Himmel gestattet, wo wir sie heute noch als Sternbild »Capella« (Ziege) am Firmament finden.

Dass es nicht immer Muttermilch sein muss, um groß und stark zu werden, bezeugt ebenfalls die Legende von Romulus und Remus, den sagenhaften Gründern Roms. Sie waren Zwillingssöhne des Mars und der Rhea Silvia, der Tochter des Königs Numitor von Alba Longa. Dessen Bruder Amulius hatte ihn um seinen Thron gebracht und ließ die neugeborenen Enkel Numitors aussetzen. Sie wurden von einer Wölfin gesäugt und von einem Hirten aufgezogen.

Geschichten aus dem alten Ägypten beschwören ebenfalls die Kraft des mystischen Tranks und dessen Spender. Als »Himmelsgöttin« und »Himmelskönigin« wird Hathor, die Tochter des Sonnengottes Ra und Gemahlin des Himmelskönigs Horus, beschrieben. Sie galt als Göttin der Fruchtbarkeit, als Beschützerin der Frauen und der Ehe, als Göttin der Liebe und der Schönheit, gleichgesetzt mit der griechischen Göttin Aphrodite. Im alten Ägypten zeigt man Hathor oft als mit Sternen übersäte Kuh oder als kuhköpfige Frau. Auch Göttermutter Isis wurde im alten Ägypten sehr verehrt. Die Pharaonen beriefen sich darauf, ihre Söhne zu sein, ihr Schoß galt als königlicher Thron. Das Trinken von Milch, die als Milch der Isis angesehen wurde, war eine der Zeremonien bei Inaugurationen der Pharaonen.

Zahlreiche Legenden und Sagen ranken sich auch um das Phänomen, das – aus dem etwas peripheren Blickwinkel der Erde – unser Sternensystem ist. Die helle Himmelserscheinung der Milchstraße wurde im antiken Griechenland »galaxias kyklos« (milchiger Kreis) genannt. »Galaktos« (griech. Milch) bezog sich damals aber nicht nur auf die Milch, sondern auch auf die Anfangslehren des Glaubens, also auf etwas Reines, Heiliges. Wie nun die Milchstraße entstanden ist, davon hatten die Griechen eine genaue Vorstellung:

Der Göttervater Zeus zeugte mit Alkmene einen außerehelichen Sohn – Herakles. Hera, Zeus' Gattin, war auf ihre Nebenbuhlerin natürlich eifersüchtig und gönnte ihr den kleinen Sohn nicht. Alkmene hingegen bekam es mit der Angst zu tun, sie glaubte ihren Sohn vor der Göttermutter im Palast nicht sicher und setzte ihn an einem Platz aus, der noch später das Heraklesfeld hieß. Dort wäre der arme Junge sicher verschmachtet, wäre nicht zufälligerweise Hera selbst in Begleitung der Göttin Athene vorbeigekommen. Athene war von der Schönheit des Kleinen beeindruckt und sein Zustand erbarmte sie. Sie überredete Hera dem Säugling ihre göttliche Brust zu reichen. Nun saugte der kleine Herakles aber so heftig, dass er ihr Schmerzen bereitete – außerdem bemerkte sie bald, dass sie das Kind ihrer verhassten Nebenbuhlerin im Arm hielt. Mit Gewalt riss sie den Knaben von ihrer Brust, wobei sich ihre Milch über den Himmel ergoss: die Milchstraße. Herakles hingegen hatte nur ein paar Züge an Heras Brust getan, aber die wenigen Tropfen der göttlichen Milch waren ausreichend, ihm Unsterblichkeit einzuflößen.

Auch die römische Mythologie beschäftigte sich mit den hell funkelnden Gestirnen. Der Dichter Ovid sah die Milchstraße poetisch quasi als Hauptallee des Himmels, auf der sich die Götter zu Jupiters Palast begaben. Und in germanischen Sagen wandern die Seelen der Verstorbenen auf der Milchstraße in den Himmel. Im japanischen Glauben existiert die Milchstraße ebenfalls als eine Art Weg, nämlich als Flussbett, in dem die Götter ihre Versammlungen abhalten. Und in Indien sowie im alten Ägypten hielt man die Milchstraße für einen Fluss, an dessen Ufern köstliche Früchte wuchsen und die Götter wohnten.

Wo glückliche Kühe ihren Sommerurlaub verbringen

In den Alpengebieten haben sich dank der klimatischen Vorzüge schon früh Menschen und Tiere angesiedelt. Reine Luft, grüne Täler mit saftigen Wiesen und Weiden und nicht zuletzt hoch liegende Almen – Weideflächen mit würzigen Gräsern und Kräutern – bieten den Kühen beste Voraussetzungen, um optimale Milch zu geben. Und nur, wenn die Almen regelmäßig vom Vieh beweidet werden, bleibt diese Vielfalt an Gräsern, Kräutern und Blumen erhalten. In vielen Gegenden der Alpen entstanden die Almen aus einer »Schwaighof-Siedlung«, ganzjährig bewirtschaftete Bergbauernhöfe in Höhen bis 1 100 Meter. Die heutigen Almen befinden sich meist an der Baumgrenze in einer Höhe von 1 800 Meter, auf südseitigen Gebirgsflanken gibt es Almen auch in über 2 000 Meter Höhe – das ist aber eher selten. Die größte europäische Alm mit einer Fläche von über 50 Quadratkilometern ist die Seiser Alm in Südtirol. Einzigartig schön ist sie, umschlossen von den mächtigen Zacken der Dolomiten mit sanft gewellten grünen Wiesen und alpiner Flora von unglaublicher Vielfalt.

»Ein Bauer, der seine Kühe liebt,
schickt sie in die Sommerfrische.«

zwischen romantik und harter arbeit

Mit dem Almauftrieb im Frühsommer beginnt die Saison der Almwirte. Die Bauern- oder Sennerfamilien ziehen Jahr für Jahr Anfang bis Mitte Juni mit ihren Kühen (und manchmal noch mit Pferden, Schafen und Ziegen) auf ihre Alm. Dort leben sie den ganzen Sommer über in ihren Hütten. Auch wenn es sich wie Ferien in der Natur anhört, ein Almsommer ist für Hirten und Senner viel Arbeit von früh bis spät. Der Senn oder auch Senner und die Sennerin werden von den Eigentümern der Almen – entweder den Talgemeinden oder den einzelnen Bauern – dafür bezahlt, dass sie die Viehherden auf- und abtreiben und sich rund um die Uhr um deren Wohlergehen kümmern. Das Wort »Sennerei« stammt übrigens vom keltischen Wort »sanion« für »Melker« und bezeichnet die Milchwirtschaft in den Alpen.

Heute gibt es drei verschiedene Formen der Almwirtschaft: die Galtviehalm, die Milch- oder Melkeralm und die gemischte Alm. Als Galtvieh bezeichnet man Kälber und Färsen, junge Kühe, die noch nicht gekalbt haben, oder Milchkühe, die medikamentös »trocken« gestellt wurden und keine Milch geben. Diese Form der Almwirtschaft ist zum Beispiel in der Schweiz die häufigste. Hier gehören die Almen den einzelnen Gemeinden, die sie an sogenannte Almmeister verpachten. Der Almmeister sucht nun seinerseits Hirten und Senner und natürlich auch Kunden, nämlich die Bauern, die ihm ihr Vieh anvertrauen. In der Schweiz kommen für den Sommer auf einer solchen Alm die Kühe aus dem ganzen Land »angereist« – in Zügen und Lastwagen. Da hier die Almen großteils nicht, wie etwa in Südtirol, auf Wegen und Pfaden erreichbar sind, wird zunächst die Verpflegung der Hirten und Senner mit dem Hubschrauber auf die Alm geflogen, sogar Hühner sind dabei. Die Hirten treiben ihr Vieh dann erst auf eine Voralm und von dort über Stock und Stein auf die eigentliche Alm, wo die Kühe dann ihren »Sommerurlaub« verbringen.

Wem es nur um Milch und Fleisch geht, lässt die Tiere gleich unten im Stall. Erfahrene Hirten und Senner erkennen »Stallkälber« sofort: Diese wissen nämlich nicht, dass man Gras fressen kann, und auch nicht wie. Sie sind ja nur abgepackte, aufgeschüttete Heuballen gewöhnt. Was für eine Wohltat und Freude so ein Almsommer für die Kühe ist, erklärt sich wohl von selbst. Für die Menschen hingegen bedeutet diese Zeit in erster Linie harte Arbeit, allerdings eine Arbeit, die Natur- und Tierfreunden große Genugtuung und Lebensfreude vermittelt. Der Arbeitsrhythmus wird dabei von der Natur und den Tieren vorgegeben. Spätestens um fünf Uhr morgens heißt es: »Aufstehen!«, und dann haben Senn und Sennerin alle Hände voll zu tun. Der Tag beginnt mit dem Melken und er endet auch damit. Abend- und Morgenmilch werden gemischt, entrahmt und zu Quark und Käse verarbeitet. Vor allem in früheren Zeiten stellten die oft sehr karg eingerichteten Hütten, die Einsamkeit und die zwar nahrhafte, aber eintönige Ernährung die Bewohner vor große Schwierigkeiten. Auch heute haben viele Almen keine direkten Zufahrtswege, keinen Strom und kein Warmwasser. Geheizt und gekocht wird mit Holz. Melken, Hüten, Buttern und Käsen waren und sind die Haupttätigkeiten der Senner. Dazu kommt die Pflege und Instandhaltung der Zufahrtswege und der Weideflächen, das Ausbringen des Mistes auf die Wiesen, Holz- und Mauerarbeiten, außerdem natürlich das Kochen, sowie Waschen und Ausbessern der Kleidung. Nicht zu vergessen die morgendliche und abendliche Zählung der Tiere, die sich nicht unmittelbar in der Nähe der Behausungen aufhalten, sondern frei in der Landschaft herumwandern. Hat sich eines verletzt, so muss es verarztet werden, Ausreißer müssen gefunden und zurückgetrieben werden. Dafür bedienen sich die Hirten einer archaischen Kommunikation: Rufen, pfeifen, ins Horn blasen, das Echo hören – Almrufe gehören zu den frühesten musikalischen Verständigungen über weite Entfernungen hinweg. In der Schweiz, besonders im Berner Oberland, im Emmental und im Greyerzerland, ist der »Jodel« einer der ältesten Sennengesänge. Der Schweizer »Kuhreihen« ist ein Zuruf an die Kühe, der sich im Laufe der Zeit zu einer Art Gesang entwickelte. Einer der ältesten Kuhreihen wurde im Appenzell schon 1545 aufgezeichnet, einer aus dem Kanton Glarus vom Ende des 18. Jahrhunderts brachte es sogar auf 30 Strophen.

Auch gefeiert wird hin und wieder auf der Alm. Die prächtigen Almauf- und -abtriebe finden allerdings nur in den touristisch geprägten Gegenden statt, die auch über gut ausgebaute Wege verfügen, wie es zum Beispiel in Südtirol der Fall ist. Hier ist der Almabtrieb im September der Höhepunkt des Almlebens und ein Spektakel für Groß und Klein. Das Almpersonal putzt sich heraus und die Tiere tragen pompösen Kopfschmuck mit Büscheln, Blumen, kleinen Spiegeln, Gold- und Silberfäden, der an Kronen erinnert und die Kühe damit wie Prinzessinnen talwärts marschieren lässt. Im Tiroler Oberinntal, im Ötz- und im Pitztal werden in der Regel nur zwei Tiere bekränzt: Die Kuh mit der höchsten Milchleistung und die Kuh mit der besten Stoß- und

Raufleistung, also mit dem wehrhaftesten Charakter. In der Schweiz zünden die Almhirten jedes Jahr am 1. August, dem Schweizer Nationalfeiertag, große Feuer an, die von den Talbewohnern nach ihrer Größe prämiert werden – manche sind über zig Kilometer zu sehen. Aber auch viele Kirchtage zu Ehren der örtlichen Schutzheiligen werden auf den Almen begangen. Dann ziehen Jung und Alt, Einheimische und Gäste hinauf, nehmen an einem Gottesdienst teil und werden anschließend in den vorher aufgebauten Festzelten und natürlich auch unter freiem Himmel mit allerlei Speis und Trank verköstigt. Dazu spielt die Musi zum Tanz auf, verschiedenes Brauchtum wird gepflegt: Ob Schuhplatteln, Schnöllen (Peitschenknallen) oder Baumstämme werfen – für Gaudi ist gesorgt.

»Auf der Alm, da gibt's koa Sünd'!«

Und warum? Die Alm- oder Alpwirtschaft gehört zu den ältesten und wichtigsten Bereichen der gesamten alpinen Landwirtschaft. Kein anderer Bereich der bergbäuerlichen Kultur ist so viel beschrieben und besungen, so idyllisiert und romantisiert worden. »Koa Sünd'« – das verklärte Bild einer heilen Welt ohne die Verlockungen der Großstadt, ohne Musik und Tanz, aber auch ohne Kriminalität. Es gibt aber noch eine andere Antwort auf dieses Zitat längst vergangener Zeit: Um 1800 konnte es zum Beispiel auf den Almen des Oberinntales gar keine »Sünd'« geben, weil der Aufenthalt von »ledigen Weibspersonen« mit Zuchthaus bestraft wurde. Diese scharfen Vorschriften im sittlichen Bereich (sogar mit Hausmusik- und Tanzverbot) machten geheime Zusammenkünfte der jungen Leute natürlich erst recht notwendig – von wegen »koa Sünd'«!

uamål Ålm, ålm Ålm!

»Einmal Alm, immer Alm!« sagt Hansjörg Hofer, der als Senner etliche Sommer auf der Müsella-Alm in der Nähe von St. Moritz verbrachte.

» *So schön ist das da oben mit dem Vieh und der Sennerin! Sechs »Sömmer«, wie der Schweizer sagt, waren es, die ich mit der Sennerin Monika auf der Alm verbrachte und an die ich mich so gerne erinnere. Man muss dabei wissen, dass es grundsätzlich drei Arten der Rinder-Almwirtschaft gibt: die Galtvieh-, die Melkvieh- und die Mischalm. Zu unserer Galtviehalm zählten rund 200 Kälber und Färsen, geschlechtsreife weibliche Tiere, die noch nie gekalbt haben, und dazu noch rund zwei Dutzend Mutterkühe. Diese Mutterkühe mussten von der restlichen Herde getrennt in einem abgeschiedenen Weidetal gehalten werden, da sie recht aggressiv gegen Eindringlinge sein können. Selbst unsere Hunde duldeten die Kühe während wir bei ihnen waren nicht in ihrer Nähe und so mussten sie stets oben auf dem Joch winselnd auf uns warten. Einige der hochträchtigen Tiere kalbten im Laufe des Sommers direkt auf der Weide. In der restlichen Herde bilden sich schon kurz nach Almauftrieb gegen Anfang Juni heterogene Grüppchen. Ganz unterschiedliche Tiere in Bezug auf Alter, Rasse oder Stallzugehörigkeit tun sich nach uns unerfindlichen Kriterien in kleinen Verbänden von jeweils sechs bis zwölf Tieren zusammen und bleiben es meist den ganzen Sommer lang. Jede dieser rund zwei Dutzend Gruppen geht nun drei Monate lang Tag und Nacht ihrer eigenen Wege. Des Hirtens Aufgabe ist es von da an täglich alle einzeln zu orten, zu zählen und zu beobachten, ob sie sich vertragen und ob es ihnen auch gut geht. Abends in der Hütte vergleicht man dann die Zähllisten, bevor man sich zufrieden oder besorgt den angenehmeren Dingen des Almlebens widmet. Schlimm ist, wenn ein Tier plötzlich fehlt und auch nicht zu anderen Gruppen abgewandert ist. Und dies passiert auf so geländewidrigen und weitläufigen Almen wie der »Müsella« (über 20 Quadratkilometer) jeden Sommer einige Male – spätestens wenn gegen Ende August der Schneefall einsetzt. Die dümmsten Kühe brechen aus der Gruppe aus, verirren sich und stürzen dann irgendwo ab. Hat man das tote Tier endlich gefunden, wird ihm der Glockenriemen abgenommen und das Ohr mit der Zuchtbuchmarke abgeschnitten – als Beleg für die Versicherung. Den Rest besorgt dann der Hubschrauber. Früher wurden die toten Tiere oft an Ort und Stelle begraben, nachdem sich der Hirt noch schnell die besten Schnitzel herausgeschnitten hatte …*

Auf der »Müsella« hielten wir uns zudem auch immer zwei Melkkühe, die wir abwechselnd zweimal am Tag melkten, um uns mit Milch, Butter, Joghurt, Frischkäse und etwas gelagertem Almkäse zu versorgen. Das händische Abrahmen und Buttern war dabei meine Aufgabe, das Käsen mit aus Disteln selbst gewonnenem Lab war Sennerin Monikas Reich. Ach, war das alles schön! Grauenhaft die Milchalmen, wo bis zu 100 Melkkühe zweimal täglich meist um fünf Uhr früh und dann wieder um fünf Uhr abends zum Absaugen von der Weide in den Stall getrieben werden müssen. Der Milchalmhirt erhält dafür zwar um einiges mehr Lohn als ein Galthirt und kann dazu nach drei Monaten seinen recht stattlichen Teil an Käselaiben zu Tale rollen, aber das wäre nichts für mich.
Was sonst noch? Ach ja, des Hirten eklatante Neigung zum »Rassismus«. Der größte Teil unserer aus den verschiedensten Ställen des Thurgaus, Aargaus und des Appenzeller Lands zusammengewürfelten Herde bestand aus:

- *dem gängigen Braunvieh (recht lieb, zutraulich und gar nicht unintelligent),*
- *gefolgt von den Simmentalern (das rotgescheckte, plumpe, stumpfsinnige Rindvieh mit dem Spatzenhirn, aber nationaler Stolz eines jeden Schweizer Züchters, zumal ihm mit dieser absolut verwerflichen Kreuzung die Entstehung eines maximal nutzbringenden Fleisch- und Milchproduzenten gelungen ist),*
- *den Holsteinern (die Schwarzbunten, lieb, aber ungeeignet für das unwegsame Gelände, kein Wunder, wenn man aus Friesland stammt!),*
- *den hornlosen, kohlschwarzen aus Schottland stammenden Angusrindern (apathisch, langweilig, stur und vor allem mit bescheuertem Highlander-Blick),*
- *und schließlich unserem Tiroler Grauvieh, das leider bald ausgestorben sein wird, da es weder viel Milch noch viel Fleisch abwirft, dafür allerdings das wahrlich intelligenteste, trittsicherste, anspruchsloseste und liebenswürdigste Vieh der Welt ist – neben Chico, meinem wundervollen Border Collie und allergrößten Almhelden.*

Ach säß' ich bloß noch einmal da oben, auf einem Stein ganz oben auf der »Müsella«, mit Sennerin und Hund, unter uns die Herde, und dächte ab und zu an Euch da ganz weit unten in den heimatlichen Tälern … «

Hokuspokus in den Alpen

Kühe waren und sind in den Alpen oft der wertvollste Besitz eines Hofes. Die Kuh nimmt die erste Stellung unter dem Vieh ein und ist der Stolz eines jeden Bauern. Sie ist Thema am Stammtisch nach dem Kirchgang und auf dem Marktplatz. Kühe geben Milch, sie schenken Butter, Sahne, Käse und bringen Geld. Kein Wunder also, dass sie auch in das magische Denken und den Aberglauben der bäuerlichen Bevölkerung eingeschlossen wurden und allerlei geheimnisvolle Geschichten rund um Milch und Kuh kursierten.

Das »Kasermandl« ist eines der sagenhaften Umtreiber in den Alpen. Er ist ein verhexter Senn, der den »Almnutzen« (die Almprodukte) des Bauern vergeudete, Kühe willentlich über einen Steilhang in den Tod getrieben hat oder verirrte Kalbinnen aus Faulheit nicht suchte. Nun muss er zur Strafe im Winter auf der Alm sein Unwesen treiben. Waldarbeiter, die außerhalb der Almsaison dort zu tun hatten, wollen ihn auch schon einmal gesehen haben. Aber das Kasermandl kann erlöst werden, indem man an seinem Mahl teilnimmt. Das besteht allerdings aus einer ekelhaft verschmutzten Milchspeise, ranziger Buttermilch oder verdorbenem Mus. Der tiefere Sinn dieser Sage spiegelt nicht nur soziale Bräuche wie das gemeinsame Essen wider, sondern auch die Angst der Bauern vor Vergeudung und Diebstahl des Almnutzens. Zugleich stellt sie eine Warnung dar: Im Winter sind die Almen unbewohnt und unbewacht – kommt ihnen ja nicht zu nahe, hier ist es nicht geheuer!

Überhaupt suchte man, wenn die Kühe oder Ziegen nicht genug Milch gaben, die Schuld bei Hexen und Zauberern. Viele Hexenprozesse drehten sich um das Milchverzaubern oder Kübelverhexen, wenn der Rahm nicht zu Butter wurde. Gefürchtet waren auch die »Stallhexen«, die es auf die Kühe abgesehen hatten. Nach den alten Erzählungen sollen sie Blut in die Milch gemischt haben, sie verketteten alle Kühe miteinander oder trieben des Nachts die Rinder aus dem Stall. Diesem Treiben hoffte man mit aufgehängten Fichtenzweigen ein Ende zu bereiten. In den Bergen waren dagegen die »Butterhexen« berüchtigt, wie eine Tafel auf der Seiser Alm in Südtirol berichtet:

»Die Tschelmerin von Untervöls, die man Büggele nannte, da sie einen Buckel zwischen den Schultern trug, und ihre Freundin, die Kneppin, deren Mann einst ins Bergwerk gegangen war, zählten zu den sogenannten Butterhexen. Sie gingen betteln, verzauberten den Rahm, ließen gesunde Kühe krank werden und kranke gesund, sie wünschten den Dorfkindern

Fußbrüche oder Fieber und brachten es fertig, aus dem Schurzbantl am Ofen Milch zu melken. Man erzählt sich, dass sie der Platider Bäurin den Rahm aus dem Kübel und dafür eine Maus hineingezaubert hatten und dazu spöttisch folgenden Reim aufsagten: Platiderin, schlögl lei Butter, juhe, du kriegsch decht koan Butter, koan Butter oweh, du kriegsch lei a Schlöglmilch und noh – oh Graus, statt Butter a hinige gräusliche Maus!«

Es ranken sich auch zahlreiche Weisheiten und Brauchtümer des alpinen Volksmunds um das liebe Vieh, sein Wohlbefinden und Wohlergehen. Zieht ein Kuhhandel sich zum Beispiel recht zähflüssig dahin, so soll man eine Heilige Messe zahlen, steht die neue Kuh dann im Stall, so schiebt man ihr geweihtes Stefanisalz ins Maul. Den Namen der »Neuen« sollte der Bauer besser nicht vergessen, denn einen neuen Namen zu finden, ist nicht so einfach. Er muss mit der Farbe und den Eigenschaften der Kuh wie Lebhaftigkeit oder Gelassenheit übereinstimmen. Und wenn die Kuh Heimweh nach ihrem alten Stall hat, so soll man sie mit gestohlenem Heu oder gefundenem Brot füttern. Nach einer Geburt reibt der Bauer in Südtirol den Rücken der Kuh auch schon mal mit Schnaps ein, um die Nachgeburt zu erleichtern. Ähnliches kennt man auch aus Teilen Oberösterreichs: Hier gingen junge Mädchen nackt vor Sonnenaufgang »Tau fangen«. Dabei streiften sie den Tau mit den Händen in einen Krug und benetzten damit die Rücken der Kühe, damit diese mehr Milch geben.

Auch als »Gesundheitsguru« hat die Kuh ihren Ruf weg. Gegen Hühneraugen und Glatzen half, so glaubte man in den Alpenregionen, die betreffenden Stellen mit etwas Milch einzureiben. Und sogar für den Kuhfladen fand man in der sogenannten »Dreckapotheke« Verwendung: Warm aufgelegt, heilte er Abszesse, Entzündungen und Brandwunden, eingewickelt in Tücher und aufs Gesicht gelegt, sollte er die Haut weich und schön machen – das wäre doch mal ein Denkanstoß für die Kosmetikindustrie!

Die Almbutter

Auf den Tiroler Almen war es üblich, die frisch geschlagene Butter im bergseitigen, kühlen »Kaskeller« auf einem rundlichen Butterberg oder auf einen spitz zulaufenden Butterkegel aufzustreichen. Auf der Fiecht-Alm im Ultental nahe Meran erreichte dieser Kegel vor dem Almabtrieb einmal die stattliche Höhe von 1,50 Metern. Die Bauern, die das Almvieh gestellt hatten, erhielten davon anteilmäßig ihre Butterstücke, schön von Senn und Sennerin in hölzernen Buttermodeln geformt. Diese Model waren entweder kleine rechteckige Kastenformen von acht mal zwölf Zentimetern oder bestanden aus fünf etwa sechs mal sechs Zentimeter großen und mit Draht beweglich verbundenen Holzplättchen, die man um einen größeren Butterknollen schloss, um restliche Flüssigkeit auszupressen und dem Butterstück das Negativmuster der Modelinnenseite zur Zierde einzuprägen. Beliebte Motive waren Edelweiß und Enzian, aber auch Sechsstern und Kometen zur Weihnachtszeit.

Im 19. Jahrhundert und noch bis etwa 1960 belieferten viele Bergbauern bürgerliche Familien in den Städten regelmäßig mit Eiern, Milch und Milchprodukten. Die Butterstücke waren dann für die meist langjährigen Stammkunden schon mit dem Muster des jeweiligen Familienmodels verziert. Geliefert wurde bis an die Haustür. Diesen Service übernahmen die »Butterweibelen«, altgediente, alleinstehende Bäuerinnen oder Mägde, gekleidet in schlichter Werktagstracht mit weißem Kopftuch, weit sichtbar ihr großer, prall gefüllter Ruckkorb. Nach getaner Auslieferung besorgten die Butterweibelen meist etwas Krämerware in der Stadt, um diese wiederum im Dorf und auf den umliegenden Höfen zu bescheidenem Gewinn zu machen.

Gebuttert wurde in Tirol auf dreierlei Weise. Am Hof mit dem »Schlogger«, einem zylinderförmigen, etwa ein Meter hohen hölzernen Stoßbutterfass von 15 Zentimeter Durchmesser, in dem man mit einem Stock und einer unten angebrachten, gelochten Scheibe die mit dem Rahmmesser von der abgestandenen Vollmilch behutsam abgezogene Sahne stampfend zu Butter verquirlte. Ein Rahmmesser – auch Rahmzweck oder Rahmspann genannt – ist ein flaches Trenngerät, mit dem man den Rahm beim Ausleeren der Rahmschüsseln zurückhält. Neben dem Schlogger gab es dann das über eine Handkurbel gedrehte hölzerne »Butterfassl«, das auch tatsächlich vom Fassbinder gefertigt war. Auf vielen Almen trieb man so ein Butterfass mit einem ledernen Riemen über ein kleines Wasserrad an. In diesen Geräten trennen sich nach etwa 30 Minuten die fetten Teile von der Flüssigkeit, der Buttermilch. Die Butter wurde anschließend geseiht, in kaltem Wasser gewaschen, geknetet, zu Knollen geformt oder in Buttermodeln gedrückt. Ab 1960 kamen dann allmählich handbetriebene Milchschleudern auf.

»Ohne Winter koa Schnee und ohne Rahm koa Butter«,

sagen die Kärntner. Almen förderten und fördern die Milchwirtschaft in bedeutendem Maß. Vor Einführung von Zentri-

Mein Schatz ist a Schworgrin

Hat a segs a sim Kühr

Si hat an gschetertn Bolster

Gut lieg ist bei ihr

STEIERMARK 1895

fugen goss man die Milch in »Stötzeln« (hölzerne Gebinde) zum Rahmansetzen, oder auch in »tachene« Schüsseln aus glasiertem Ton. Nach zwei bis drei Stunden konnte der »Rahmspann«, also die fette, süße Sahne, abgeschöpft werden. Je nach Fettgehalt der Milch konnte bis zu dreimal am Tag »abgesahnt« werden – ein Wort, das noch heute in aller Munde ist. Zur Herstellung von Butter (mundartlich übrigens immer noch »der« Butter) sammelte man früher süßen, sauren, ja sogar ranzigen Rahm, was heute natürlich nicht mehr geschieht. Die fertige Butter wird geknetet, damit das Wasser austritt, und mit einem Muster verziert. Auf vielen Bauernhöfen sind heute noch Modelformen, meist aus Obstbaum- oder Zirbenholz, in Verwendung. In den langen Wintermonaten schnitzten die Bauern vielfältige Motive, meist Blumenornamente, Lebensbäume, Namen, Tiere oder Motive aus der Arbeitswelt des Bauern. Besonders beliebt war der »süaße Nam« Jesu: IHS.

Bitzl di, batzl di

Geh nur glei z'samm!

Ih bin a schöne Schwaigerin

Und rühr nit gern lang!

STEIERMARK

von crotti und Müllitrui

Was für uns heute selbstverständlich ist, nämlich der Kühlschrank und die Tiefkühltruhe, stellte weite Teile der ländlichen Bevölkerung früher vor eine Frage: Wie kann ich Milch, Butter und Sahne möglichst lange frisch halten und aufbewahren?

Im schweizerischen Valposchiavo trifft man heute noch sowohl am Talboden als auch an den Bergflanken auf seltsame Steinhaufen. Diese »Crotti« wurden sorgfältig aus unzähligen Steinen in Trockenbauweise zu runden, igluartigen Gewölben aufgeschichtet. Ihr genaues Alter und ihr Ursprung sind unbekannt, man weiß aber, dass sie hauptsächlich zur Aufbewahrung von frischen Lebensmitteln, vor allem von Milch, dienten. Teilweise waren sie auch bewohnt. Im Valchiavenna Tal am Comer See finden sich ebenfalls unzählige solcher Naturgrotten – eingeklemmt zwischen den großen Felsen und vermutlich durch Erdrutsche entstanden. Das besondere an diesen »crotti« ist der Luftzug, der zwischen den Felsen durch die Ritzen der Steine weht und eine konstante Temperatur um die 8 °C hat – optimale Bedingungen für die Lagerung und Reifung von Lebensmitteln.

Ganz anders lagerte man dagegen im österreichischen Burgenland. Hier war der »Kitting«, ein einfacher Holzblockbau mit Spitztonnengewölbe, Lehmbeschlag und Kalkanwurf, ein Speicherbau für die Feldfrüchte. Dort lagerten Korn und Roggen, Mehl, geräuchertes Fleisch, Schmalz und Eier. Der Kitting fasste aber auch die sogenannte »Müllitrui« (Milchtruhe), die mit etlichen »Mülliheifa'ln« (Milchtöpfen) bestückt war. Eine solche Milchtruhe fasste 12 bis 15 Milchtöpfe von je zwei Litern Flüssigkeit. Auch der »Ria'kiw'l« (Rührkübel) für die Butter stand im Kitting.

In Niederösterreich bewahrte man Milch in der »Speis'« auf, einem Raum neben der Küche, der übers Jahr keinen großen Temperaturschwankungen ausgesetzt war. Frisch gemolkene Milch wurde im sogenannten »Mülliamper« (Milcheimer) in ein Schaff (große Schüssel) gestellt, dessen kaltes Wasser öfter gewechselt wurde. Die Milch selbst rührte man hin und wieder um.

Butter fand in den niederösterreichischen Haushalten gar nicht so oft Verwendung, wie man glauben möchte. Meist verarbeitete man sie zu wesentlich länger haltbarem Butterschmalz, das man in irdenen Töpfen in der »Speis'« lagerte.

In den Städten musste die Bevölkerung Tag für Tag aufs Neue mit Frischware beliefert werden, was großteils über die Märkte geschah. Dazu versorgten sogenannte »Rufkäufer« die Haushalte mit ihren lautstark angepriesenen Waren. Erst im 19. Jahrhundert übernahmen die Viktualien- und Kolonialwarenhandlungen, Milch- und Käsegeschäfte und »Greißler« (Kreisler) die Nahversorgung der städtischen Bevölkerung.

Von der Kuh in den Kühlwagen

Milch ist nicht gleich Milch. Die Unterschiede in Geschmack und Qualität beginnen ganz konkret schon bei dem Futter und der Haltung. Wie und wo eine Kuh lebt, beeinflusst den Geschmack in entscheidender Form. Die Kuh, die auf Dauergrünland weiden darf, wo meist bis zu 50 verschiedene Pflanzenarten wachsen, wird würzige und aromatische Milch geben. Je höher diese Weide liegt, desto mehr Klee und Kräuter gedeihen auf ihr und verfeinern den Geschmack zusätzlich. Zudem ist die Artenvielfalt gut für die Tiere und folglich auch für deren Milch, denn ein Grünland mit nur ein oder zwei Pflanzenarten ist »Junkfood« für die Tiere. Moderne Weidewirtschaft schränkt den Artenreichtum im Futter ein und kann eine Weide durch den Einsatz von Kunstdünger und chemischen Spritzmitteln empfindlich schädigen. Und das schmeckt man: Der lokaltypische Charakter und das Aroma sowie das bakterielle Gleichgewicht der Milch werden zerstört. Ebenso wichtig ist eine artgerechte Haltung der Kühe. In Ställen, die ihren natürlichen Bedürfnissen entsprechen und das Wohlbefinden steigern, leben glückliche Kühe und die geben eben auch glücklich machende Milch.

woher kommt die Milch?

In der deutschen Milchproduktion haben Rinder die größte Bedeutung. Kein Wunder also, dass man, wenn man von Milch spricht, meist die Kuhmilch meint. Kühe sind Wiederkäuer und fressen Gras, Klee und Heu. In der modernen Massentierhaltung füttert man auch Silage (z. B. vergorene Maishäcksel) und industriell hergestelltes Mastfutter. Stundenlang kauen die Tiere das Futter wieder und wieder und verwandeln es mit ihren vier Mägen in Milch und Muskelfleisch. Milchkühe werden zwei- bis dreimal täglich gemolken und haben mindestens schon ein Kälbchen zur Welt gebracht. Ohne das gäbe die Kuh keine Milch.

In Deutschland werden hauptsächlich Milch- und Zweinutzungsrassen gezüchtet. Mit Zweinutzungsrassen werden Tiere bezeichnet, die sowohl zur Milch- als auch zur Fleischproduktion genutzt werden. Etwa 70 Prozent aller Milchkühe in Deutschland sind sogenannte MLP-Kühe, das heißt

»milchleistungsgeprüft«. Die Milchleistungsprüfung ist eine freiwillige Kontrolle, um die Milchmenge und die Milchinhaltsstoffe zu erfassen und so die Milchqualität zu sichern sowie die Fütterung zu verbessern.

Deutsche Schwarzbunte

Vor allem auf den Weiden und Wiesen Norddeutschlands ist die Schwarzbunte weit verbreitet. Das auffällig schwarzweiß gefleckte Tier ist eine rentable, stark milchbetonte Hochleistungskuh mit guter Anpassungsfähigkeit, stabiler Gesundheit und guter Fruchtbarkeit. Sie wurde erstmals um 1800 in den norddeutschen Niederungen als »schwarz-weiß geflecktes, milchreiches und zur Mast geeignetes Rind« beschrieben. 1868 entstand das erste Herdbuch.

Deutsche Rotbunte

Die Rotbunte ist ein braun-weiß geflecktes Zweinutzungsrind mit guten Muskeln, das widerstandsfähig ist und eine hohe Milch- und Fleischleistung hat. Wir treffen sie hauptsächlich im Süden Deutschlands an. Rotbunte gibt es seit Beginn des 19. Jahrhunderts.

Deutsches Rotvieh / Angler-Rind

Die Milch dieses durch und durch rotbraun gefärbten, milchbetonten Zweinutzungsrinds eignet sich besonders gut zur Käseherstellung. Das Angler-Rind entstand Mitte des 19. Jahrhunderts in Angeln in Schleswig-Holstein aus einer alten einheimischen Rasse. Innerhalb des deutschen Rotviehs haben die Angler den größten Anteil. Auch heute noch findet man die Angler-Kühe vorwiegend in Schleswig-Holstein, gefolgt von Hessen, Rheinland-Pfalz und dem Harz.

Deutsches Jersey-Rind

Diese hellbraun gefärbte Rasse ist ein Einnutzungsrind und wird ausschließlich zur Milchproduktion gezüchtet. Jersey-Rinder sind sehr anpassungsfähig und haben im Verhältnis zum Körpergewicht die höchste Herdenleistung aller Rinderrassen in Bezug auf Milch, Fett und Eiweiß. Sie sind frühreif und robust und ihr Milcheiweiß hat den höchsten Gehalt an Kappa-Kasein B. Ursprünglich kamen die Jersey-Rinder von der gleichnamigen Kanalinsel, wo sie seit dem 18. Jahrhundert wegen ihrer fettreichen Milch bekannt und beliebt sind. Heute basiert die deutsche Jersey-Zucht auf dänischen Importen.

Deutsches Fleckvieh

Graubraun mit weißen Flecken, hohe Milch- und Fleischleistung, fruchtbar und anpassungsfähig: das Deutsche Fleckvieh. Diese Rasse geht auf Tiere aus dem Simmental im Berner Oberland zurück, die schon im Mittelalter als großwüchsige, gescheckte Rinder bekannt waren. Sie kamen Anfang des 19. Jahrhunderts nach Deutschland, und zwar überwiegend nach Ost- und Oberbayern. Um 1900 gelangte das Fleckvieh auch nach Südafrika und Südamerika.

Deutsches Braunvieh

Ein milchbetontes Zweinutzungsrind von dunkler graubrauner Farbe, das neben dem Jersey-Rind den höchsten Anteil an Kappa-Kasein B im Milcheiweiß aufweist. Und das ist wichtig für die Käseproduktion. Die Braunvieh-Zucht gab es in der Zentralschweiz schon vor 600 Jahren. Um 1870 wurde die Rasse auch in die USA exportiert, wo man Wert auf größere Tiere mit höherer Milchleistung legte. Heute gehört das Braunvieh mit über elf Millionen Tieren zu den am weitesten verbreiteten Rinderrassen weltweit. Die Rasse ist großrahmig und stark milchbetont. Außerdem ist Braunvieh sehr anpassungsfähig und langlebig.

Pinzgauer

Das Pinzgauer ist eine ursprünglich in den Hohen Tauern heimische mittel- bis großrahmige Zweinutzungsrasse von kastanienbrauner Grundfarbe mit Rücken- und Bauchblesse und weißem Schwanz. Sie ist den extremen Bedingungen ihrer Heimat bestens angepasst und zeichnet sich durch ein besonders ruhiges Temperament aus. Die Pinzgauer gibt es im gleichnamigen Landstrich im Salzburger Land schon seit dem 17. Jahrhundert. Als bodenständiger Rinderschlag ist diese Rasse hauptsächlich in den Alpen verbreitet, aber auch in den USA und in Südafrika. In Deutschland werden die Tiere vor allem um Traunstein und im Berchtesgadener Land gezüchtet, daneben wurde auch eine Population in den neuen Bundesländern aufgebaut.

Tiroler Grauvieh

Das bodenständige Grauvieh gehört zu den typischen alpenländischen Rassen, vor allem in Nord- und Südtirol, Norditalien und auf dem Balkan. Diese Alpinrasse zeichnet sich durch besondere Genügsamkeit, Widerstandsfähigkeit und Trittsicherheit aus. Die Rinder sind eher klein bis mittelrahmig, von silber- bis eisengrauer Farbe und von freundlichem Temperament. Eng verwandt mit dem Tiroler Grauvieh ist das Rhätische Grauvieh aus dem Schweizer Kanton Graubünden. Dieses ist ebenfalls eher klein und leicht, robust, langlebig und von ruhigem Charakter. Dank der großen Klauen, die den Boden schonen, eignet es sich ideal zum Abweiden steiler Grasflächen.

Normandie-Rind

Nicht unerwähnt bleiben soll das Normandie-Rind, das in Frankreich die wichtigste Rasse darstellt. Es stammt von den Rindern ab, die die Wikinger in die Normandie brachten und mit den damals dort lebenden Rindern kreuzten. Vom Département Manche auf der Halbinsel Cotentin und dem benachbarten Calvados verbreitete es sich Mitte des 19. Jahrhunderts nach Südosten, in den Süden und nach Zentralfrankreich. Besonders herausragend ist die Langlebigkeit der Rinder und die hohe Milchleistung der Kühe: 50 000 bis 70 000 Liter gibt eine Normandie-Kuh im Laufe ihres Lebens. Und besonders schön gezeichnet sind sie auch: auffällig gescheckt, ein fast getigertes Rotbraun mit Weiß, manchmal dreifarbig schwarz-weiß-rot. Ein echter Hingucker.

so lebt die kuh

Der Kuhstall: Wohn- und Schlafzimmer der Kühe und Kälber und manchmal auch des Bullen. Und wie wir Menschen uns in unserem Wohnraum wohlfühlen möchten, so möchten dies auch die Tiere in ihrem.

Früher einmal lebten Mensch und Tier unter einem Dach und in einem einzigen Raum, denn im Winter spendeten die Tiere nicht nur Milch und Fleisch, sondern auch Wärme. Alle Tiere des Hofes teilten sich ihr Quartier mit der Bauernfamilie. Vor allem im Winter hatten die Menschen diese Wärmequelle gerne in ihrer Nähe. Außerdem konnte man die Tiere ohne Aufwand füttern. Später bildeten Wohnhaus, Stall und Stadel noch eine Einheit, wobei der Stall oft die wärmste Räumlichkeit des ganzen Hofes darstellte. Damals verfügte – jedenfalls im Alpenraum – kaum ein Stall über eine Wasserleitung, was es erforderlich machte, die Tiere ein- bis zweimal am Tag zur Tränke auf den Hof zu führen. Auf ganz natürliche Weise sorgte man so für die nötige Bewegung der Kühe. Als dann die automatischen Tränkebecken in den Ställen Einzug hielten, bei denen die Tiere nur mit der Nase auf eine Art Schalter zu drücken brauchten, fielen die täglichen Spaziergänge weg. Vielerorts führte das dazu, dass die Kühe tagein, tagaus angebunden in den Stallreihen standen und außer Liegen und wieder Aufstehen keine Bewegung hatten. Dabei sind Kühe sogenannte Lauftiere und brauchen Bewegung, um sich wohlzufühlen. Im Stall sorgte dann noch ein Schweifaufhänger dafür, dass der Schwanz beim Koten nicht verschmutzt und beim Melken nicht stört oder gar Schmutz in den Melkeimer gerät – das heißt, in den oft dunklen und schlecht belüfteten Anbindeställen waren die Kühe vorn und hinten fixiert und fristeten oft ein eher trauriges Dasein.

Mittlerweile gehören diese Ställe zum Glück mehr und mehr der Vergangenheit an, man merkte schnell, dass unglückliche Tiere krank werden und keine Milch mehr geben. Die artgerechte Tierhaltung ist zu einem Schlagwort und zu einer Wissenschaft geworden und das ist gut so. Zwar überwiegen in vielen Alpengebieten noch immer die Anbindeställe, vor allem bei kleinerem Tierbestand, zum Teil aus Platzgründen, zum Teil auch aufgrund der Tatsache, dass sich die Kühe im Sommer ja monatelang auf den Almen frei bewegen. Laufställe bahnen sich aber mehr und mehr ihren Weg – Tierfreunde wird es freuen und die Kühe sowieso. In der ökologischen Landwirtschaft Deutschlands ist der Anbindestall nicht zulässig. Der ideale Laufstall, in dem die Kühe auch den Winter verbringen, sieht so aus, dass sich das Vieh im begrenzten Raum frei bewegen und den Stall auch verlassen kann, um sich an der frischen Luft zu bewegen. In diesen Ställen können die Kühe ihr natürliches Bedürfnis nach Kontakt mit anderen Kühen pflegen – und eben Artgenossen aus dem Weg gehen, mit denen sie sich nicht so gut verstehen. Das ist wichtig für ihr allgemeines Wohlbefinden und somit auch gut für den Bauern, der gute Milch verkaufen kann. Wichtig für das optimale Wohlbefinden der Kühe

sind auch Be- und Entlüftung im Stall sowie eine gute Beleuchtung. Kühl und trocken haben es die Kühe am liebsten, so zwischen -5 °C und +10 °C, kuschelig warm will nur der Bauer. Und Zugluft geht gar nicht. Natürlich sollte der optimale Stall auch die Bedürfnisse des Bauern berücksichtigen. Die Anordnung der Futtertröge, der Mistbahn, der Mistlege (Misthaufen), der Milchkammer und des Futterraumes sollten so gestaltet sein, dass die Arbeit schnell und ohne viele Umwege vonstattengehen kann.

Auch bei den Laufställen gibt es Unterschiede. Der Boxenlaufstall hat einzelne Liegeplätze und eine getrennte Lauffläche. Die Liegeplätze sind entweder tief angeordnet und mit Einstreu versehen, oder sie sind hoch und mit speziellen Kuhmatratzen ausgestattet. Bei Tieflaufställen hingegen gibt es keine Trennung zwischen Laufbereich und Liegeplatz. Sie haben allerdings den größten Stroh- und Platzverbrauch. Moderne Laufställe bieten den Kühen so manchen Komfort, zum Beispiel rotierende Bürsten, unter denen sie sich wohlig eine Massage gönnen. Und wenn Kühe sich wohlfühlen, geben sie auch mehr Milch – da schwören viele Bauern auch auf Musik im Stall, man fragt sich bloß: Beethoven oder Beatles?

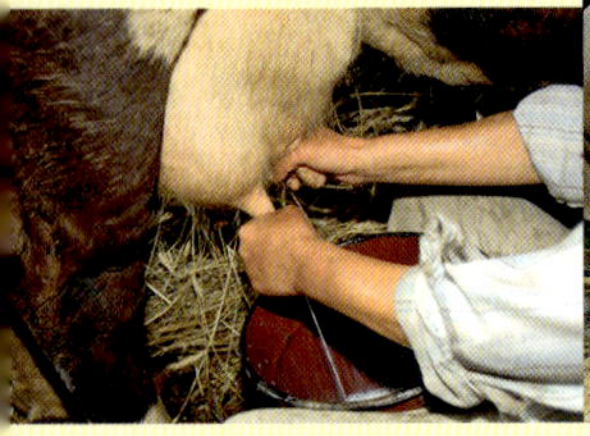

Die Kuh als Landei – Traditionelle Milchgewinnung

Fünf Uhr morgens. Es ist noch dunkel. Der Hahn kräht. Aufstehen! Tagein, tagaus, jahrein, jahraus heißt es für den Bauern: früh aufstehen, Kühe melken und versorgen.

Früher gehörte die Milch zu den wichtigsten Nahrungsmitteln der Bauersfamilie auf dem Land. Milch, Butter und Käse bildeten oft die Grundlage der Ernährung. Damals waren es auch die Frauen, die die Kühe melkten; die Sennerinnen auf der Alm oder die Magd am Hof begannen ihr Tagewerk mit dem Füttern und Melken und beendeten es auch wieder damit, denn Kühe werden zweimal täglich gemolken. Größere Höfe hielten sich auch eigenes Stallpersonal, einen Fütterer und einen Burschen zum Ausmisten und der bei allen anfallenden Arbeiten half. Diese Knechte und Mägde mussten bei Dienstantritt die Fähigkeit des Melkens mitbringen, denn nicht jeder Knecht konnte melken. Das ist nämlich gar nicht so einfach.

Das Melken erfolgte immer während der Fütterung. *Interessant ist, dass die Bauern in den Ställen nie die »Sommerzeit« eingeführt haben – ihrer Meinung nach »wollen« die Kühe das nicht, weil sie nach ihrer inneren Uhr leben und die Zeitumstellung für die Tiere eine Zumutung ist und Stress bedeutet.* Das Heu zur Fütterung lagerte (auf vielen Höfen ist das auch heute noch so) im direkt darüber liegenden Stadel. Mit dem ausgedienten Restblatt einer Sense schnitt man die Futtermenge vom Heustock ab und beförderte sie mit der Heugabel durch das »Schopploch« in die Krippe vor die Nasen der Kühe. Jetzt waren die Kühe zufrieden und mit Fressen beschäftigt und ließen sich gut melken. Dafür band sich der Melker (oder die Melkerin) den einbeinigen Melkschemel um, nahm das Melkgeschirr, also einen Eimer, und setzte sich mit dem Eimer zwischen den Knien vor das Euter und melkte. Die Fertigkeit besteht darin, die Milch mit beiden Händen an jeweils zwei Zitzen mit nach unten pressendem Griff eigentlich ganz leicht aus dem Euter herauszubekommen. Eine »gute« Kuh gab viel Milch, nicht so gute wurden als Schlachtvieh verkauft oder am Hof selbst geschlachtet. War der Eimer voll Milch, so wurde sie durch ein Tuch oder einen anderen Filter in die großen Milchkannen geseiht und ins Haus gebracht, wo sie wiederum in hölzerne oder irdene Schüsseln zum Rahmen gegossen wurde. Frische Milch bereicherte dann den Frühstückskaffee, den Halbmittag (Vormittagsjause), die nachmittägliche Marende und oft auch das Nachtmahl, zusammen mit hartem Brot, das in der Milch eingeweicht wurde. Die Milch war natürlich auch zum Buttern da. Dabei fiel ein »Abfallprodukt« ab, die Buttermilch, auch saure Milch genannt, früher besonders geschätzt von Knechten und Mägden.

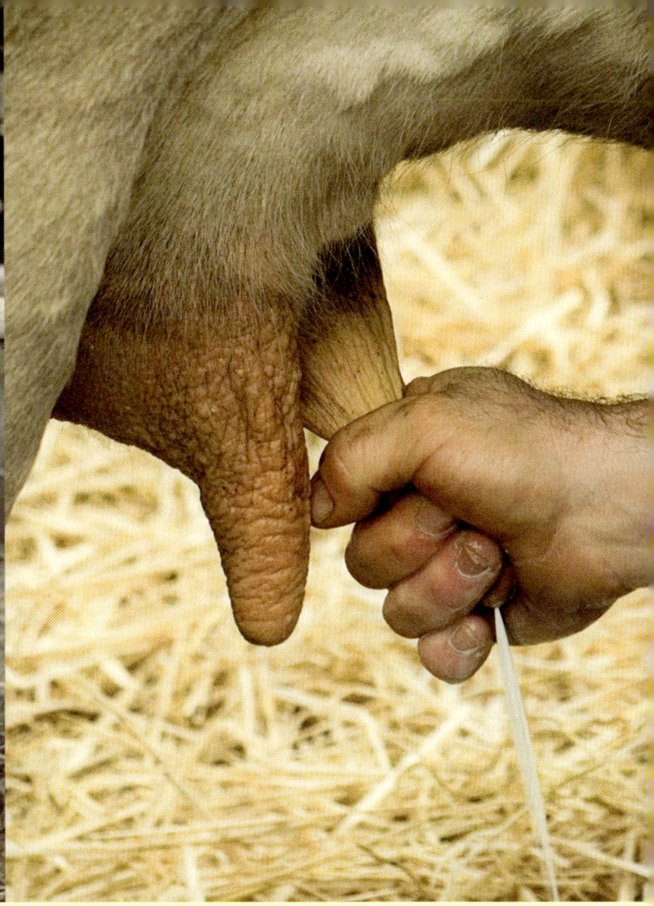

Auf manchen Bauernhöfen wurden die Kühe nicht nur frühmorgens und abends gegen 19 Uhr gemolken, sondern noch ein drittes Mal. Ein Teil der Milch diente als Kälbertrank und Schweinefutter und damit wurden auch die oft zahlreichen Katzen auf dem Hof für ihre »Arbeit«, das Mäusejagen, belohnt. Daneben spielte und spielt die Milch auch eine große Rolle in etlichen bäuerlichen Rezepten: Milch war immer da, kostete nichts, war gesund und vielseitig verwendbar.

Milch, ein Naturprodukt? Von vollautomatischen Melkanlagen und futuristischen Turbokühen

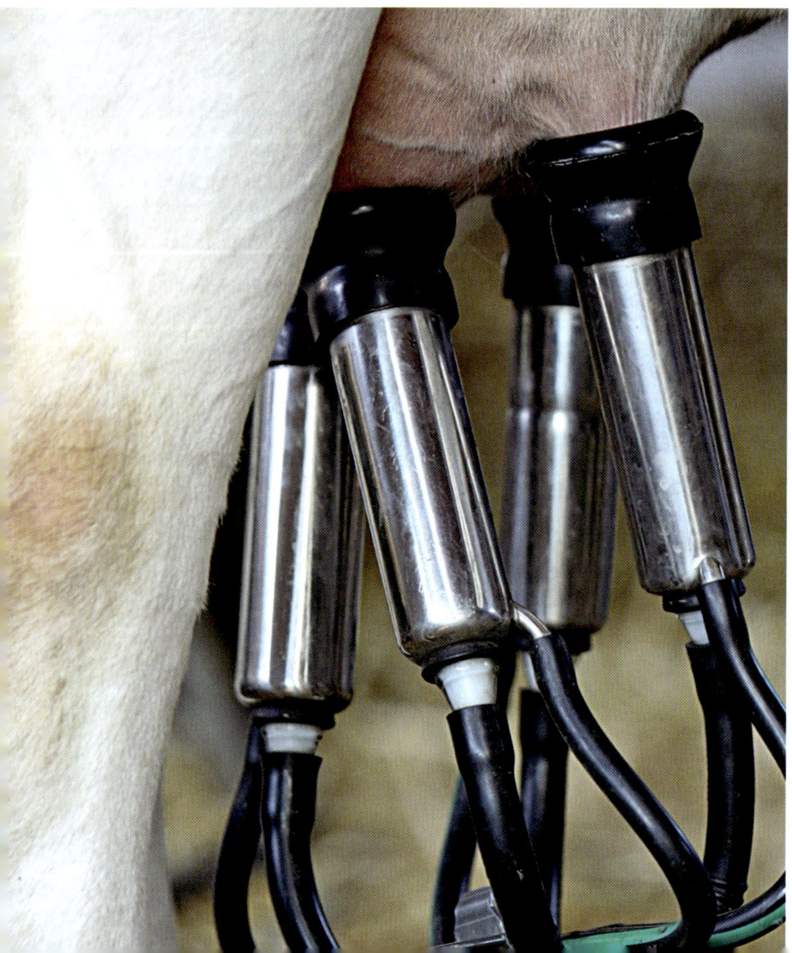

Mit bäuerlicher Romantik im schummrigen Stall – die Katze schnurrt um die Beine, Schwalben fliegen aus und ein – hat ein moderner landwirtschaftlicher Betrieb nichts mehr am Hut. Zumindest in den Großbetrieben. Die Kleinbauern haben für sich einen Kompromiss zwischen Hightech und natürlicher Haltung der Tiere gefunden. Ihre Kühe verbringen den Sommer größtenteils auf der Weide und werden nur zum Melken, für die Nacht und den Winter in den Stall getrieben. Beim Melken hilft die moderne Technik. Das Wohlergehen der Kühe steht aber sowohl bei den Kleinbauern als auch bei den Großbetrieben an erster Stelle. Tiergerechtes, individuelles und wirtschaftliches Melken sind die wichtigsten Faktoren für eine erfolgreiche Milchproduktion. Um den Ansprüchen der modernen Milchviehbetriebe gerecht zu werden, hat die Industrie eine breite Palette an verschiedenen Melkständen entwickelt, die halb- bis vollautomatisch und computergesteuert funktionieren.

Die Kühe betreten dabei immer zur gleichen Zeit einmal morgens und abends den Melkstand, um ihre Milch abzugeben. Sobald der Bauer die Melkmaschinen an den Zitzen angebracht hat, wird die Milchmenge vom elektronischen Bedienungssystem aufgenommen, gespeichert und online an ein Rechnernetz weitergegeben. Jede Kuh ist aufgrund ihres

Halsbandes mit Registrierchip identifizierbar. Neben Milchmenge werden auch Name, Geburtsdatum, Abstammung, eventuelle Krankheiten, Futtermittelmenge und Trächtigkeitszustand aufgenommen. So kann der Landwirt bei Veränderung der Milchmenge oder ihrer Eigenschaften durch Änderung des Futters oder der Futtermenge sofort eingreifen und somit eine gleichbleibende Quantität und Qualität der Milch erreichen. Der Eingangsbereich ist möglichst offen gestaltet, damit die eintretende Kuh Blickkontakt zur vorhergehenden hat und der »Kuhverkehr« im Melkstand reibungslos ablaufen kann. Auch das richtige Licht, die richtige Temperatur und gute Luft sollen zum Wohlbefinden der Kuh beitragen. Luxuriöses Zubehör wie vollautomatische oder manuelle Nachtreibehilfen im Vorwartehof, Tierwaagen und automatische Klauenbäder sind in vielen modernen Milchbetrieben ebenfalls fest etabliert. Sicherheit und Komfort werden aber nicht nur bei den Kühen großgeschrieben, auch die Arbeitsbedingungen für den Menschen werden ständig verbessert. Sogenannte Hubböden heben die Kühe, angepasst an die unterschiedliche Größe der Melker, in die optimale Ansetzhöhe.

Ganz neu und voll im Trend sind auch automatische Melksysteme (AMS). Hier stehen die Kühe in Einbox- oder Mehrboxanlagen mit einer tandem-ähnlichen Melkbucht und je einem Ein- und Auslasstor. Alle Boxen werden mit Roboterarmen bedient. Diese AMS-Anlagen sind sogar mit Sensoren ausgerüstet, die eine Farbanalyse der Milch erlauben und somit Blut, Kolostrum (Biestmilch) und andere abnormale Milch erkennen und separieren. Vakuum und Pulsation werden ebenfalls individuell eingestellt, sämtliche Daten des Melkvorgangs können erfasst und weitergeleitet werden: Milchfluss, Milchtemperatur, Ansetzgeschwindigkeit und -dauer, misslungene Melkungen, Besuchsfrequenz und Kraftfutteraufnahme. Nach dem Melkvorgang geht es automatisch mit der Standflächenreinigung, der Spülung der Melkbecher und der Positionierung der Melkbecher im Zitzenbechermagazin weiter.

Eine andere Neuheit in Deutschland, vor allem in den neuen Bundesländern, ist der bedenkliche Trend zur Hochleistungskuh. Die Hochleistungskuh ist eine auf Leistung getrimmte Industriekuh, die im Schnitt etwa 1,7 Tonnen Milch pro Jahr mehr erzeugt als ihre süddeutsche Weidenkollegin – Kraftfutter und Hightech sei Dank. Dafür verbringt die Superkuh ihr ganzes Leben unter dem Dach ihres Laufstalles, ihr Leben ist bis ins kleinste Detail geplant und modernste Technik überwacht jeden Schritt, den sie tut. Fast alles läuft vollautomatisch ab und für jeden Arbeitsschritt gibt es eine perfekte Maschine, die zum Beispiel den Kot wegschiebt oder die Kühe alle acht Stunden in den Melkstand drängt. Eine saftige Wiese an der frischen Luft – Fehlanzeige für die Industriekuh. Erschreckend ist auch die sogenannte »Turbokuh«, eine Erfindung aus Belgien und Neuseeland. Hier wird die – im Vergleich zu einer Durchschnittskuh – oft doppelt so hohe Milchleistung mittels gentechnischer Methoden oder Hormonen quasi erzwungen, was von der Bundestierärztekammer in Deutschland strikt abgelehnt wird. Durch Patente auf Tiere und ihre genetischen Anlagen würde man sie auf ihren reinen Nutzwert reduzieren, dies solle aus ethischen und auch aus Gründen des Tierschutzes abgelehnt werden. Zurück zur Natur sollte also die Devise lauten – besser für die Tiere und somit auch besser für die Verbraucher.

was drin steckt in der Milch

Dass Milch gesund ist, weiß jedes Kind. Der Fitmacher Milch ist eines der wenigen Nahrungsmittel, das direkt als »Komplettmahlzeit« gelten kann, denn sie liefert alle wichtigen Nährstoffe in optimaler Menge und optimaler Verfügbarkeit. Milch enthält viele lebensnotwendige Inhaltsstoffe und gehört zu einer ausgewogenen, gesunden Ernährung einfach dazu. Milch und Milchprodukte versorgen den Körper mit essenziellen Nährstoffen, die die Energiespeicher zum Beispiel nach dem Sport schnell wieder auffüllen.

Besonders das **Milcheiweiß** ist für die nötige Kraft beim Sport zuständig, außerdem enthält es fast alle Eiweißbausteine (essenzielle Aminosäuren), die der Körper zum Aufbau von eigenem Eiweiß benötigt. Und das ist wichtig für den Aufbau von Muskeln, Enzymen und Hormonen und essenziell für die Bildung von Abwehrstoffen.

Auch das **Milchfett** ist zunächst einmal nicht »ungesund«, sondern kann sich sogar positiv auf die Verdauung auswirken. Die Fetttröpfchen sind in der Milch ganz fein verteilt, aufgrund ihrer chemischen Struktur können fettspaltende Enzyme besonders leicht wirken. Die fettlöslichen Vitamine A, D und E können gut aufgenommen werden. Auch die im Milchfett vorhandenen speziellen Fettsäuren wirken positiv auf den Organismus. Im Milchfett sind außerdem Buttersäure, Etherlipide, Beta-Karotin, Sphingomyelin und Gossypol enthalten, die angeblich eine antikarzinogene Wirkung haben.

Milchzucker (Laktose) wirkt Leistungstiefs nach kurzen, anstrengenden Aktivitäten entgegen. Es ist ein Zweifachzucker, der nur langsam ins Blut übergeht. Wie alle Kohlenhydrate wird auch der Milchzucker im Körper in Energie umgesetzt, gilt aber als weniger Karies fördernd als Haushaltszucker.

Die **Vitamine B_2 und B_{12}** (besonders in Buttermilch enthalten) unterstützen die Speicherung von Energie im Muskelgewebe, **Vitamin A** steuert Zell- und Knochenwachstum und ist am Sehvorgang beteiligt und **Vitamin D** ermöglicht die optimale Aufnahme und Umwandlung des Mineralstoffes Kalzium. Milch und Milchprodukte enthalten diese wichtigen Vitamine und viele andere mehr und erlauben so eine optimale Versorgung.

Milch hat einen hohen Anteil an **Mineralstoffen**, vor allem an Kalzium. **Kalzium** ist für stabile Knochen und Zähne wichtig, außerdem ist es an der Reizübertragung von Nerven- und Muskelzellen, der Muskelfunktion und der Blutgerinnung beteiligt. Besonders Kinder und Jugendliche benötigen eine gesunde, vollwertige Ernährung. Denn nur bis zum 30. Lebensjahr kann das Skelett effizient Kalzium als sogenannten »Knochenzement« einlagern. Danach wird es von Jahr zu Jahr abgebaut. Durch Kalziummangel kann Osteoporose entstehen, eine Stoffwechselerkrankung der Knochen, die besonders häufig bei Frauen jenseits der Wechseljahre auftritt, bedingt durch die nachlassende Hormonproduktion. Durch eine unzureichende Kalziumzufuhr werden die Knochen porös, das Risiko von Knochenbrüchen und einer Deformation der Wirbelsäule ist stark erhöht. Nach Schätzungen der WHO leidet jede dritte Frau nach der Menopause an Osteoporose, was dazu führte, dass man diese Krankheit in die Liste der zehn bedeutendsten Krankheiten aufgenommen hat, und zwar sowohl in Bezug auf die Krankheitsfolgen als auch in Bezug auf die Behandlungskosten. Um dem Risiko einer Erkrankung vorzubeugen, ist ausreichende körperliche Bewegung von Vorteil sowie eine ausreichende Zufuhr von Kalzium in Form von Milch und Milchprodukten wie Käse, Quark, Joghurt – empfohlen werden drei Portionen pro Tag.

Der Mineralstoff **Magnesium** schützt vor Muskelkrämpfen und wirkt stresshemmend. Auch Zink und Phosphor sind in nennenswerten Mengen enthalten, ebenso wie das wichtige Spurenelement Jod, das entscheidend für eine gute Schilddrüsenfunktion ist.

(Kuh-)Milchunverträglichkeit

Laktoseintoleranz

Interessanterweise vertragen längst nicht alle Menschen Milch und Milchprodukte. Ein großer Teil der Menschheit rührt nach der Entwöhnung von der Mutterbrust keine Milch mehr an, darunter fast alle asiatischen Völker. Chinesen, Koreaner, Thais, Vietnamesen, Indonesier, dazu etliche Afrikaner und die nordamerikanischen Indianer züchten alle keine Rinder und nehmen keine Milch zu sich. Das hat auch einen ganz einfachen Grund: Sie vertragen keine, sie sind unfähig, den Milchzucker zu verdauen, wofür der Körper ein bestimmtes Enzym benötigt. Diese Laktoseunverträglichkeit ist auch in unseren Breitengraden ein erstaunliches Phänomen. In Deutschland leiden rund zwölf Millionen Menschen unter Laktoseintoleranz, das sind etwa 15 Prozent der Bevölkerung, weltweit betrachtet sind es sogar circa 75 Prozent! Laktoseintoleranz ist bis heute nicht heilbar. Ursache einer solchen Intoleranz ist das Fehlen oder ein Mangel des Verdauungsenzyms Laktase im Dünndarm. Dadurch kann die in allen Milchprodukten enthaltene Laktose (auch Milchzucker genannt) nicht aufgespalten und verdaut werden – Übelkeit, Erbrechen, Durchfall und Koliken sind die Folge, je nach Ausprägung der Laktoseintoleranz können auch unspezifische Beschwerden wie Müdigkeit, Kopfschmerzen, Schwindel, Schlafstörungen, unreine Haut oder Nervosität auftreten. Betroffenen wird geraten Milchprodukte, die von Natur aus einen geringen Gehalt an Laktose aufweisen, wie Hartkäse oder Mozzarella, zu bevorzugen. Zudem gibt es inzwischen Milchprodukte, die kaum noch Laktose enthalten. Durch spezielle Herstellungsverfahren wird die Laktose in der Milch bereits vorab in ihre Bestandteile Glukose und Galaktose aufgespalten.

Milchallergie

Bei dieser Art der Allergie kommt das Immunsystem mit bestimmten, in der Kuhmilch vorkommenden Proteinen nicht klar und reagiert mit Allergien wie Nesselausschlägen, geröteten Augen, laufender Nase, Asthmaanfällen und im extremen Fall auch mit einem anaphylaktischen Schock. Diese Allergien treten sofort oder innerhalb einer Stunde nach dem Verzehr von Milch oder Milchprodukten auf.

Milchunverträglichkeit

Hier kommt es bei Milchkonsum zu unspezifischen Störungen, die mit der Milch gar nicht in Zusammenhang gebracht werden, wie zum Beispiel Ausschläge, Probleme mit Nase, Stirnhöhle oder Darm. Rheuma wird möglicherweise gefördert und neuerdings wird sogar die Darmkrankheit Morbus Crohn mit Kuhmilch in Verbindung gebracht. Bei Beschwerden, deren Ursprung nicht einwandfrei zu klären ist, kann man versuchen, eine Zeitlang alle Milchprodukte zu vermeiden.

Nicht nur Kühe geben Milch

Ziegenmilch

Ziegenmilch war wahrscheinlich die erste Milch, die in der menschlichen Ernährung eine Rolle spielte. Ziegen und auch Schafe wurden schon vor über 10 000 Jahren domestiziert. Vor allem in den Mittelmeerländern, in Frankreich und in der Schweiz hat Ziegenmilch auch heute einen hohen Stellenwert. Von der »Kuh des armen Mannes« zur Lieferantin exquisiter Milchprodukte – man denke nur an die Vielfalt der Ziegenkäse – war es ein weiter Weg.

Ziegenmilch stammt in Deutschland hauptsächlich von den Rassen Bunte Deutsche Edelziege, Weiße Deutsche Edelziege, Gescheckte Holländer Ziege, Toggenburger Ziege, Thüringer Waldziege und Saanenziege. Im Durchschnitt gibt eine Ziege 600 Liter Milch pro Jahr, bei Tieren mit hoher Milchleistung sind es 900 bis 1 200 Liter. In Mitteleuropa wird Ziegenmilch eher selten frisch genossen, vielen Menschen ist ihr typischer Geschmack unangenehm »bockig«. Der Geschmack hängt aber sehr von Fütterung und Haltung ab, mittlerweile gibt es sehr gute, »süß« schmeckende Ziegenmilch. Da sie nicht so lange haltbar ist wie Kuhmilch, ist Ziegenmilch oft nur als H-Milch erhältlich.

Ziegenmilch ist eine gesunde und bekömmliche Alternative zu Kuhmilch, besonders für Menschen mit Kuh- oder Sojamilchallergie. Sie ist leichter verdaulich und bewirkt kaum allergische Reaktionen. Außerdem enthält sie doppelt so viel Vitamin A und erheblich mehr Vitamin D als Kuhmilch, dagegen aber weniger Vitamin B_{12} und Folsäure, weshalb man besonders bei Kleinkindern auf eine entsprechende Nahrungsergänzung achten muss. Ein hoher Gehalt an Linol- und Linolensäure, also an mehrfach ungesättigten Fettsäuren, trägt ebenfalls zum hohen ernährungsphysiologischen Wert der Ziegenmilch bei, günstig bei erhöhtem Cholesterin-

spiegel. Sie ist reich an Kalzium und enthält viele Spurenelemente wie Jod und Zink. Ihr Fettgehalt wird nicht standardisiert und schwankt je nach Jahreszeit und Weideart. Ziegenkäse reifen langsamer als andere Käse, ihr Bruch ist weicher, deshalb werden überwiegend Ziegenweichkäse hergestellt.

Wenn Säuglinge und Kleinkinder unruhig sind, Hautprobleme haben oder scheinbar unter Schmerzen leiden, so kann das auch an der Nahrung liegen. Hier hat sich eine spezielle Säuglingsnahrung auf Ziegenmilchbasis bewährt, die aufgrund ihrer Milde und bestimmter Zusätze dem noch unreifen Verdauungssystem des Kindes die Verarbeitung der Nahrung erleichtert.

schafmilch

Wie die Ziegenmilch gehört auch die Schafmilch zu den ältesten Nahrungsmitteln der Menschheit, lange bevor man die Kuhmilch nutzte. In kargen Gebieten, wo das Futter knapp und die Verhältnisse für die Kuhhaltung nicht gegeben waren, wurden (und werden noch heute) Schafe gehalten. Das Schaf ist ein äußerst vielseitig verwendbares Tier, es gibt Wolle, Fleisch und Milch und pflegt beim Weiden die Landschaft. Schafmilch und daraus hergestellte Nahrungsmittel wie Quark und Käse stehen vor allem in Italien, Spanien, Griechenland, Frankreich und Portugal ganz oben auf dem Speisezettel.

Auch in Deutschland kann man auf eine jahrhundertealte Schafzuchttradition zurückblicken. Das Ostfriesische Milchschaf hat hier die größte Bedeutung. Es ist anpassungsfähig, genügsam, frühreif und fruchtbar. Der Milchertrag liegt bei einer Laktationszeit von ungefähr 250 Tagen bei 600 Kilo-

gramm pro Tier. (Die Milchleistung wird in Kilogramm, nicht in Litern angegeben.) Andere Rassen sind zum Beispiel Rhönschaf, Heidschnucke, Bergschaf, Wilstermarsch-Schaf und Pommersches Landschaf. In letzter Zeit hat sich auch das ursprünglich aus der Gegend um Roquefort stammende Lacaune-Milchschaf bei uns einen Platz erobert, ein sehr geselliges Tier, das sich erst so richtig wohlfühlt, wenn sich ungefähr 300 Artgenossen auf der Weide tummeln.

Schafmilchprodukte werden immer beliebter, vor allem die Nachfrage nach Schafkäse steigt ständig. Das liegt mitunter daran, dass viele Urlauber in den Mittelmeerländern »auf den Geschmack« gekommen sind und auch in ihrer Heimat auf den dort genossenen Käse nicht verzichten möchten. Mittlerweile kann der Verbraucher zwischen einer breiten Palette aus Schafmilchprodukten wählen, vom Frischkäse über Joghurt, Quark und Edelpilzkäse bis hin zu Schafmilchschokolade. Auch in der Kosmetikindustrie konnte sich Schafmilch behaupten. Aus Schafmilch gewonnene Seife ist besonders hautverträglich.

Schafmilch ist in der Zusammensetzung der Kuhmilch ähnlich, enthält aber dreimal so viel Fett, mehr Vitamine A, D, E, Riboflavin, Vitamine B_6 und B_{12} sowie Kalzium als Kuhmilch, aber weniger Folsäure. Aufgrund des hohen Eiweißgehaltes ist Schafmilch nicht sehr hitzestabil und eignet sich nicht zur Hocherhitzung. Dieser hohe Eiweißgehalt ist aber auch von Vorteil, die Käseausbeute fällt höher aus und der Joghurt erreicht eine höhere Festigkeit. Auch Butter kann aus Schafmilch erzeugt werden, ist aber nur kurz haltbar und deshalb selten. Wegen der Ähnlichkeit mit Kuhmilch besteht bei Kuhmilchunverträglichkeit meist auch eine Schafmilchunverträglichkeit.

stutenmilch

Stutenmilch wird schon seit Urzeiten gewonnen, die ältesten Nachweise dafür finden wir bei den Nomaden im Altai-Gebirge, einer Grenzregion zwischen der Mongolei, Sibirien und China. In China gilt die Stutenmilch schon seit 3 000 Jahren als Heil- und Wundermedizin. Die Kaiser der Ming-Dynastie schworen auf die Zauberkräfte des »göttlichen Nektars«. Auch die Scheiche des Orients schätzten die Stutenmilch als ein »von Allah gesegnetes Heilmittel«. Der Dichter Hesiod beschrieb 800 v. Chr. in seinem Gedicht »Werk und Tag« die Stutenmilch als ein tägliches Lebensmittel. Homer erzählt in seiner »Ilias« von Pferdemelkern und Menschen, die diese Milch regelmäßig nutzten.

Stutenmilch ist im Vergleich zu Kuhmilch wesentlich fett- und eiweißärmer, besitzt aber einen höheren Anteil an Milchzucker. Sie ist relativ dünnflüssig und hat einen hohen Anteil an ungesättigten Fettsäuren. Laut wissenschaftlichen Untersuchungen kommt zum Beispiel in der Mongolei, wo diese Milch bis heute Grundnahrungsmittel ist, kaum Tuberkulose vor. So entstanden im benachbarten Russland schon recht früh Sanatorien, in denen die Patienten gegen Blutarmut, Skorbut, Tuberkulose und auch Verdauungsbeschwerden mit Stutenmilch behandelt wurden. Das erste Stutenmilchsanatorium wurde 1858 im russischen Samara erbaut. Der berühmte russische Schriftsteller Leo Tolstoi (»Krieg und Frieden«) war ein begeisterter Konsument und schrieb: »Stutenmilch regeneriert meinen Körper und beflügelt meinen Geist.« Einer der Pioniere, der die gesundheitsfördernde Wirkung der Stutenmilch im westlichen Europa bekannt machte, war der Tierarzt Rudolf Storch. Aus russischer Kriegsgefangenschaft heimgekehrt, propagierte er die positiven Eigenschaften von Stutenmilch und gründete ein Haflingergestüt, mit dessen Stutenmilch er ein Lungensanatorium belieferte. Dass sich die Milch letztendlich doch nicht flächendeckender durchsetzen konnte, liegt an der medizinischen Forschung und an neuen Heilmethoden.

Zurzeit gibt es in Deutschland etwa 40 Stutenmilchbetriebe. Meist sind es Haflingerstuten mit ihren Fohlen, es werden aber auch andere Warmblut-, Kaltblut- und Spezialrassen gezüchtet, darunter Irish Tinker, Welsh Cob und Noriker. Stuten geben nur Milch, wenn sie ein Fohlen zu versorgen haben. Im Alter von zwei Monaten werden die Fohlen langsam etwas unabhängiger und beginnen auch selbst zu grasen. Nun kann die Stute gemolken werden – eine sehr aufwendige und arbeitsintensive Prozedur. Dafür wird sie für zwei bis vier Stunden von ihrem Fohlen getrennt, was viele Stutenmilchgestüte allerdings zu vermeiden versuchen, denn eine Stute ist leichter zu melken, wenn ihr Fohlen vergnügt um sie herumtänzelt. Wenn sie nervös oder ängstlich ist, weil ihr Fohlen nicht in der Nähe ist, kann sie ihre Milch leicht zurückhalten. Ein Vertrauensverhältnis mit dem Melker ist daher unabdingbar. Der Melkvorgang erfolgt ein- bis dreimal täglich entweder händisch oder mittels spezieller Melkmaschinen mit zwei Zitzenbechern. Bei jedem Melkvorgang können ein bis zwei Liter Stutenmilch gewonnen werden. Diese wird unverzüglich auf -18 °C bis -20 °C schockgefroren oder man verarbeitet sie sofort zu Tabletten, Kapseln, Kumyß (vergorener Milch) oder auch Likör. Den größten Anteil haben aber die kosmetischen Produkte: Shampoo, Cremes, Lotionen und Bäder erfreuen sich großer Beliebtheit.

Büffelmilch

Als Büffel bezeichnet man mehrere Arten von afrikanischen und asiatischen Rindern. Am bekanntesten sind der afrikanische Kaffernbüffel und der asiatische Wasserbüffel, der wiederum grob in Sumpf- und Flussbüffel unterteilt wird. Für die Milch- und Käseproduktion relevant ist nur der Flussbüffel, dessen Zuchtzentrum Indien ist. Hier existieren die meisten Rassen und leben die ergiebigsten Tiere. Die Wiederentdeckung der Büffel in Europa verdanken wir vor allem der kulinarischen Entdeckung des Mozzarellas. Einst weit verbreitet, wurden diese Rinder zunehmend durch moderne, angeblich wirtschaftlichere Rinderrassen nahezu verdrängt. Heute ist die Büffelzucht wieder stark im Kommen. Die größten Herden finden sich in Süditalien.

Auch in Deutschland ist die Büffelzucht ein aufwärts strebender Wirtschaftszweig mit guten Zukunftsaussichten. Die größten Herden befinden sich in Niedersachsen, Sachsen und Brandenburg, zwei Betriebe stellen auch Käse her. Büffel sind gewaltige Rinder – ausgewachsene Bullen wiegen bis 1100 Kilogramm, weibliche Tiere zwischen 600 und 800 Kilogramm. Sie besitzen eine hohe Akklimatisationsfähigkeit und verwerten energiearme Rohstoffe besser als Rinder. Deswegen eignen sie sich gut für die Landschaftspflege. Büffel können sich ganzjährig im Freien aufhalten und stellen keine Konkurrenz zum Rind dar. Dank ihrer Genügsamkeit, ihrer urwüchsigen Robustheit und Widerstandsfähigkeit können auch extensive Grenzstandorte, wo die herkömmliche Rinderhaltung zurückgeht, durch Büffelhaltung effektiv genutzt werden. Auch die gemeinsame Haltung mit Rindern sowohl im Stall als auch auf der Weide ist unproblematisch.

Weltweit werden jährlich über 40 Millionen Tonnen Büffelmilch produziert. Was wir sofort mit Büffelmilch assoziieren, ist natürlich der Mozzarella, dessen originaler Geschmack sich von Kuhmilchmozzarella wesentlich unterscheidet. Wer einmal einen echten Büffelmozzarella gekostet hat, wird einen anderen nie mehr anrühren. Die Milch der Büffelkühe unterscheidet sich grundlegend von der der Milchkühe. Ihr Fettgehalt ist fast doppelt so hoch, er liegt normalerweise bei 7,8 bis 8,5 Prozent und kann bei guter Haltung und Fütterung sogar bis 15 Prozent betragen. Die Tatsache, dass der Anteil der kleinen Fettkügelchen geringer ist als in Kuhmilch, erklärt die eher schlechte Verdaulichkeit. Deswegen wird Büffelmilch für den Handel meist mit Kuh- oder Ziegenmilch gemischt. Das Milchfett enthält kein oder wenig Karotin, die Milch ist deshalb reinweiß, so auch die relativ feste Butter. Aus Büffelmilch hergestellte Butter nennt man deshalb auch »Porzellanbutter«. Allerdings enthält Büffelmilch viel mehr Eiweiß und hat einen höheren Gehalt an essenziellen Aminosäuren, ungesättigten Fettsäuren und Laktose, wodurch sich der höhere Energiegehalt erklärt. Ebenfalls hoch sind der Mineralstoff-, der Vitamin-A- sowie der Vitamin-B_{12}-Gehalt. Der Kalziumanteil ist über 30 Prozent höher als in der Kuhmilch, wogegen der Cholesteringehalt um 30 Prozent geringer ist. Für Kuhmilchallergiker ist Büffelmilch bedenkenlos zu empfehlen.

Auch in der Kosmetikbranche hat sich Büffelmilch etabliert. Präparate auf Büffelmilchbasis sind dank ihrer stark rückfettenden Eigenschaften wohltuend für trockene, schuppige Haut, sie unterstützen die natürliche Regeneration und wirken sich nach Erfahrungsberichten positiv auf Schuppenflechte, Juckreiz, Allergien und verhärtete Narben aus.

Kamelmilch

In nordafrikanischen und arabischen Ländern wird Kamelmilch auch industriell hergestellt, und zwar mit speziellen Melkmaschinen, die etwa in Kasachstan und Saudi-Arabien zum Einsatz kommen. In diesen Ländern sowie in den Vereinigten Arabischen Emiraten und im Sultanat Oman kann man Kamelmilch auch im Supermarkt kaufen und für Schleckermäuler hat man ein Speiseeis auf der Basis von Kamelmilch entwickelt.

Im Geschmack ähnelt sie Kuhmilch, der Eiweißgehalt ist in etwa gleich, der Fettgehalt ist mit zwei Prozent geringer, allerdings enthält Kamelmilch viermal so viel Vitamin C. Bei Menschen mit Kuhmilchallergie ist Kamelmilch ein guter Ersatz, jedenfalls in arabischen Ländern, denn in Europa ist die Einfuhr nicht erlaubt. Israelische Forscher an der Universität der israelischen Wüstenstadt Beerschewa haben herausgefunden, dass Kamelmilch gute Erfolge bei Menschen mit Lebensmittelallergien erzielt. Sie soll bei Asthma und Hautausschlägen helfen und das Immunsystem günstig beeinflussen. Die israelischen Forscher sehen darüber hinaus in der Kamelmilch ein potentes Mittel im Kampf gegen Hunger und Krankheiten in Entwicklungsländern. Das Kamelzentrum in der Negev-Wüste bietet künftig rund 200 Tieren Platz, die auch landwirtschaftlichen Nutzen bringen sollen.

Die bei einem Melkvorgang gewonnene Milchmenge ist geringer als bei Kühen: die Kamelstuten werden zwei- bis dreimal täglich gemolken und geben ungefähr 1,5 bis 3 Liter Milch. Auf den Kamelfarmen Kasachstans und Saudi-Arabiens hingegen kommt man pro Kameldame auf etwa 15 Liter täglich. Der Melkvorgang ist etwas komplizierter als bei Kühen, denn zunächst müssen die Kamelkälber den Milchfluss bei ihren Müttern »ankurbeln«, dürfen dann daneben stehen bleiben und bekommen hinterher noch die Restmilch. In Europa ist Kamelmilch zurzeit nicht im Handel erhältlich, die Einfuhr in die EU ist nicht erlaubt. Anders ist die Situation natürlich in den arabischen Ländern und in einigen Ländern Afrikas. In Mauretanien zum Beispiel stellt man seit 1989 Käse aus pasteurisierter Kamelmilch her. Das ist recht schwer, weil die Lager- und Reifetemperaturen viel höher als bei uns sind. Aber mit einem bestimmten pflanzlichen Lab in Verbindung mit Kalziumphosphat gelingt auch die Dicklegung der Kamelmilch. Der daraus hergestellte Käse sichert das Überleben von Hunderten Nomadenfamilien. Es handelt sich um einen dem Camembert ähnlichen, »Camelbert« genannten Weichkäse. Doch auch in Europa, genauer gesagt in Wien, hat sich ein findiger Chocolatier auf Schokolade aus Kamelmilch spezialisiert. Er importiert Milchpulver aus arabischen Ländern und stellt daraus Rohschokolade her, die in großen Blöcken nach Dubai zur Weiterverarbeitung verschifft wird. In Dubai selbst geht man ebenfalls mit Elan an die Kamele: Hier entsteht gerade die weltweit erste vollautomatische Kamel-Melkanlage.

eselsmilch

Eselsmilch ist wie die Stutenmilch der menschlichen Muttermilch sehr ähnlich. Früher war sie deswegen auch oft die Ersatzmilch von mutter- oder ammenlosen Säuglingen. Eine Eselin gibt etwa 1,5 Liter Milch am Tag. Der Melkvorgang spielt sich ähnlich ab wie bei Stuten: Die Fohlen werden einige Zeit von ihren Müttern getrennt, damit diese gemolken werden können.

Für Menschen mit Kuhmilchallergie ist Eselsmilch ein hervorragender Ersatz. Sie gerinnt leichter als Kuhmilch und enthält mehr Milchzucker. Außerdem wirkt sie wegen ihres Gehalts an dem Enzym Lysozym fast wie ein natürliches Antibiotikum. Die Milch ist reich an den Vitaminen A, B, C, D und E sowie an Mineralstoffen und an lebensnotwendigen Spurenelementen. Sie ist aber auch sehr teuer, weil es kaum noch Esel gibt. Aufgrund der steigenden Nachfrage entstehen zurzeit wieder größere Eselfarmen, eine zum Beispiel bei Agrigent in Süditalien, eine andere in der Nähe von Toulouse und eine weitere in der französischen Region Combrailles. Eselsmilch ist ein wirksames Heilmittel bei Allergien und Hauterkrankungen, besonders wertvoll ist sie aber vor allem für die Kosmetik: Fast jeder kennt die Geschichte von Cleopatra, die in Bädern aus Eselsmilch ihre samtweiche Haut gepflegt und zart erhalten hat. Auch Kaiserin Poppaea, die Frau Neros, badete in ihrem Palast in Rom in Eselsmilch, genauso wie sehr viel später Kaiserin Elisabeth von Österreich, die beliebte Sissi, und Josephine Bonaparte, Ehefrau Napoleons. Wegen ihres hohen Preises kann man es sich kaum leisten, in reiner Eselsmilch zu baden, aber Seife auf Basis von Eselsmilch vermittelt ein ebensolches luxuriöses Gefühl, sie ist sehr cremig und gut geeignet bei empfindlicher Haut.

Lamamilch

Lamas, Alpakas, Guanakos, Vicuñas: Sie gehören zu den ältesten Haustieren der Welt und werden schon seit Tausenden von Jahren domestiziert. Lamas leben in den südamerikanischen Hochebenen bis auf über 5000 Meter Höhe und haben für die einheimische Bevölkerung unschätzbare Vorteile. Große, ausgewachsene Lamahengste tragen bis zu 50 Kilogramm Gepäck und laufen damit unglaublich trittsicher bis zwölf Stunden durch unwegsames Gelände in eisiger Kälte, durch Stürme und Schnee. Daneben liefern sie Fell, Wolle, Fleisch und Dung. Auch die Milch der Lamas wird von den Indios genutzt. Hierzulande ist dies noch nicht der Fall, denn das Melken der Lamas ist wegen der sehr kleinen Zitzen sehr schwierig.

Rentier- und Elchmilch

Rentiermilch ist von geringer, nur lokaler Bedeutung. Das Rentier liefert den Lappen (Samen) im hohen Norden Skandinaviens Fleisch, Wolle sowie Milch, die auch zu Käse verarbeitet wird. Sie ist sehr fett-, aber auch äußerst vitamin- und nährstoffreich.

Elchmilch wird neuerdings in Russland zu Gesundheitszwecken gewonnen. In Sumarokowo, unweit der Gebietshauptstadt Kostroma, rund 350 Kilometer nordöstlich von Moskau, gibt es eine Elchfarm, die sich auf die Gewinnung von Elchmilch spezialisiert hat. Hier laufen zurzeit 36 Elche in einem sehr weitläufigen, waldigen Gebiet umher und werden mithilfe von auf Tonband aufgenommenen Rufen von Elchkälbern in einen Stall gelockt. Da sie die Menschen, die sich hier um die Milchgewinnung kümmern, schon kennen, sind sie halbzahm und lassen sich bereitwillig melken. Drei Liter Milch am Tag pro Elchkuh können deshalb in ein nahe gelegenes Sanatorium geliefert werden, wo man auf die Heilwirkung dieser Milch schwört. Die Elchmilch ist in der Struktur der Kuhmilch ähnlich, weist aber einen weitaus höheren Fett-, Vitamin- und Nährstoffgehalt auf. Sie soll positiv auf Magen- und Darmerkrankungen wirken. Auch ein cremiger, fettreicher Frischkäse wird aus Elchmilch hergestellt, angeblich der teuerste Käse der Welt: 400 Euro kostet das Kilo.

Stärke der Bayern.
Milch und Käse aus Bayern
www.milchland-bayern.de

NESTLE'S
CONDENSIERTE MILCH

Pfunds
Condensirte Milch
Dresden
Marke Silber-Krug
mit Pfunds Dosen Oeffner
Kindernahrung! Haushalt!

Drink Pfunds Milk!

Die Verwandlung der Milch

»Täglich verarbeiten wir rund 670 000 Liter Milch zu 380 000 Liter Alpenmilch, 450 000 Becher Joghurt und Buttermilch und 100 000 Stück Butter«, sagt Frank Schübel, Geschäftsführer der Molkerei Weihen-stephan im bayerischen Freising.

»So verwandeln wir über ein Jahr hinweg 245 Millionen Liter Milch in 300 Millionen Packungen Molkereiprodukte.«

Ein ganz erhebliches Volumen also, das die Großmolkerei da verarbeiten muss. Und dabei ist Milch ein extrem empfindlicher Rohstoff, dessen Zusammensetzung und Eigenschaften jahreszeitlich auch leicht variieren. Gleich gut bleiben sollen aber die daraus hergestellten Erzeugnisse. Deswegen sind im gesamten Ablauf vom Melken der Kuh über die einzelnen Verarbeitungsschritte bis zum Verkauf im Handel größte Sorgfalt, gut beherrschte Produktionsanlagen und strenge Qualitätskontrollen unabdingbar.

Um den Ansprüchen des Rohstoffes und der Produkte voll und ganz gerecht zu werden, arbeiten daher viele der großen Molkereien wie auch Weihenstephan eng mit Wissenschaftlern und Forschern zusammen, die mit ihren wissenschaftlichen Erkenntnissen, Methoden und Technologien die Gewinnung und Verarbeitung der Milch stetig verbessern.

Sowieso ähnelt eine Großmolkerei heute eher einem Technologiezentrum, dessen Produktionsablauf eine ausgefeilte Logistik, modernste Herstellanlagen und empfindliche Analysetechniken voraussetzt.

Gut ausgebildete Fachleute aus dem Molkereifach und dem Labor tragen dafür Sorge, dass die technologischen Erkenntnisse in den täglichen Produktionsabläufen zuverlässig umgesetzt werden. Sie kennen den Rohstoff Milch mit seinen Eigenschaften und Eigenheiten genau und prüfen die Milch in den einzelnen Verarbeitungsstufen mittels chemischer, physikalischer sowie mikrobiologischer Untersuchungen auf Herz und Nieren. Von der Anlieferung der Rohmilch bis hin zum fertigen Produkt begleiten sie die Verarbeitung, kontrollieren und justieren die Produktionsanlagen und überwachen Muster jeder Produktionscharge bis zum Ende des Haltbarkeitszeitraumes.

Ihren Anfang hat die Verwandlung der Milch bereits auf dem Bauernhof, wo sie nach dem Melken sofort in Kühltanks fließt und auf 6 bis 8 °C heruntergekühlt wird, bis sie von den Milchsammelwagen der Molkerei abgeholt wird. 25 000 Liter Milch kann ein solcher Sammelwagen fassen und zur Molkerei transportieren. Dort wird noch vor dem Abtanken bereits erstmals eine Probe der Milch untersucht, sodass nur Milch, die den Gütekriterien entspricht, in die Tanks der Molkerei gelangen kann.

Doch was passiert nun mit der Milch? Zunächst wird die Milch in einem gewissenhaft überwachten Verarbeitungsschritt erstmalig kurzzeitig erhitzt, um den Keimgehalt der besonders leicht verderblichen Rohmilch so früh wie möglich zu reduzieren und vor allem auch jene Krankheitserreger sicher abzutöten, die bei empfindlichen Personen wie Kindern und Schwangeren die Gesundheit beeinträchtigen können. Während dieses Schrittes wird die Milch auch bei rund 4 500 Umdrehungen pro Minute zentrifugiert, um sie in die beiden Grundbestandteile Magermilch und Sahne (Rahm) zu trennen. Anschließend werden Magermilch und Rahm je nach dem gewünschten Fettgehalt der späteren Milchprodukte zu unterschiedlichen Anteilen wieder zusammengefügt und die Milch wird auf etwa 4 °C heruntergekühlt, sodass sie keine Qualitätseinbußen erleidet, bis sie in den nächsten Verarbeitungsschritt gelangt.

Bei der Trinkmilch-Herstellung erfolgt als Nächstes die nochmalige Erhitzung der Milch in unterschiedlichen Verfahren je nach dem Grad der Mindesthaltbarkeit, der erreicht werden soll. Eines der gebräuchlichsten und schonendsten Verfahren hierfür ist das Pasteurisieren. Dabei wird die Milch in der Regel für 15 Sekunden auf 72 °C erhitzt. Keime werden so weitestgehend abgetötet, aber die Milch behält noch den ursprünglichen frischen Geschmack und nahezu alle Vitamine der Rohmilch. Pasteurisierte Milch findet man oft unter dem Namen Frischmilch im Supermarktregal. Sie ist bei einer Lagerung von unter 8 °C mindestens acht Tage haltbar.

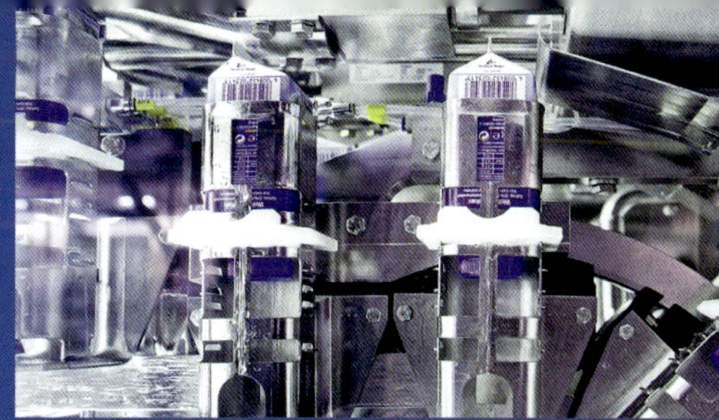

Gegenüber der Pasteurisierung kann mit der Hocherhitzung auf mindestens 85 °C für einige Sekunden bereits eine deutlich längere Haltbarkeit erreicht werden. Je nach der Qualität des von der Molkerei eingesetzten Verfahrens ist die Milch von der pasteurisierten Frischmilch trotzdem geschmacklich nicht zu unterscheiden. Diese ESL-Milch (Extended Shelf Life Milch) ist gekühlt rund drei Wochen haltbar und setzt sich auch gerade deshalb in den Supermärkten immer mehr durch.

Eine andere Art der Wärmebehandlung ist das Ultrahocherhitzen. Dafür wird die Rohmilch für wenige Sekunden auf 135 °C erhitzt. Die so entstehende H-Milch ist ungekühlt und verschlossen für etwa drei bis vier Monate haltbar. Wie für jede Trinkmilch gilt aber auch für die H-Milch: Nach dem Öffnen sollte man sie innerhalb von drei bis vier Tagen aufbrauchen.

Sterilisierte Milch als solche gibt es nicht mehr zu kaufen, dieses Verfahren fällt nun durch die europaweite Angleichung der Hygienevorschriften unter das Pasteurisieren. Es wird und wurde aber sowieso nur selten angewandt, denn durch die extrem lange Erhitzung von 30 Minuten bei einer Temperatur von 110 bis 120 °C verliert sie an ernährungsphysiologischem Wert. Die Milch ist bis zu einem halben Jahr und darüber hinaus haltbar.

Bei jeder Art der Trinkmilch ist auch eine Homogenisierung notwendig, damit die Fettkügelchen der Sahne nicht nach einiger Zeit zur Oberfläche aufschwimmen und dort Schlieren bilden. Dazu wird die Milch unter hohem Druck durch feine Düsen oder eine Art dünnen Spalt gedrückt, wodurch die Fettkügelchen fein zerkleinert und gleichmäßig verteilt werden.

Hat die Milch das alles »hinter sich«, wird sie entweder als reine Trinkmilch sofort abgefüllt und verpackt oder sie wird in weiteren Produktionsschritten zu verschiedenen Milchprodukten weiterverarbeitet.

»Bei Weihenstephan verlassen täglich etwa 50 LKWs mit 1500 Paletten Fertigerzeugnissen die Molkerei«, erklärt Frank Schübel. *»Nur 24 Stunden vergehen von der Bestellung des Handels bei der Molkerei bis zur Verladung in Freising. Und nach weiteren 24 Stunden hat das Lager des Handels die Waren erhalten – und das alles, damit der Kunde auch schon morgens um acht Uhr frischeste Ware kaufen kann.«*

Milch ist nicht gleich Milch

Es gibt eine Vielzahl an Milchsorten. Wer ein Glas Milch trinkt, trinkt meist sogenannte Konsummilch (oder auch Trinkmilch). Sie ist für den direkten Verzehr durch den Verbraucher bestimmt. Aber es gibt auch andere Sorten.

Rohmilch

Rohmilch ist die unbehandelte, frisch gemolkene Milch von der Kuh, die nur gefiltert wird, um Schmutzpartikel zu entfernen. Diese Milch kann man ausschließlich direkt beim Bauern kaufen. Ihr Fettgehalt schwankt zwischen 3,5 und 4,5 Prozent und schmeckt deshalb besonders vollmundig. Rohmilch sollte aus gesundheitlichen Gründen vor dem Verzehr abgekocht werden.

Vorzugsmilch

Vorzugsmilch ist die einzige Rohmilchsorte, die unbehandelt in den Handel gelangen darf. Bei ihrer Herstellung müssen besonders strenge hygienische Vorschriften beachtet werden. Mitarbeiter, Tiere und Milch werden monatlich kontrolliert. Auf der Packung müssen Aufbewahrung (höchstens 8 °C) und Verfallsdatum gekennzeichnet werden – bis maximal 96 Stunden nach der Gewinnung kann sie verzehrt werden. Vorzugsmilch wird manchmal auch als »Milch mit zugesicherten Eigenschaften« bezeichnet und darf nur aus speziell zertifizierten landwirtschaftlichen Betrieben kommen.

Wärmebehandelte Konsummilch

Diese Milch wurde in der Molkerei bearbeitet und entweder pasteurisiert, hocherhitzt oder ultrahocherhitzt. Sie unterscheidet sich aber nicht nur durch die Art der Behandlung, sondern auch durch ihren Fettgehalt.

Vollmilch mit natürlichem Fettgehalt enthält mindestens 3,5 Prozent Fett und wurde nicht homogenisiert, die Sahneschicht liegt deutlich erkennbar oben auf der Milch. Sie hält sich im Kühlschrank etwa vier Tage.

Vollmilch mit eingestelltem Fettgehalt ist eine Milch, deren Fettgehalt in der Molkerei festgelegt wird – meist sind es 3,5 Prozent. Diese Milch kann mit Milcheiweiß angereichert werden.

Teilentrahmte bzw. fettarme Milch hat einen Fettgehalt von 1,5 bis 1,8 Prozent.

Magermilch bzw. entrahmte Milch enthält höchstens 0,5 Prozent Fett, aber alle Minerale und Eiweißstoffe der Vollmilch, außer den fettlöslichen Vitaminen.

Laktosefreie Milch

Diese Milch stellt eine Alternative für diejenigen Menschen dar, die an einer Laktoseintoleranz leiden. Der Milch wird das Enzym Laktase, das aus einem speziellen Hefestamm gewonnen wird, zugesetzt. Dieses spaltet den Milchzucker in seine Bestandteile Glukose und Galaktose auf und ist so leichter zu verdauen. Der Restlaktosegehalt beträgt dann weniger als 0,1 Prozent. Durch den aufgespaltenen Zucker schmeckt laktosefreie Milch süßer als normale Milch. Inzwischen gibt es auch eine ganze Palette an verschiedenen laktosefreien Milchprodukten wie Sahne oder Joghurt. Laktosefreie Milch gibt es auch auf der Basis von Soja- oder Reismilch.

Biomilch

Der Begriff »Bio« sagt nicht unbedingt etwas über die Qualität der Milch aus, es gibt in dieser Hinsicht kaum signifikante Unterschiede zwischen Biomilch und konventioneller Milch. Der Unterschied liegt in der Art der Haltung und der Fütterung der Tiere. Ökolandbauern müssen strengere Richtlinien erfüllen und müssen zum Beispiel das Futter für ihre Tiere überwiegend selbst erzeugen und die Tiere dürfen nicht angebunden werden. Die Milch der Biobauern muss in der Molkerei separat verarbeitet werden und ist entsprechend gekennzeichnet. Alle Milchsorten gibt es auch aus biologischer Landwirtschaft, oft verzichten die Biohersteller aber darauf, die Milch zu homogenisieren. Dadurch setzt sich die Rahmschicht gut sichtbar oben auf der Milch ab.

angereicherte Konsummilch

Diese Milchsorten dürfen mit milcheigenen Bestandteilen angereichert werden. Meist werden Vitamine, Mineralstoffe wie Magnesium und Kalzium sowie Eiweiß hinzugesetzt. In Deutschland ist die Marktbedeutung solcher Milchsorten allerdings relativ gering.

Sahne

aber bitte mit sahne!

Sahneprodukte sind per Definition solche, deren Fettgehalt beim Zentrifugieren auf mindestens zehn Prozent eingestellt worden ist.

schlagsahne bzw. süße sahne

Sie wird auch Schlagrahm oder Schlagobers genannt, muss in Deutschland mindestens 30 Prozent Fettanteil haben (in England z. B. mehr) und wird zum Verfeinern von Saucen, Kaffee oder Tee verwendet. Sie lässt sich nach Belieben mit Zucker, Vanillezucker oder pur steif schlagen und bildet so das i-Tüpfelchen auf Obstkuchen (Apfelstrudel!) und Torten, auf Kakao oder Kaffeespezialitäten wie Irish Coffee, Cappuccino oder Rüdesheimer Kaffee. Zum Schlagen muss sie direkt aus dem Kühlschrank kommen – sonst wird sie nicht fest. Je höher der Fettgehalt, desto steifer wird die Sahne.

kaffeesahne

Sie hat einen Fettgehalt von mindestens zehn Prozent und wird auch als Kaffeerahm oder Trinksahne bezeichnet. Wie der Name schon sagt verfeinert diese Sahne Kaffee, aber natürlich auch Tee und andere Getränke. Im Gegensatz zu Schlagsahne lässt sie sich nicht steif schlagen und wird durch Ultrahocherhitzen oder seltener auch Sterilisieren haltbar gemacht.

crème double

»Doppelrahm« ist ein besonders gehaltvolles Sahneerzeugnis auf der Basis von Süßrahm. Der Fettgehalt liegt zwischen 40 und 55 Prozent. In der Schweiz muss der Fettgehalt sogar mindestens 500 Gramm pro Kilogramm betragen. Crème double ist zum Beispiel Grundlage des berühmten englischen Desserts »Syllabub«.

saure sahne

Sie ist stichfest und enthält nur 10 bis 15 Prozent Fett. Wie der Name schon sagt, gehört die saure Sahne wie auch die Crème fraîche und der Schmand zu den Sauermilcherzeugnissen. Sauermilcherzeugnisse werden durch Zusatz von Bakterienkulturen gewonnen, die die Milch säuern und so haltbar machen. Saure Sahne verfeinert Frischkäse-Aufstriche, pikante oder süße Quarkfüllungen sowie Kuchenbeläge, Saucen und Salatmarinaden. Wenn man sie in heißen Speisen verwenden will, muss man darauf achten, sie erst zum Ende der Kochzeit und bei geringer Hitze hinzuzufügen, da sie sonst gerinnt. Außerdem kann saure Sahne im Gegensatz zu süßer Sahne nicht eingefroren werden, denn dabei flockt sie aus.

schmand

Schmand wird auch Schmant oder Schmetten genannt (russisch, polnisch, tschechisch »smetana« = saure Sahne). Ähnlich wie saure Sahne erzeugen verschiedene Lactobazillus-Kulturen Milchsäure in der Sahne und verleihen ihr einen mildsäuerlichen, angenehmen Geschmack. Schmand hat einen Fettgehalt von 20 bis 24 Prozent.

crème fraîche

Diese ursprünglich aus Frankreich stammende Sahneart wird wie auch saure Sahne durch Zusatz von Bakterienkulturen gewonnen. Nach 18 bis 40 Stunden bei einer Temperatur zwischen 20 und 40 °C wandeln die Milchsäurebakterien den Milchzucker zu Milchsäure um, was den besonderen Geschmack ausmacht. Crème fraîche hat einen Fettanteil von mindestens 30 Prozent, sie ist fest und geschmeidig. Im Handel gibt es Crème fraîche naturell oder auch mit Knoblauch, Tomaten, Meerrettich oder Kräutern verfeinert.

mein joghurt hat ne ecke ...

Wenn Milch mit verschiedenen Arten von Milchsäurebakterien versetzt wird, entsteht Joghurt. Erhältlich ist er in verschiedenen Fettstufen, außerdem flüssig (Trinkjoghurt), halbfest, stichfest und in Varianten mit Früchten oder anderen Zusätzen. Joghurt kann auch aus Schaf- oder Ziegenmilch hergestellt werden, diese Art von Joghurt ist besonders auf dem Balkan und im Kaukasus beliebt.

Eine Legende aus dem 16. Jahrhundert erzählt von einem türkischen Arzt, der die Magenschmerzen des französischen Königs Franz I. mit bulgarischem Joghurt heilte. Dass Joghurt für den ganzen Verdauungsapparat gut ist, weiß man seit dem Jahr 1906. Damals befasste sich der russische Bakteriologe Ilja Metschnikow mit der hohen Lebenserwartung der bulgarischen Bevölkerung und führte diese auf ihren ausgiebigen Joghurtkonsum zurück. Aus dem Joghurt isolierte er den »Lactobacillus bulgaricus« und veröffentlichte seine Studien, die von Publikum und Wissenschaft begeistert und dankbar aufgenommen wurden. Dieser Lactobacillus bulgaricus reagiert zwar empfindlich auf die Magensäure, gelangt aber trotzdem, wenn auch in geringen Mengen, in den Darm, wo er die Darmflora verbessern kann. Die Herstellung erfolgte seit 1907 in deutschen Molkereien, Joghurt wurde aber auch in Form von Trockenfermenten über Reformhäuser vertrieben. Der Absatz ließ damals jedoch wegen der noch nicht oder nur sehr eingeschränkt vorhandenen Kühlmöglichkeiten zu wünschen übrig.

joghurtherstellung

Joghurt bildete sich früher spontan durch Säuerung und Dicklegung von Milch. Im Zuge der Entwicklung der Nahrungsmittelherstellung war man in der Lage, die verschiedenen Mikroorganismen, die diese Dicklegung verursachen, zu isolieren und je nach ihrer Leistung zu selektieren. Heute können wir sogar zu Hause mithilfe von Joghurtkulturen Milch in Joghurt umwandeln. Dafür gibt es eine Reihe von Automaten, noch einfacher ist es, fertigen Joghurt mit auf 43 °C erwärmter Milch zu mischen und etwa sechs Stunden gut verschlossen bei Raumtemperatur stehen zu lassen. Wem das zuviel Arbeit ist: Die Kühltheken der Super- und Biomärkte quellen fast schon über vor verschiedenen Joghurtzubereitungen: natur, in allen möglichen Fettstufen, mit Zusätzen von Früchten, Schokolade, Nüssen, Körnern und Flocken. Die Naturjoghurts aus den Ländern des Balkans bestehen ausschließlich aus Milch, die durch den Lactobacillus bulgaricus dickgelegt wurde. Bei industriell hergestelltem Joghurt dürfen noch Magermilchpulver, Emulgatoren, Farbstoffe, Aromen und Zucker hinzugefügt werden – dies ist vor allem bei den Fruchtjoghurts der Fall.

rechtsdrehende und linksdrehende bakterienkulturen

Beim Säuern des Joghurts entstehen unterschiedliche Arten der Milchsäure: die rechtsdrehende L(+)-Milchsäure und die linksdrehende D(-)-Milchsäure. Die Namen sind in der physikalischen Eigenschaft der Kulturen begründet, die einen lenken, wenn sie mit polarisiertem Licht beleuchtet werden,

den Lichtstrahl nach links, die anderen nach rechts. Im Grunde sind beide Varianten gleichermaßen wertvoll für unsere Gesundheit, nur wird die L(+)-Milchsäure im Körper schneller abgebaut und wird deswegen als besonders bekömmlich beworben.

Was bedeutet Probiotika und was Präbiotika?

Probiotischen Milchprodukten werden Bakterienstämme zugesetzt, die auch im menschlichen Darmbereich vorkommen. Solche Bakterienstämme können zum Beispiel bestimmte Lactobazillen oder Bifidusbakterien sein. Bei regelmäßigem Verzehr wird probiotischen Produkten eine gesundheitsfördernde Wirkung nachgesagt. Präbiotische Milchprodukte unterscheiden sich von den probiotischen dahingehend, dass ihnen keine Bakterien zugesetzt werden, sondern sie Stoffe enthalten, die die Nahrungsgrundlage dieser hilfreichen Bakterien im Darm sind und sie deren Wachstum fördern.

Naturjoghurt

Naturjoghurt darf nur aus Milch oder Sahne und Milchsäurebakterien bestehen. Die unterschiedlichen Sorten ergeben sich dabei lediglich aus dem Fettgehalt:

Sahnejoghurt (Rahmjoghurt): mindestens zehn Prozent Fett
Joghurt: mindestens 3,5 Prozent Fett
Fettarmer Joghurt: 1,5 bis 1,8 Prozent Fett
Magermilchjoghurt (Joghurt aus entrahmter Milch): höchstens 0,5 Prozent Fett

Joghurt mild

Diesem Joghurt wurden bei der Herstellung weniger stark nachsäuernde Milchsäurebakterienkulturen zugesetzt. Er schmeckt nicht so säuerlich und stellt heute den größten Anteil an Sauermilchprodukten im Handel dar.

Fruchtjoghurt

Diese Joghurts enthalten entweder Früchte oder Fruchtzubereitungen und unterscheiden sich durch den Fruchtanteil. Ist ein Joghurt als **Joghurt mit Fruchtgeschmack** deklariert, beläuft sich der Fruchtanteil auf weniger als 3,5 Prozent, ein **Joghurt mit Fruchtzubereitung** enthält mindestens 3,5 Prozent Frucht und ein **Fruchtjoghurt** bzw. ein **Joghurt mit Früchten** enthält mindestens sechs Prozent Frucht. Wenn der Anteil der Fruchtzubereitungen unter zwei Prozent liegt, muss die Zusammensetzung auf der Packung nicht gekennzeichnet sein. Neben Früchten können diese Joghurts auch Verdickungs- oder Geliermittel, Zucker, gepresste Fruchtrückstände, Aromen und Konservierungsmittel enthalten. Genau hinsehen lohnt sich, denn die optisch sichtbaren »Fruchtstückchen« bei manchen Fruchtjoghurts bestehen nicht aus Frucht, sondern aus geliertem Saft mit Aromastoffen.

Dickmilch

Dickmilch ist dem Joghurt sehr ähnlich, sie entsteht jedoch durch Bakterien, die natürlicherweise in der rohen Milch enthalten sind und die sie bei Raumtemperatur innerhalb von ein bis zwei Tagen zu Dickmilch umsetzen. Sie wird auch Sauermilch oder Stockmilch genannt. Im Unterschied zum Joghurt fügt man bei der Herstellung von Dickmilch weniger hitzeverträgliche Streptokokken-Kulturen hinzu.

Das Casein flockt aus und macht die Milch »dick«. Früher konnte man Sauermilch ganz leicht selbst herstellen, indem man eine Schüssel mit Rohmilch bei Raumtemperatur hat stehen lassen. Die natürlichen Bakterien in der Milch erzeugten so die Sauermilch. Heutzutage ist die Milch zu »rein«, sodass man die Bakterienstämme extra zufügen muss. Selbstverständlich gibt es Dickmilch in verschiedenen Varianten im Handel zu kaufen, als Sahne-Dickmilch (saure Sahne oder Schmand) oder auch als Trink-Dickmilch. Dickmilch schmeckt ganz nach Belieben mit Zucker und Schwarzbrotkrümeln, mit Zimt oder – wer es lieber herzhaft hat – mit Zwiebeln und Kräutern. Die obenaufliegende gelbliche Fettschicht wird entweder separat gegessen oder untergemengt – ebenfalls eine Geschmacksfrage.

coole Drinks und lässige Lassis

Trinkjoghurt

Wenn dem normalen, festen Naturjoghurt Wasser hinzugefügt wird, spricht man von Trinkjoghurt. Er schmeckt dadurch noch milder und weniger säuerlich als herkömmlicher Joghurt und auch die Kalorienzahl wird durch die Zugabe des Wassers reduziert. Somit entsteht ein leichtes Erfrischungsgetränk für den Sommer. Aber Vorsicht, vielen schon fertig zubereiteten Fruchtjoghurtdrinks wird sehr viel Zucker zugesetzt. Dabei lässt sich ein Joghurtdrink ganz einfach selbst herstellen: Joghurt mit etwas Fruchtsaft vermischen und nach Belieben frische Früchte hinzufügen, mixen und genießen!

Ayran

Ayran ist ein Erfrischungsgetränk aus der Türkei, das auf Joghurt basiert. Für Ayran wird säuerlicher türkischer Joghurt mit Wasser im Verhältnis 2:1 und einer Prise Salz schaumig gerührt. Es kann aber auch noch Zitronenmelisse, Basilikum oder Pfefferminze hinzugefügt werden. Zwischenzeitlich findet sich diese türkische Spezialität auch fertig zubereitet in deutschen Supermärkten.

Laban

Laban wird vor allem im Libanon und auf der arabischen Halbinsel geschätzt. Es ist eine mit bestimmten Bakterien (z. B. Lactobacillus bulgaricus und Streptococcus thermophilus) gesäuerte Milch und wird aus Kuh-, Kamel-, Schaf- oder Ziegenmilch hergestellt.

Lassi

Das indische Joghurtgetränk hat in den letzten Jahren in Deutschland immer mehr an Beliebtheit und Bekanntheit gewonnen. Auch hier bildet die Grundlage Joghurt und Wasser, die darüber hinausgehenden Rezepturen sind aber sehr vielseitig. Süße Lassis werden mit Zucker, Safran, Fruchtsaft oder püriertem Fruchtmus verfeinert. Es gibt aber auch »herzhafte« Varianten mit verschieden Gewürzen und Kräutern.

Skyr

In Island heimisch ist dieses traditionelle, von den Wikingern eingeführte Milchgetränk. Skyr ähnelt einem dickflüssigen Joghurt und wird auch mit ähnlichen Bakterienkulturen hergestellt. Früher auf jedem Bauernhof selbst gemacht und immer vorrätig, kommt es heute fast nur noch industriell aus Islands Zentralmolkerei. Skyr besteht aus sehr fettarmer Milch (0,2 bis 0,5 Prozent Fettgehalt) und ist auch mit Fruchtzusatz oder Schokolade erhältlich.

Ymer

Dieses joghurtähnliche Sauermilchgetränk ist die dänische Antwort auf Skyr, in Dänemark üblich seit den 1930er Jahren. Es ist cremiger als Joghurt oder Trinkjoghurt und enthält mehr Proteine. Verwandt sind die schwedische **Filmjölk** und die finnische **Viili**. Gut schmeckt Ymer auch mit Schwarzbrotbröseln und Zucker.

Buttermilch

Hierbei handelt es sich eigentlich gar nicht um Milch, sondern um das Restprodukt bei der Herstellung von Butter. Der bei der Gewinnung von Süßrahmbutter übrig bleibenden Milchflüssigkeit setzt man Milchsäurebakterien zu, die sie zu Buttermilch wandeln. Bei der Herstellung von Sauerrahmbutter aus bereits gesäuertem Rahm braucht man diese Bakterien nicht mehr hinzuzufügen. **Buttermilch** darf maximal zehn Prozent Wasser oder 15 Prozent Magermilch enthalten, **Reiner Buttermilch** dürfen keine Zusätze beigemengt werden. Der Fettgehalt bei beiden Varianten liegt bei maximal einem Prozent. Buttermilch ist eiweiß- und mineralstoffreich und trägt zu einer gesunden und kalorienarmen Ernährung bei.

Kefir

Ursprünglich aus Tibet und dem Kaukasus stammt dieses kohlensäurehaltige, dickflüssige, leicht alkoholhaltige Getränk, dessen Name sich vom türkischen »köpürmek« (schäumen) ableitet. Die Silbe »kef« bedeutet im Türkischen sinngemäß auch so viel wie »berauschend«. Aufgrund seiner gesundheitsfördernden Wirkung wird Kefir auch »das Getränk der Hundertjährigen« genannt.

Für die Herstellung von Kefir setzt man Hefepilze ein, sogenannte »Kefirknollen«, die etwa zwei Tage lang der pasteurisierten und homogenisierten Frischmilch (Kuh, Ziege oder Schaf) beigefügt werden. Es kommt nicht zu einer Milchsäuregärung, sondern zu einer alkoholischen Gärung, wobei der Milchzucker von den Hefepilzen zu Alkohol und Kohlendioxid umgewandelt wird. Der Alkoholgehalt variiert je nach Gärdauer zwischen 0,2 und 0,8 Prozent. Dann siebt man die Kefirknollen ab und bewahrt sie in einer Wassermischung in einem Schraubglas zur weiteren Verwendung auf. Diese Kefirknollen (auch Kefirpilz oder Kefirkörner genannt) werden etwa walnussgroß. Sie bestehen aus Bakterien, Hefen, Eiweißen, Fetten und Polysacchariden. Mit der Zeit vergrößern sich die Knollen oder zerfallen in kleinere Gebilde. Man kann sie auch trocknen oder einfrieren.

Kefir schmeckt säuerlich-spritzig und ist in vier Fettstufen und vielen Geschmacksvarianten erhältlich. Der Kefir, den wir in der Kühltheke kaufen, wird meistens nicht mehr traditionell, sondern mit einer Bakterien-Hefe-Mischung produziert, die die komplexe Zusammensetzung der verschiedenen Mikroorganismen nicht genau kopieren kann.

Kumys

Kumys ist ein dem Kefir ähnliches, leicht alkoholhaltiges Getränk aus Stuten- oder Kamelmilch, welches in der Mongolei täglich getrunken wird. Dafür wird die Milch bis zur Vergärung gerührt und es wird manchmal Bierhefe hinzugefügt. Der Alkoholgehalt liegt bei etwa drei Prozent, ist also nicht sehr hoch. Übrigens kann man diese Milch auch destillieren und erhält dann eine Art Milchschnaps.

Kyringa

Bei Kyringa handelt es sich um ein kohlensäurehaltiges, leicht alkoholisches Sauermilchgetränk aus Zentralasien.

Molke

Die Molke ist ein Nebenprodukt, das bei der Herstellung von Lab- bzw. Sauermilchkäsen in großen Mengen entsteht: Aus zehn Litern Milch entstehen etwa ein Kilogramm Käse und neun Kilogramm Molke. Zudem hat Molke einen hohen Anteil an sehr hochwertigem Eiweiß und Aminosäuren sowie an zahlreichen B-Vitaminen. Süß- bzw. Sauermolke hat einen Fettgehalt von etwa 0,2 Prozent, die Molkensahne enthält mindestens zehn Prozent Fett. Besonders bekannt sind Molkedrinks, die in den unterschiedlichsten Geschmacksrichtungen, meist mit Frucht, erhältlich sind.

Die Beschaffenheit der deutschen Butter.

Einen guten Ueberblick über den Gütestand der deutschen Buttererzeugung gestatten die Ergebnisse der Preiszuteilung auf der 1. Reichsnährstandsausstellung. Waren auch die Anforderungen an die Beschaffenheit der zur Beurteilung eingesandten Proben sehr hochgeschraubt, so konnten doch einzelne Erzeugungsgebiete — wie Württemberg und die Nordmark — 95 bzw. 92% Preise auf 100 Proben ungesalzener Butter einheimsen. Das liefert einen Beweis dafür, daß einzelne Versorgungsgebiete dem erstrebten Ziele bereits recht nahe kommen. Daran ändert der Umstand nichts, daß aus den genannten Gebieten verhältnismäßig geringe Probenmengen an dem Wettbewerb teilnahmen. Selbstverständlich beteiligen sich nur solche Molkereien, die ihre Erzeugnisse als ausstellungsreif ansehen und in ihrem Gebiete eine führende Stellung in dieser Hinsicht beanspruchen. Es muß deswegen enttäuschen, daß beispielsweise Schlesien mit nur 66,7% und die Ostsee niedrigen Stand blieben. Bei insgesamt 1042 Probe die dem Wettbewerb unterstellt wurden, konnten 77,45 als vollwertig mit Preisen bzw. Anerkennungen bedac werden. — Die gesalzene Butter hatte mit 7 Proben und 64,5% Preisen ein noch ungünstigeres Ergebni auch hier hebt sich die Nordmark mit 81,7% Preise als besonders günstig heraus, während beispielsweise Mitteldeutschland mit nur 32% Preisen sehr abfiel. Richtung einer Güteverbesserung der Butter läßt sich Deutschland also noch sehr viel tun. Zweifellos werden di weiteren Arbeiten nicht nur bei den Molkereien, die zu Teil schon vorbildlich arbeiten, sondern gerade bei den Milcherzeuger einzusetzen haben. Das Beispiel Württemberg und des Allgäus (86% Preise) beweist, daß auch der Kleinbesitz erstklassige Rohstoffe — eben die Milch — zu liefern vermag. Im allgemeinen scheinen aber die Gewinnung und Behandlung der Milch selbst wie die Fütterung der Kühe in Sinne einer Güteverbesserung noch sehr entwicklungsbedürftig zu sein.

Dr. Feige

Butter bei die Fische!

Butter wird als Nahrungsmittel zwar schon lange verwendet, der Begriff »Butter« ist aber noch nicht alt. Erstmals kam diese Bezeichnung im 16. Jahrhundert auf, und zwar aus dem Lateinischen »butyrum«, das wiederum auf das griechische »bou-tyron« zurückgeht. Übersetzt heißt das soviel wie »Quark aus Kuhmilch«. Wegen ihrer kurzen Haltbarkeit war Butter lange Zeit ein Privileg der Reichen und Adeligen, an deren Tafeln sie als Dessert – quasi als letzter Gang eines Festmahls – serviert wurde. Popularität in der Küche erlangte die Butter dann durch den ersten »Sternekoch« der Geschichte, Marie Antoine Carême (1784–1833), Begründer der französischen »Grande Cuisine«. Er kreierte viele Saucen auf Butterbasis, dünstete Gemüse, Fleisch und Fisch darin.

Butter ist ein aus süßem oder gesäuertem Rahm hergestelltes Streichfett mit mindestens 82 Prozent Fett. Inhaltsstoffe sind Milchzucker, Milchsäure, Mineralstoffe, Cholesterin, Proteine, fettlösliche Vitamine und Aromastoffe. Früher wurde in speziellen »Butterfässern«, einer Handzentrifuge, gebuttert, nachdem die Sahne von der Milch abgetrennt und ein paar Tage gereift war. Eher selten ist die Herstellung von Butter mithilfe von Molke.

Als erster Schritt wird die Milch in der Zentrifuge entrahmt, also Milch und Sahne getrennt. Der Rahm enthält meist 38 bis 42 Prozent Fett, übrig bleibt die Magermilch. Anschließend wird der Rahm bei einer Temperatur zwischen 90 und 105 °C pasteurisiert, danach auf 13 bis 16 °C abgekühlt. Je nach Buttersorte muss sie nun vorreifen, Süßrahmbutter zum Beispiel circa 15 Stunden, dann kommt sie zum abschließenden Prozess in den Butterfertiger. Um Sauerrahmbutter zu erhalten, werden vor der Reifung Milchsäurebakterienkulturen hinzugefügt, die anschließende Reifung beträgt sieben bis zehn Stunden. Mildgesäuerte Butter muss wie Süßrahmbutter zuerst reifen und wird erst dann mit Milchsäure oder Milchsäurebakterien versetzt. Die Butterungsmaschine besteht aus Schläger, Trommel und Kneter. Die Maschine knetet die Butter so lange, bis sich die Butterkörner von der Buttermilch abgesetzt haben. Die nun geschmeidige, aromatische Buttermasse wird geformt und abgepackt.

Nach deutschem Gesetz muss Butter mindestens 82 Prozent Milchfett und darf höchstens 16 Prozent Wasser enthalten. Für ein Kilogramm Butter benötigt man 25 Liter frische Milch bzw. 2,5 Liter frische Sahne. Normalerweise besteht

Butter aus Kuhmilch, es gibt aber auch Schaf- und Ziegenbutter. Stuten- und Eselsmilch eignen sich nicht für die Buttergewinnung.

Verschiedene Buttersorten:

Süßrahmbutter

Diese Butter besteht aus Rahm ohne Zusatz von Milchsäurebakterien, was den sahnig-milden, frischen Geschmack ausmacht. Aufs Brötchen gestrichen, z. B. mit Honig, ist sie sehr delikat und für bestimmte Torten oder Feingebäck eignet sie sich besonders gut. Außerdem bindet sie Saucen gut, weil sie nicht so schnell ausflockt wie Sauerrahmbutter. Süßrahmbutter unterstreicht zartes Gemüse wie junge Möhren, Kartoffeln, Erbsen und Spargel. Sie ist vor allem im Norden Deutschlands beliebt. Der Säuregrad darf nicht unter einem pH-Wert von 6,4 liegen.

Sauerrahmbutter

Spezielle Milchsäurebakterien verleihen dieser Butter ihre Aromastoffe und ihren besonderen Geschmack. Sie ist die bevorzugte Butter für herzhafte Gerichte wie Fleisch und Wild und passt gut zu Schinken, Wurst und würzigem Käse. Bei süßen Speisen unterstreicht sie den Eigengeschmack von Nüssen und Schokolade. Sie ist besonders im Süden Deutschlands beliebt. Der Säuregrad darf einen pH-Wert von 5,1 nicht unterschreiten.

Mild gesäuerte Butter

Nach der Reifung werden Milchsäurebakterienkulturen in die Butter eingeknetet. Mild gesäuerte Butter vereint die Geschmackseigenschaften der beiden anderen Sorten: sahnig-cremig und leicht säuerlich. Besonders gut schmeckt sie auf Brot mit fruchtig-säuerlichen Marmeladesorten wie Kirsche oder Johannisbeere. In Deutschland ist mild gesäuerte Butter die am meisten gekaufte. Der Säuregrad liegt bei einem pH-Wert von 5,1 bis 6,4.

Gesalzene Butter

Diese vor allem in Frankreich beliebte Buttervariante erhält durch den Zusatz von Meer- oder Steinsalz in unterschiedlicher Konzentration (meist 0,1 Prozent) ihren ganz eigenen Geschmack. Kenner streichen sie auf Landbrot. Basis ist die Süßrahmbutter.

Fassbutter

Sozusagen direkt aus dem Butterfass aufs Brot des Verbrauchers kommt die Fassbutter. Eine der berühmtesten ist die französische Fassbutter aus Rohmilch **Beurre échiré** aus der Charente-Poitou, entweder natur oder mild gesalzen. Fassbutter schmeckt solo genauso gut wie zum Braten: Ein in leicht gesalzener Fassbutter gebratenes Wiener Schnitzel ist eine Delikatesse, ebenso die Forelle blau!

Fettreduzierte Butter

Auch als **Dreiviertelfett-Butter** bekannt. Sie hat einen Fettgehalt von 60 bis 62 Prozent und darf Konservierungsstoffe wie Sorbinsäure enthalten, ferner Zusätze wie Gelatine, Zitronensäure, Emulgatoren und darf auch mit Beta-Karotin gefärbt werden. Sie ist nicht zum Kochen, Braten oder Backen geeignet.

joghurtbutter

Die Joghurtbutter besteht ausschließlich aus Butter und Joghurt und hat einen Fettgehalt von 69 Prozent. Sie schmeckt leicht und frisch-säuerlich, ist fettärmer und kann auch zum Backen verwendet werden.

cholesterinarme butter

Der Cholesteringehalt dieser Butter wird durch Wasserdampf um 85 Prozent reduziert, der Fettgehalt von 82 Prozent bleibt aber erhalten. Sie ist auch zum Backen, Braten und Kochen geeignet.

kräuterbutter

Entweder fertig zu kaufen oder selbst gemacht veredelt ein Stück Kräuterbutter Gegrilltes wie Steaks, Gebratenes wie Fisch oder auch gedünstetes Gemüse. Der Fantasie bei der Zubereitung sind hier keine Grenzen gesetzt: Weiche Butter kann man zum Beispiel auch mit Zitronenzesten, mit Zimt oder Honig vermischen.

serviertipps für butter

Mit einem Buttermodel kann man hübsche Formen ausstechen (ein normaler Plätzchenausstecher tut es aber auch), am besten legt man ihn ein paar Stunden in kaltes Wasser und stellt ihn in den Kühlschrank.

Die Butterlocke ist der Klassiker unter den Butterformen. Dafür gibt es im Handel die kleinen Butterroller. Zwischendurch immer mal wieder in kaltes Wasser tauchen. Butterkugeln werden besonders rund, wenn man sie nach dem Ausstechen mit einem Kugelausstecher zwischen zwei speziellen Butterbrettchen rollt – das sind kleine gerillte Brettchen mit Griffen. Wer will, kann die Kugeln dann noch in gehackten Nüssen, Kräutern oder Gewürzen rollen.

butterschmalz

Butterschmalz ist reines Butterfett, das durch Schmelzen der Butter gewonnen wird. Um 250 Gramm Butterschmalz zu erhalten, braucht man circa 300 Gramm Butter. Beim Erhitzen bildet sich eine Schaumkrone, die man so lange abschöpft, bis sich kein Schaum mehr bildet. Das Wasser ist dann fast verdunstet, Milcheiweiß und Milchzucker trennen sich vom Milchfett. Übrig bleibt das flüssige, goldgelbe, reine Butterfett. Bei der industriellen Butterschmalzproduktion wird die Butter zunächst bei 50 °C langsam zerlassen und dann in sogenannten Separatoren bei hoher Geschwindigkeit zentrifugiert, wobei sich das Fett von Eiweiß, Zucker und Wasser trennt. Verbliebene Wasseranteile erhitzt man nochmals im Vakuumkessel auf 100 °C. Das nun entstandene reine Butterfett wird auf 15 °C abgekühlt und mit Luft aufgeschlagen, damit es streichfähig, weich und geschmeidig wird. Butterschmalz besteht zu 99,8 Prozent aus reinem Butterfett. Es enthält keine Konservierungsstoffe, ist sehr lange haltbar (ungekühlt neun Monate, bis zu 15 Monate im Kühlschrank), spritzt nicht und verbrennt beim Anbraten nicht so schnell wie Butter. Aufgrund seiner hohen Erhitzbarkeit (205 °C) eignet es sich auch zum Frittieren sehr gut, es ist mehrmals verwendbar.

Dauermilcherzeugnisse

Kondensmilch

Hierbei handelt es sich um eine konzentrierte Milch, die ihre dickflüssige Konsistenz aufgrund des Entzugs von Wasser erhält. Die Milch wird dabei im Vakuum bei 50 bis 70 °C »eingedampft« und anschließend zur Haltbarmachung wärmebehandelt und dann steril abgefüllt. Eine andere Möglichkeit ist die Abfüllung in die Verpackung und die anschließende Sterilisierung in dieser Verpackung. Daher kommt auch der Name »Dosenmilch«, sie ist nun eine Konserve und bis zu einem Jahr haltbar.

Milchpulver

Für die Herstellung von Milchpulver muss der Milch, wie schon bei der Herstellung von Kondensmilch, Wasser entzogen werden. Nachdem sie durch den Wasserentzug im Vakuum konzentriert wurde, wird das restliche Wasser meist mithilfe eines Sprühturmes entzogen, in dem eine extrem hohe Luftfeuchtigkeit herrscht. Der übrig bleibende Wassergehalt beläuft sich auf fünf bis sieben Prozent. Als Ausgangsprodukt kann man sowohl Milch als auch Sahne, Joghurt, Kefir oder Buttermilch verwenden. Interessanterweise findet man Milchpulver in sehr vielen Lebensmitteln. Nicht nur bei der industriellen Herstellung mancher Käse oder Joghurts, Süß- und Backwaren findet es Verwendung, es bildet auch die Grundlage für Säuglingsnahrung, Instantgetränke, Fertiggerichte und -saucen sowie für die Süßwarenindustrie.

Molkenpulver

Auch das Molkenpulver findet in der Lebensmittelindustrie eine vielseitige Verwendung. Es wird zum Beispiel zur Proteinanreicherung in Sportlernahrung sowie in Diät- und Schonkostprodukten genutzt und gibt Suppen, Saucen, Speiseeis und Süßwaren die richtige Konsistenz.

3
RP
Grundlage: Milcheiweiß!
Wenn lebenswichtige Mineralstoffe kolloidal an Milcheiweiß gebunden werden, so sind sie gegen Nebenwirkungen im Magen-Darm-Kanal weitgehend geschützt und werden daher gut und leicht verdaut.
LAVES
Mineral-Milcheiweiß
Präparate

CONDENSIRTE MILCH
MARKE MILCH-MÄDCHEN
Beste condensirte Milch
MILCHMÄDCHEN
UNENTBEHRLICH FÜR WINTERSPORT
Serie von 6 Bildern
Nr. 6

Molkerei Rhynern

Eingetragene Genossenschaft mit beschränkter Haftpflicht

Abrechnung

für Monat Dezember 1936

Lieferungs-Nummer	Name	Gelieferte Vollmilch kg	Fettgehalt %	Wintermilch kg	Fetteinheiten	Betrag für: Wintermilch RM / Pf.	Grundpreis RM / Pf.	Fetteinheiten RM / Pf.	Ausgleich RM / Pf	Gesamtbetrag RM / Pf.	Gesamt-Auszahlung je kg	Butter Pfd.
1	2	3	4	5	6	7	8	9	10	11	12	13
188	Wesselmann H. Westt	3635	3,4	2891	12577	57 98	72 70	339 57	1 80	488 33		38

EIHENSTEPHANER H VOLLMILCH
GESCHMACK DER ÜBERZEUGT
nsmitteltechnologen an der Süddeutschen Versuchs- und Forschungsanstalt für Milch-
chaft in Weihenstephan ist es gelungen, das Verfahren der H Vollmilch-Herstellung
rbessern. Ziel war es, die Wärmebelastung bei der Milcherhitzung so gering wie möglich
lten. Wie groß die Belastungswerte auseinanderliegen, beweist nachfolgende Abbildung.
nders zu beachten ist die starke Belastung der Milch bei herkömmlichem Abkochen
rem Herd in einem Kochtopf mittlerer Größe mit normaler Auskühlung.
ldung: Wärmebelastung der Milch bei verschiedenen Erhitzungsverfahren.
Weihenstephaner H Vollmilch
1 Liter
Weihenstephaner
H Vollmilch
mit der Qualitäts-garantie
ultrahocherhitzt
3,5% Fett
swert: Pasteu-
e Milch mit
ebehandlungs-
1.
tungsfaktor
Weihenstephaner frische Vollmilch (pasteurisiert)
600 Weihenstephaner H Vollmilch nach modernsten Erkenntnissen erhitzt
1.200 H-Milch herkömmlicher Art
0 – 20.000 sterilisierte Milch
rd empfohlen, die Weihenstephaner H Vollmilch kühl zu lagern und zu trinken.
erden feststellen, daß Ihnen die Weihenstephaner H Vollmilch hervorragend schmeckt.

low fat milk
体操

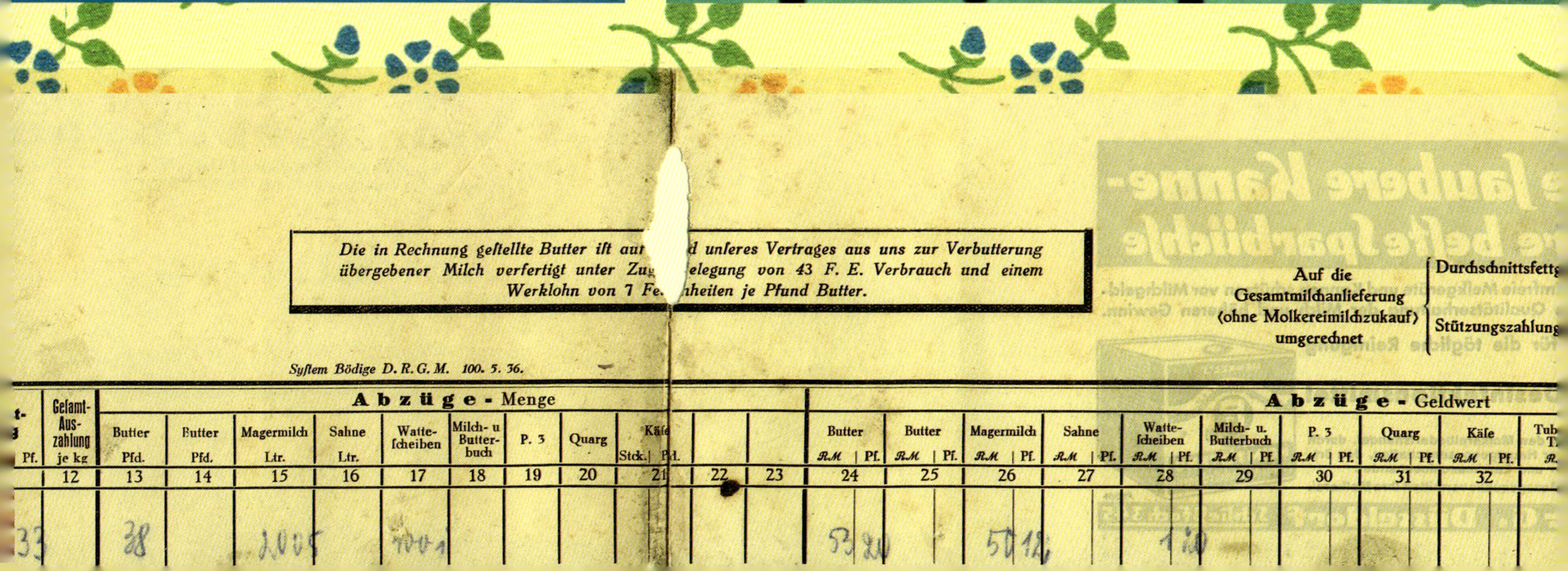
Die in Rechnung gestellte Butter ist au[...]d unseres Vertrages aus uns zur Verbutterung übergebener Milch verfertigt unter Zu[...]elegung von 43 F. E. Verbrauch und einem Werklohn von 7 Fe[...]heiten je Pfund Butter.
Auf die Gesamtmilchanlieferung (ohne Molkereimilchzukauf) umgerechnet
Durchschnittsfett
Stützungszahlung
System Bödige D. R. G. M. 100. 5. 36.
Abzüge - Menge
Gesamt-Aus-zahlung je kg
Butter Pfd.
Butter Pfd.
Magermilch Ltr.
Sahne Ltr.
Watte-scheiben
Milch- u Butter-buch
P. 3
Quarg
Käse Stck. Pfd.
Abzüge - Geldwert
Butter
Butter
Magermilch
Sahne
Watte-scheiben
Milch- u. Butterbuch
P. 3
Quarg
Käse
12 13 14 15 16 17 18 19 20 21 22 23 24 25 26 27 28 29 30 31 32

Käse, der aus der Milch abgeschiedene und infolge der weitern Behandlung eigentümlich veränderte Käsestoff. Man bewirkt die Ausscheidung des Käsestoffes aus süßer Milch durch Lab (Süßmilchkäse) oder aus saurer Milch durch die Milchsäure, welche sich durch Zersetzung von Milchzucker bei längerm Stehen der Milch bildet (Sauermilchkäse). Die Masse, welche durch Säure aus der Milch ausgeschieden wird, kann als gefällter Käsestoff (Kaseïn) betrachtet werden, durch das Lab aber wird das Kaseïn gespalten, indem neben dem ausgeschiedenen Körper (Parakaseïn) noch eine geringe Menge löslichen Molkenproteïns entsteht, welch letzteres zu den Peptonen gehört. Die Zusammensetzung und die physikalischen Eigenschaften der durch Lab ausgeschiedenen Masse schwanken nach dem Säuerungsgrad der Milch beim Käsen, so daß letzterer mit dazu beiträgt, den verschiedenen Käsesorten ihre besondern Eigenschaften zu verleihen. Indem der Käsestoff sich ausscheidet, schließt er alle in der Milch vorhandenen Butterkügelchen ein, und man erhält daher aus ungerahmter Milch fetten, aus abgerahmter Milch magern K.; bisweilen setzt man aber der Milch vor der Gerinnung noch Rahm zu, um einen überfetten K. (Rahmkäse) zu erhalten. Außer dem Fett schließt der Käsestoff auch noch Molke (im wesentlichen eine Lösung von Eiweißkörpern, Milchzucker und Salzen) ein und bildet daher ein sehr kompliziertes Gemisch leicht zersetzbarer Körper, welche bei weiterer Behandlung (zum Teil unter Mitwirkung von Bakterien [Käsebakterien], Hefe-, Schimmelpilzen rc.) bald in eigentümlicher Weise sich verändern u. den K. in jenen Zustand überführen, welchen man als die Reife bezeichnet. Über die Natur dieser Prozesse ist noch sehr wenig bekannt; es entstehen flüchtige fette Säuren, wie Butter-, Baldrian- und Kapronsäure, welche zum Teil den eigentümlichen Geruch des Käses bedingen, ferner Schwefelwasserstoff, Ammoniak und Ammoniakbasen (z. B. Amylamin), Leucin, Tyrosin rc. Das Ammoniak und die Ammoniakbasen verbinden sich mit dem Kaseïn und bedingen dadurch das Speckigwerden des Käses. Die kräftig riechenden Käsesorten reagieren alkalisch, die schwach riechenden aber meist

Faszination Käse

Die Kunst der Herstellung

Das Prinzip der Käseherstellung ist eigentlich ganz simpel und wurde schon vor Tausenden von Jahren entdeckt: Um Käse zu erhalten, muss man die festen Milchbestandteile (im Wesentlichen Eiweiß, Milchfett, Milchzucker und Mineralstoffe) von den flüssigen Milchbestandteilen (der Molke) trennen. Doch wie kann man aus einer Flüssigkeit flüssige und feste Bestandteile extrahieren und wo sind in der Milch denn nun eigentlich die festen Bestandteile zu finden?

Des Rätsels Lösung bedient sich eines einfachen Tricks: Das Milcheiweiß (Kasein) muss zum Gerinnen gebracht werden. Schon früh fanden die Menschen heraus, dass dazu eigentlich nicht mehr nötig ist, als die Milch zu erwärmen und entweder ein Gerinnungsmittel wie das Kälberenzym Lab hinzuzusetzen oder die Milchsäurebakterien in der Milch arbeiten zu lassen. Noch heute folgt man diesem Prinzip und dickt die Milch mittels Wärme und Lab und/oder Milchsäurebakterien ein. In Fachkreisen nennt man diesen Vorgang auch »Dicklegen« oder »Ausfällen des Kaseins«. Die Menge an Lab, die der Milch zugegeben wird, entschei-

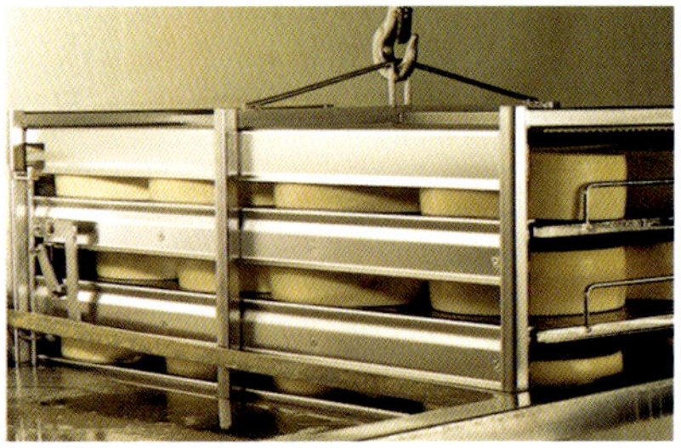

det über die Konsistenz des späteren Käses. Eine größere Menge an Lab und eine höhere Einlabtemperatur lassen den Käse fester werden, so entsteht z. B. Hartkäse wie Gouda oder Emmentaler. Eine niedrigere Menge an Lab und eine niedrigere Einlabtemperatur lassen den Käse weicher werden, so entsteht z. B. Weichkäse wie Camembert oder Brie.

Sobald sich nun die festen von den flüssigen Milchbestandteilen getrennt haben, sich also die sogenannte »Gallerte« bzw. der Käsebruch gebildet hat, kommt die Käseharfe zum Einsatz. Das ist eine Art große Gabel, die den Bruch hin und her bewegt und ihn dabei zu kleineren oder größeren Bruchkörnern schneidet. Der Käsemeister überprüft dabei immer wieder, ob der Bruch die optimale Festigkeit für den späteren Käse erreicht hat. Denn je kleiner das Bruchkorn ist, desto härter wird der Käse.

Je nachdem, welche Käsesorte hergestellt werden soll, wird der Bruch dann in Formen geschöpft, gepresst, nachgewärmt oder im Ganzen mithilfe eines Tuches aus dem Käsekessel gehoben. Wichtig dabei ist, dass dem Käsebruch die Molke entzogen wird.

Im nächsten Schritt werden die frischen Laibe gesalzen oder sie kommen in ein Salzbad, das dem Käserohling nicht nur weiter Flüssigkeit entzieht, sondern auch zur Rindenbildung beiträgt. Das Salzen beeinflusst neben dem Reifeprozess auch Geschmacksbildung und Haltbarkeit.

»Le sense, das Gefühl für Käse und seine Reifestadien, reicht allein nicht aus, um ein wirklich guter Affineur zu werden.«

PHILIPPE OLIVIER, EINER DER BEKANNTESTEN AFFINEURE FRANKREICHS

Geheimnisse des Geschmacks

Für die Käserohlinge heißt es dann: reifen. Tage, Wochen, Monate, Jahre. Nur so wird aus dem Rohling mal ein besonderer Käse. Entscheidend für die Entwicklung des Aromas und des Geschmacks ist die besondere Atmosphäre in den Reifekellern. Hier muss alles stimmen: Temperatur, Luftfeuchtigkeit und Bakterienflora. Dafür sorgt der Affineur, der sich mit dem richtigen Know-how und viel Fingerspitzengefühl um die Reifung und die Verfeinerung der Käse bemüht. Kein Beruf, den man auf einer Schule erlernt, sondern eine Tätigkeit, die nur mit viel Liebe und Hingabe zum Käse ausgeübt werden kann.

Die zu verfeinernden Käse müssen natürlich von allerbester Qualität sein, außerdem noch jung, damit sie der Spezialist nach seinen Vorstellungen reifen und vervollkommnen lassen kann. Je kühler der Lagerraum ist, umso langsamer reifen die Käse, je trockener die Luft, desto fester wird die Konsistenz. Einige Ziegenkäse reibt der Affineur mit Holzasche ein, andere Käse wickelt er z. B. in Heu, Lorbeer- oder Kastanienblätter; beträufelt sie mit Wein oder Schnaps, Bier oder Salzlauge. Manche Käse werden nur abgerieben und gewendet. Besonderes Augenmerk verlangen die Rotschmierkäse wie Livarot und Munster. Sie werden regelmäßig in Salzlake gewaschen, damit die Rinde feucht bleibt und sich der pikante Geschmack entwickeln kann.

Der Affineur prüft ständig Konsistenz, Duft und Farbe seiner Käse. Wie lange die einzelnen Käselaibe affiniert werden, hängt meist von ihrer Größe und Sorte ab. Auch hier ist großes Fingerspitzengefühl gefragt, denn wenn der Käse falsch behandelt wird, kann er nicht seinen charakteristischen Geschmack entwickeln. Bis Geruch und Geschmack ausgewogen und perfekt sind, das Erscheinungsbild appetitlich und die Textur optimal ist, bedarf es gewissenhafter Pflege, profunder Kenntnis und handwerklichem Können. Erst dann darf der Käse in den Handel, wo viele Käsefans sich beim Genuss der kleinen Meisterwerke oft genug zu wahren Begeisterungsstürmen hinreißen lassen.

zwischen Tradition und Moderne

Selbstverständlich hat sich auch die Käseproduktion im Laufe der Zeit und im Zuge der Industrialisierung weiterentwickelt. Viele Verfahren wurden verändert und mithilfe modernster Technik effizienter und rentabler gemacht. Grundsätzlich lassen sich aber auch noch heute zwei Arten der Käseproduktion unterscheiden: Zum einen wird Käse in Großmolkereien bzw. -käsereien industriell gefertigt, zum anderen wird er in kleinen Käsereien traditionell, also handwerklich hergestellt.

Für die industrielle Herstellung von Käse wird die Milch in der Molkerei oder Käserei vorbehandelt. Sie wird in der Zentrifuge gereinigt und der gewünschte Fettgehalt wird eingestellt. Anschließend wird sie schonend erhitzt (pasteurisiert), um unerwünschte Mikroorganismen bzw. Bakterien abzutöten. Pasteurisierter Milch muss deshalb zur Dicklegung Milchsäurebakterien und besondere Reifekulturen zugesetzt werden, wodurch die Reifung gezielt gelenkt und der Geschmack normiert wird. Die Käse sollen möglichst schnell und gleichbleibend im Geschmack angeboten werden können. Eine längere Lagerung bei industriell gefertigten Käsen bedeutet kostspielige Lagerhaltung, Gewichtsverlust und somit Profitverringerung. Der Zusatz spezifischer Bakterien verhindert deshalb die normale Milchsäuregärung und lässt die Käse schneller »fertig« werden, allerdings mit dem Resultat eines etwas süßlicheren Geschmacks, der aber vielen Käsefreunden gefällt.

Der handwerklich hergestellte Käse ist Rohmilchkäse, das heißt, die Milch wird vor der Dicklegung nicht vorbehandelt. Er ist niemals ein Standardprodukt, jeder Käse schmeckt anders und hat seinen ganz eigenen Charakter. Die rohe Milch wird morgens und abends beim Bauern gesammelt und sofort verarbeitet, da sie nicht gelagert werden kann. Die Kühe erhalten weder Silofutter noch Konzentrate, ihre Milch ist von höherer bakteriologischer Qualität, der Milchertrag ist jedoch oft geringer. Rohmilchkäse sind Produkte einer ganz bestimmten Region und bewahren den für die Ursprungsgegend typischen Geschmack.

zu Besuch …
… in einer bäuerlichen Hofkäserei

Ob Martha und Josef Lobis eigentlich wissen, an welch paradiesischem Ort sie das Glück haben zu leben? Jeden Tag das prächtige Dolomitenpanorama vor der Haustür zu haben ist wirklich ein Privileg. Und dann noch diese Käse! Feinschmecker reisen von weit an, um die Rohmilchkäse der Erschbaumer-Kühe zu ergattern, bevor sie ausverkauft sind. Die Kühe sind ebenso verwöhnt: Sie trinken das hofeigene Quellwasser, grasen den ganzen Sommer lang auf saftigen Bergwiesen und lecken an uralten Bergkristallsalzen aus einer Tiefe von 800 Metern. Aus dieser Milch entsteht in sorgsamer Handarbeit ein edles Naturprodukt – Käse. Der Frischkäse ist schon eine Delikatesse: mild, fast süß und saftig-weich. Soll er reifen, wird er gesalzen und täglich gepflegt, gewaschen und gewendet, in Nussblätter gehüllt oder mit Asche bestäubt. Diese Kostbarkeiten lagern in den uralten Kellergewölben unter dem Hof, auf einem Pfeiler ist die Jahreszahl 1674 eingeritzt. Die fertigen Käse verkaufen Martha und Josef Lobis im Winter jeweils samstags im Hofladen, im Sommer auf dem Rittner Bauernmarkt in Klobenstein. Neben Käse bieten die Lobis auch Sauerrahmbutter, Molke und im Glas gereiften Vollmilchjoghurt an.

zu Besuch …
… beim Maître fromager

»Ich liebe alle Käse, die handwerklich und mit Hingabe hergestellt wurden«, sagt Susanne Hofmann vom Tölzer Kasladen in München. Für die renommierte Käseexpertin ist handwerklich hergestellter Rohmilchkäse Beruf und Berufung zugleich. Sie ist in der Welt dieser Delikatesse groß geworden, die familieneigene Molkerei bot ihr von Kindesbeinen die Chance, sich direkt vor Ort die nötige Erfahrung anzueignen, die sie unter anderem zu dem machte, was sie heute ist: erste Instanz in Sachen Käse, genauer gesagt in Sachen Rohmilchkäse von höchster Qualität.

»Ich bin quasi in der Molkerei zur Welt gekommen«, lacht Hofmann, *»auch etwas zu früh, wahrscheinlich konnte ich es gar nicht mehr abwarten, mein erstes Stück Käse zu probieren. Der handwerklich gemachte Käse hat mich seitdem begleitet und begeistert mich noch heute, denn Käse ist nicht gleich Käse!«*

Schon ihr Vater, der damals im heimatlichen Bad Tölz hauptsächlich Joghurt, aber auch Käse herstellte, begann als einer der ersten mit dem Import von Rohmilchkäse aus dem Ausland, weil dieser in Deutschland kaum mehr produziert wurde. So konnte Susanne Hofmann ihren Geschmack langsam, aber stetig verfeinern und ausbilden – schon im zarten Alter von elf Jahren verblüffte sie den damals bedeutendsten Käsekenner Frankreichs, Pierre Androuet, als sie ihm anlässlich eines Besuches in seinem Restaurant alle Sorten des achtgängigen Käsemenüs aufzählen konnte. Auf einem Einsiedelhof in der Vandée erlernte sie die Herstellung von Ziegenkäse, später arbeitete sie in verschiedenen Pariser Käsegeschäften und in den Markthallen von Rungis.

Seit 1982 ist Frau Hofmann Mitglied der französischen »Confrérie des Chevaliers du Taste-Fromage« und trägt mittlerweile den ehrenvollen Titel eines »Maître fromager«, einer Käsemeisterin, – eine Auszeichnung, auf die sie stolz sein kann. Diese befähigt sie auch dazu, der Bruderschaft selbst neue Käseexperten vorzuschlagen, die dann während einer feierlichen »Krönungszeremonie« ebenfalls als Käsemeister »inthronisiert« werden. Doch damit nicht genug: Als Jurymitglied des französischen Landwirtschaftsministeriums vergibt Susanne Hofmann Qualitätsbezeichnungen – eine wahrhaft seltene Ehre.

»Der Wunsch der Verbraucher nach gesunder und authentischer Ernährung wird immer lauter, verstärkt durch die nicht abreißende Reihe negativer Medienberichte über verschiedene Produkte der konventionellen Produktion«, meint Hofmann.

»Einerseits erfordert dies die Förderung der ökologischen Landwirtschaft, andererseits muss man bestehende traditionelle Produkte schützen.« Diese Produkte tragen die Bezeichnung »geschützter Ursprung« (kurz g. U.). In Frankreich, der Schweiz, Holland, Belgien und Griechenland wird sie mit AOC (Appellation d'Origine Controlée), in Spanien und Portugal mit DO (Denominación de Origen), in Italien mit DOP (Denominazione di Origine Protetta) und in England mit PDO (Protected Designation of Origin) abgekürzt. Einem Käse mit g. U. liegt der Ursprungsgedanke zugrunde: Das Produkt muss eine klar abgrenzbare, auf seiner Herkunft beruhende Identität besitzen. Ferner muss sich in ihm die lokale Tradition widerspiegeln. Das Gütesiegel bedeutet, dass bei der Herstellung alle in einem sogenannten Pflichtenheft festgehaltenen Regeln streng eingehalten werden. Es garantiert eine durchgängig traditionelle Herstellungsweise, regelt Tierrasse und -haltung, bestimmt den geographischen Herstellungsraum und definiert Qualitätsstandards, sodass gleichbleibende Eigenschaften des Produkts gewährleistet werden. Es gibt eine Reihe von Käsen, die nach den gleichen Richtlinien produziert werden, für die aber noch kein Ursprungsschutz beantragt wurde und die dann als »traditionell hergestellt« oder als »Traditionskäse« ihren Platz auf dem Markt gefunden haben. Viele der Traditionskäsesorten wurden schon vor Hunderten von Jahren entwickelt und werden bis heute auf die gleiche Art und Weise hergestellt.

Im Stammladen in Bad Tölz, in Landshut und am Münchner Viktualienmarkt, wo Susanne Hofmann meist freitags und samstags persönlich die begeisterte Kundschaft bedient (zu der übrigens auch Jahrhundertkoch Eckart Witzigmann gehört), findet der Käsefan eine Auswahl an allerfeinsten Rohmilchkäsesorten, die sich einzig und allein nach Qualität und nicht nach Quantität richtet. Die größte Freude für Hofmann ist das Urteil ihrer Kunden, die sie mit ihrem umfangreichen Wissen und vor allem mit großer Leidenschaft an die besten Käse Europas »heranführt«. Aus elf Ländern bezieht der Tölzer Kasladen seine Käserohlinge und immer noch wird jeder Bauernhof und jede Käserei von Frau Hofmann selbst kontrolliert. Besonderen Wert legt sie dabei auf artgerechte Haltung und natürliche Fütterung der Tiere, denn nur aus Milch höchster Qualität kann man Käse höchster Qualität herstellen.

In ihrem winzigen Stand auf dem Viktualienmarkt in München duften einem an die hundert Käsesorten appetitlich entgegen. Hier tummeln sich ausschließlich hochwertige, handwerklich hergestellte Käse ohne chemische Zusätze oder gentechnische Veränderungen. Im Gegensatz zu Industriekäse aus pasteurisierter Milch, der immer gleich schmeckt und lange haltbar sein muss, entwickelt ein Rohmilchkäse eine persönliche Handschrift und einen individuellen Cha-

rakter, kein Käse gleicht dem anderen. In der Vitrine in München finden sich bekannte Käse wie Appenzeller, Emmentaler, Gruyere oder Camembert, man stößt aber auch auf unbekanntere Schätze wie den Taupinière, den Saint Marcellin, den Majorero, den Salers oder den Livarot. Die Rohlinge für diese Kostbarkeiten kommen allesamt von kleinen Bauernhöfen, Dorfkäsereien, Alpbetrieben und Klöstern. Affiniert, also verfeinert, werden sie im Reifekeller unter dem Stammhaus in Bad Tölz, wo Susanne Hofmanns Bruder Wolfgang für die optimale Reifung sorgt und die Käse bis zu ihrer Vollendung begleitet.

Für den geneigten Käsefreund heißt es in Susanne Hofmanns Laden auf dem Viktualienmarkt dann: Probieren und schmecken, bevor man sich zum Kauf entschließt. *Es scheint, als wüsste Frau Hofmann genau, welcher Käse wem schmeckt.* Sie stellt auf Wunsch auch Käsesorten oder -platten nach Jahreszeit zusammen und gibt Tipps für die passenden Weine. Wer etwas Besonderes sucht, ist zum Beispiel mit ihrem speziellen Käsefondue bestens beraten, das besonders gut verträglich ist und nicht mit Weißwein, sondern mit Crémant, einem französischen Schaumwein, zubereitet wird. Nach Terminvereinbarung kann man auch an einer kleinen Käseverkostung mit Weinbegleitung teilnehmen.

Dass die Käse der Familie Hofmann zum Besten der Besten gehören, hat sich natürlich auch in der Spitzengastronomie herumgesprochen. Schon seit Mitte der 70er Jahre wurden die Käsewagen so berühmter Sternerestaurants wie »Tantris« und »Aubergine« mit Familie Hofmanns Käsen bestückt, heute gehören unter anderem die Grand Hotels »Adlon« in Berlin, »Vier Jahreszeiten« in München und »Kempinski« in Heiligendamm, das »Bristol« in Wien oder das Restaurant »Bareiss« im Schwarzwald dazu. Auch die verwöhnten Gäste des Luxusliners MS Europa können aus dem Sortiment vom Tölzer Kasladen goutieren und seit einigen Jahren gibt's den Hofmann-Käse sogar im VIP-Bereich der Formel 1.

Worauf man beim Käsekauf besonders achten sollte? Hier gibt es nur ein Kriterium für die Käseexpertin: *Die Qualität und der persönliche Geschmack sollten entscheiden, nicht der Preis.* Für Susanne Hofmann ist die Gleichung ganz simpel: 100 Prozent Qualität sind gleich 100 Punkte Geschmack, 50 Prozent Qualität sind gleich 50 Punkte Geschmack, also die Hälfte weniger – und die 100-prozentige Qualität kann nun mal nicht billig sein.

www.toelzer-kasladen.de

Klassifizierung

Nach der deutschen Käseverordnung teilt man die Käse nach dem Wassergehalt in der fettfreien Käsemasse folgendermaßen ein:

Frischkäse
Weichkäse
halbfeste Schnittkäse
Schnittkäse
Hartkäse
Sauermilchkäse
Ziegenkäse
Schafkäse
Brüh- und Knetkäse (Filata)
Schmelzkäse
Käsezubereitungen

Da jeder Käse auch in verschiedenen Fettstufen hergestellt werden kann, muss man bei der Klassifizierung auch den Fettgehalt berücksichtigen. Dieser liegt zwischen 0 und 75 Prozent in der Trockenmasse und wird folgendermaßen deklariert:

Magerstufe	*unter 10 % Fett i. Tr.*
Viertelfettstufe	*über 10 % Fett i. Tr.*
Halbfettstufe	*über 20 % Fett i. Tr.*
Dreiviertelfettstufe	*über 30 % Fett i. Tr.*
Fettstufe	*über 40 % Fett i. Tr.*
Vollfettstufe	*über 45 % Fett i. Tr.*
Rahmstufe	*über 50 % Fett i. Tr.*
Doppelrahmstufe	*60 bis 87 % Fett i. Tr.*

Ausgeschrieben bedeutet »Fett i. Tr.« Fett in der Trockenmasse. Käse besteht aus seiner Trockenmasse und Wasser, wobei die Trockenmasse das absolute Gewicht des Käses ohne Wasser bezeichnet. Das Fett in der Trockenmasse wird in Prozent angegeben (dies ist vom Gesetzgeber vorgeschrieben) und gibt dadurch Aufschluss über die Beschaffenheit des Käses, nicht aber über den absoluten Fettgehalt. Ein Frischkäse enthält zum Beispiel wesentlich weniger Trockenmasse als ein Hartkäse. Wer genau wissen will, wie fetthaltig ein Käse ist, kann sich mit einer Formel behelfen:

Frischkäse: Fett i. Tr. x 0,3
Weichkäse: Fett i. Tr. x 0,5
Halbfester Schnittkäse: Fett i. Tr. x 0,55
Schnittkäse: Fett i. Tr. x 0,6
Hartkäse: Fett i. Tr. x 0,7

Ein Hartkäse mit 45 Prozent Fett i. Tr. hat also einen absoluten Fettgehalt von ungefähr 31,5 Prozent. Die Einteilung der Käse nach Fettgehaltsstufen macht die Zuordnung innerhalb der Hauptgruppen leichter. Auch die Milchart muss kenntlich gemacht werden, also ob der Käse aus Ziegen-, Kuh- oder Schafmilch gewonnen wurde, z. B. »Frischkäse aus Schafmilch« oder »Schnittkäse aus Kuhmilch«.

Ebenfalls gebräuchlich ist die Einteilung der Sorten nach dem Wassergehalt in der fettfreien Käsemasse (Wff). Sie erlaubt Rückschlüsse auf die Käseeigenschaften, denn je niedriger der Wassergehalt ist, desto höher ist der Gehalt an Eiweiß, Kohlenhydraten, Vitaminen und Mineralstoffen und desto härter ist der Käse. Daraus ergeben sich sechs Käsegruppen:

Hartkäse	*Wff bis 56 %*
Schnittkäse	*Wff 54–63 %*
Halbfeste Schnittkäse	*Wff 61–69 %*
Sauermilchkäse	*Wff 60–73 %*
Weichkäse	*Wff über 67 %*
Frischkäse	*Wff über 73 %*

Käseexperten wie Susanne Hofmann vom Tölzer Kasladen klassifizieren die verschiedenen Käsesorten anders als die deutsche Käseverordnung, und zwar nach dem Herstellungsbetrieb, also industriell oder handwerklich (traditionell) und nach der Herstellungsart. Demnach gibt es neun große Käsefamilien:

Die Familie der Sauermilchkäse
Die Familie der Frischkäse
Die Familie der Käse aus Ziegenmilch
Die Familie der Käse aus Schafmilch
Die Familie der Käse mit gepresstem Teig
Die Familie der Käse mit nachgewärmtem und gepresstem Teig
Die Familie der Weichkäse mit Außenschimmel
Die Familie der Weichkäse mit gewaschener Rinde
Die Familie der Käse mit Innenschimmel

Einige Käse lassen sich auch zu zwei Familien zählen: Roquefort zum Beispiel gehört ebenso zu der Familie der Käse mit Innenschimmel (Blauschimmel oder Edelpilz) wie auch zu der Familie der Käse aus Schafmilch, Mozzarella ist einerseits ein Frischkäse, andererseits ein Brüh- und Knetkäse, Filata genannt.

香派

Herz-Käse
Gebrüder Herz
Immenstadt i. Allgäu
H.GRÜNBAUM, KASSEL.
023

Die großen Käsefamilien

Die Familie der Sauermilchkäse

Echte, handfeste »Stinker« sind sie, die Mainzer, Harzer oder Graukäse, an denen sich die Geister scheiden: Manche halten sich die Nase zu, anderen wird der Mund wässrig. Allen Sauermilchkäsen gemeinsam ist ihr geringer Fett- und ihr hoher Eiweißanteil. Grundsätzlich unterscheidet man zwischen drei Gruppen: den Gelbkäsen mit Gelb- oder Rotkulturbakterien, den Halb- und Edelschimmelkäsen und den Kochkäsen. Handkäse ist nichts anderes als Sauermilchkäse, der früher mit der Hand geformt wurde, deshalb womöglich der Name.

Wie die Bezeichnung »Sauermilchkäse« schon vermuten lässt, werden die Käse ohne Lab, nur mit einer Kombination von Milchsäurebakterien hergestellt. Die Milch (meist Kuhmilch) wird zunächst auf etwa 42 °C erhitzt und die Bakterien säuern sie innerhalb von ein bis zwei Stunden. Dabei entsteht Sauermilchquark. Dieser muss abtropfen, dann wird er zerkleinert und nach Belieben gesalzen und gewürzt. Eine Maschine bringt die Masse in die gewünschte Form: Rollen, Stangen oder kleine Scheiben. Nächste Haltestelle ist der Trockenraum, in dem es die Käse vier Tage bei 30 °C wohlig warm haben. Die Temperatur muss immer konstant bleiben, sonst schmilzt der Käse. Nach dieser Schwitzkur entscheidet sich, welche Art von Sauermilchkäse hergestellt werden soll: Gelbkäse, Kochkäse, Schimmelkäse? Gelbkäse wird nur noch mit abgekochtem Wasser bespritzt und reift dann 24 Stunden bei kühlen 10 °C. Man kann ihn auch mit Salzwasser unter Zugabe von Rotschmierkulturen abwaschen. Edelschimmelkäse erfahren dagegen eine Behandlung mit Camembert-Schimmelkulturen und reifen eine Woche. Auch Kochkäse wird aus temperiert gereiftem Sauermilchquark hergestellt. Der bröckelige Quark wird täglich umgeschichtet. Wenn er den gewünschten Reifegrad erreicht hat, erhitzt man ihn in Fertigerkesseln und gibt Koch- und Schmelzsalze, Gewürze (z. B. Kümmel) sowie Butter (je nach gewünschtem Fettgehalt) zu. Das ursprüngliche Weiß hat sich nun in ein fast durchsichtig schimmerndes Goldgelb gewandelt, der Teig ist elastisch und kompakt.

Tipps für den Genuss

Sauermilchkäse eignen sich besonders gut als kleiner Imbiss, deftig in einer Marinade aus Zwiebeln, Essig und Öl eingelegt und zu Gürkchen, Graubrot und einem Bier. Zudem geben sie Suppen und Saucen eine herzhafte Note und machen aus einem simplen Käseknödel einen mit besonderem Pfiff. Probieren Sie aber auch einmal die Kombination mit Preiselbeeren, mit süßem Senf und mit einer heißen Schokolade.

Zu dieser Käsefamilie gehören unter anderem:
Mainzer Käse, Harzer Roller, Graukäse, Stozenkas, Topfenkaserl, Olmützer Quargel oder Schlosskäse

Bauernkäse aus der Pfalz

Der fein-würzige Bauernkäse ist ein perfekter Vesperkäse, denn er passt wunderbar zu Herzhaftem. Der aus Kuhmilch hergestellte Käse wird nicht gepresst, sondern entsteht durch langsames Abtropfen der Molke. Auch dieser Sauermilchkäse reift von außen nach innen, jedoch ist der elfenbeinfarbene Teig nach 10 bis 14 Tagen Reifedauer geschmeidig und hat keinen quarkigen Kern wie der Harzer. Durch seinen – für einen Sauermilchkäse – hohen Fettgehalt schmeckt der Pfälzer Bauernkäse fein-würzig und wunderbar aromatisch.
Fett i. Tr.: 20 %

Harzer Rolle

Aufgepasst: Ein **Harzer Roller** kann auch ein Kanarienvogel sein, dem man in langwieriger Zucht das Trillern durch den geschlossenen Schnabel antrainiert hat. Der Käsefreund hingegen öffnet den Mund und kostet den gleichnamigen Käse. Der Harzer Käse gehört zu den Gelbkäsen und wird nach zweitägiger Reifung mit Rotschmierkulturen besprüht. Weil diese Käsespezialität gepresst wird und dann von außen nach innen reift, findet sich ein weißer Quarkkern im Inneren des Käses. Wenn er in diesem Stadium auf den Markt kommt, schmeckt er sehr mild. Nach etwa zwei Wochen ist er gut ausgereift und schmeckt aromatisch, nach drei Wochen ist er eher speckig und herzhaft im Geschmack. Traditionell wird er mit Kümmel bestreut, man kann ihn aber auch mit »Musik« servieren. Dazu wird er in einer Marinade aus Öl, Essig und Zwiebelringen und, wer mag, noch Kümmel eingelegt und mit Graubrot oder Pellkartoffeln angeboten. Mit einem Augenzwinkern spricht man von der »Musik«, die nach dem Genuss im Verdauungsapparat entsteht. Die Käselaibe haben eine glatte, goldgelbe Oberfläche und der Käseteig ist geschmeidig bis schnittfest und leicht gelblich. Harzer werden entweder zu Stangen oder zu talergroßen Scheiben geformt.

Fett i. Tr.: max 10 %

Die Familie der Frischkäse

Es gibt verschiedene Arten von Frischkäse: Zunächst einmal versteht man darunter die frisch hergestellten Produkte, die ohne Reifung verzehrt werden können. Dazu zählen zum Beispiel Quark und Schichtkäse. Andere Frischkäse kommen sowohl ungereift als auch länger gelagert in den Handel wie Ricotta, den es auch gesalzen und geräuchert gibt. Alle Frischkäse sind aufgrund ihrer geringen Haltbarkeit zum baldigen Verzehr bestimmt und werden meist aus Kuhmilch, seltener auch aus Ziegen- und Schafmilch hergestellt. Bei der Milch handelt es sich um Vollmilch, teilentrahmte, entrahmte oder auch mit Rahm angereicherte Milch. Dementsprechend beträgt der Fettgehalt der fertigen Frischkäse zwischen 0 und 75 Prozent Fett in der Trockenmasse.

Zunächst wird die Milch bei einer Temperatur von circa 20 °C fast immer allein durch Milchsäure ganz ohne oder nur mit sehr wenig Lab zum Gerinnen gebracht. Nach 24 Stunden füllt der Käser die frische Masse in Formen und lässt sie noch einmal zwölf Stunden abtropfen. Diese Frischkäse enthalten ziemlich viel Wasser und sind deshalb nur begrenzt haltbar. Sie schmecken aromatisch-säuerlich, zart und cremig. Unter »frisch« und »Frischkäse« versteht man in anderen Ländern auch Käse mit unterschiedlicher Konsistenz. Schichtkäse wie der spanische Burgos oder der englische Cambridge sind zart-fest, andere sind eher pastenartig wie Quark und Ricotta, wieder andere wie Cream cheese oder Doppelrahmfrischkäse sind fester und lassen sich gut verstreichen. Dazu kommen noch die körnigen Frischkäse wie Cottage cheese, deren Masse aus kleinen, weichen Körnchen besteht. Das riesige Angebot wird durch die große Palette der Frischkäsezubereitungen komplettiert, bei denen der Frischkäse mit verschiedenen Zutaten aromatisiert wird. Auch die Formen variieren: einfach im Töpfchen, als Rolle, Stange, Kranz oder als gefüllte Torte.

Tipps für den Genuss

Quark ist vor allem in der kalten Küche der Favorit: Ob herzhaft mit Gewürzen und Kräutern oder süß mit frischen Früchten – seine Vielseitigkeit macht ihn unschlagbar. Am besten schmeckt er mit 20 oder 40 Prozent Fett. Magerer Quark eignet sich auch zum Brot- und Kuchenbacken, als Knödel oder Nudelfüllung oder, mit etwas Sahne oder Milch verrührt, als Gratinsauce. Frischer Ziegenkäse schmeckt mit Öl und Kräutern delikat oder auch in einem mit Walnuss- oder Kürbiskernöl angemachten Salat. Mascarpone eignet sich besonders als Grundlage für Süßspeisen.

Zu dieser Käsefamilie gehören unter anderem:
Mozzarella, Ricotta, Robiola, Cottage cheese, Doppelrahmfrischkäse, Mascarpone, Leitzachtaler Ziegenkäse, Brocciu, Munster frais, Toma, Brillat Savarin, Burgos, Stracchino und Sainte-Maure frais

Brillat savarin

Die Bourgogne ist die Heimat dieser milden, säuerlich-frischen Käsespezialität, die den Namen des berühmten Schriftstellers, Politikers und Gourmets Jean Anthelme Brillat-Savarin aus dem 18. Jahrhundert trägt – allerdings wurde dem Käse diese Ehre erst später zuteil, wohl in Anlehnung an Brillat-Savarins Worte:

»Eine Mahlzeit ohne Käse ist wie eine schöne Frau mit nur einem Auge.«

»Erfunden« hat ihn der legendäre Pariser Käsespezialist Henri Androuët Anfang des 20. Jahrhunderts. Die runden Käselaibe wiegen 500 Gramm, haben einen Durchmesser von zwölf Zentimetern und sind fünf Zentimeter hoch. Der butterweiche Teig ist durchgehend elfenbeinfarben, geschlossen und cremig. Er schmeckt sahnig-säuerlich, aromatisch, sehr angenehm und voll, wohl auch weil seine Milch vor der Käseherstellung mit Crème fraîche angereichert wird. Sehr lecker schmeckt er auf frischem Brot und mit Früchten.

Fett i. Tr.: 72 %

Mozzarella di Bufala

Die Bezeichnung »Mozzarella« ist nicht geschützt, und was alles unter dem Namen Mozzarella angeboten wird, ist schon fast abenteuerlich und hat mit dem Original dieser Spezialität nichts zu tun! Echter Mozzarella wird ausschließlich aus Büffelmilch hergestellt, und zwar im süditalienischen Kampanien, wo wild lebende Büffelherden schon im 2. Jahrhundert umherstreiften. Heute trägt nur der Mozzarella di Bufala Campana die geschützte Herkunftsbezeichnung DOP. »Mozzare« bedeutet »abziehen«, womit die Herstellung beschrieben wird: Nachdem der Bruch zusammengewachsen und gesäuert ist, wird er wieder zerkleinert und dann in 80 °C heißem Wasser gebrüht. Diese Masse knetet und zieht der Käsemeister dann zu elastischen, geschmeidigen Strängen oder Kugeln. Deswegen zählt man Mozzarella auch zu den Brüh- und Knetkäsen, »filata« auf Italienisch. Die steigende Nachfrage hat dazu geführt, dass Mozzarella heute industriell sehr oft aus Kuhmilch gewonnen wird – zwar nicht schlecht, aber geschmacklich kein Vergleich mit dem Original. Auch der Fior di Latte besteht aus Kuhmilch. Diese Käse sind magerer, fester und elastischer als die Büffelmilchkäse.

Echter Büffelmozzarella ist weich, elastisch und porzellanweiß. Die kleinen runden Kugeln oder Zöpfe wiegen 60 bis 300 Gramm und die Abziehnaht ist deutlich zu erkennen. Sie sind rindenlos, riechen frisch nach Milch und schmecken säuerlich, milchig und ihr Aroma hält lange an. Junger Mozzarella lässt sich gut schneiden, älterer wird weicher und entwickelt ein ausgeprägtes Aroma. Die Käsekugeln werden in schwach gesalzener Molke in Beuteln eingeschweißt angeboten.

Büffelmilchmozzarella mit frischem Ciabatta ist eine Delikatesse, dazu passen Oliven und sehr gutes Olivenöl. Im Sommer ist der Klassiker Insalata Caprese mit Tomaten, Basilikum und Olivenöl der Hit und weil Mozzarella auch gut schmilzt, findet man ihn in Italien auf jeder Pizza – dann aber oft den aus Kuhmilch hergestellten. Eine Variante des Mozzarellas ist die Burrata mit einem Kern aus Butter. Optisch besonders attraktiv ist die Burrata di Andria, eine in Affodillblättern eingehüllte Mozzarellakugel. Affodill oder Asphodelus ist ein im Mittelmeerraum beheimatetes Liliengewächs.

Fett i. Tr.: 45 %

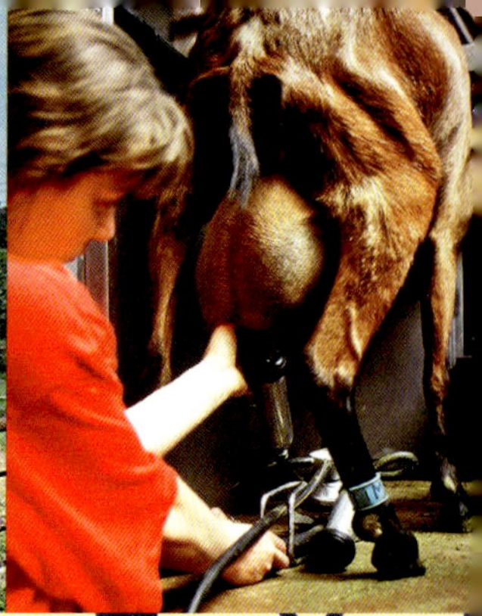

PICANDOU
PÉRIGORD
Fromage de chèvre au lait entier
Ziegenweichkäse aus Vollmilch
Poids net à l'emballage
Mat. grasse / Mindestens
50 % Fett i. Tr.
40 g
PICANDINE S.A.S. F-24110 ST-ASTIER

La Tradition Du Bon Fromage
Crottin de Chè
au lai
Fromage à pâte molle au
lait cru de chèvre.
Weichkäse mit
Ziegenrohmilch hergestell
Bauernherstellung.
Mindestens
45%
mat. gr./ES
Fett i. Tr.
25%
mat. gr.
produit fini
Siehe Zusatzetikett.
Fromi France • BP 19

Die Familie der Käse aus Ziegenmilch

Vom Ziegenfrischkäse über Käse mit Außenschimmel bis zu gereiftem Hartkäse finden sich Hunderte verschiedene Sorten Ziegenkäse auf dem Markt. In Europa stellt man vom hohen Norden bis in den tiefen Süden Ziegenkäse her, die sich alle voneinander durch Aussehen, Geruch, Textur und Geschmack unterscheiden. Ziegenkäse können aus reiner Ziegenvollmilch oder aus einer Mischung mit Kuh- oder Schafmilch hergestellt werden und aus roher oder pasteurisierter Milch sein.

Die Laktationszeit der Ziegen beträgt rund 250 Tage im Jahr, das entspricht einer Menge von 600 bis 800 Litern Milch pro Tier. Da Ziegen im Winter (von November bis Februar) normalerweise keine Milch geben, weil sie dann keinen Nachwuchs erwarten, gab es früher in diesen Monaten auch keinen Ziegenkäse. Die steigende Nachfrage kurbelte den Erfindergeist der Hersteller an und die sogenannte »Lichtmethode«, bei der den Tieren durch Ausleuchten oder Abdunkeln des Stalles Sommer oder Winter vorgespielt wird, ist heute üblich, um die Laktationszeit der Tiere gezielt zu steuern.

Der traditionell bzw. handwerklich gewonnene Käse schmeckt sehr mild und hat den typisch-säuerlichen, haselnussartigen Ziegenmilchgeschmack. Die Milch wird bei einer niedrigen Temperatur (20 bis 24 °C) mit sehr wenig Lab versetzt, worauf eine relativ lange Ausdickungszeit von acht bis zwölf Stunden folgt. Der Bruch wird dann zum Abtropfen in Formen geschöpft. In Frankreich benutzt man dafür spezielle, nur für Ziegenkäse bestimmte Formen wie Pyramiden, Kegel, sich verengende Rollen oder andere kleine Förmchen. Eine weitere Herstellungsmethode verwendet Leintücher zum Abtropfen der Molke, wobei ein trockener Quark entsteht, der dann entweder frisch verzehrt oder gepresst und geformt wird.

Ziegenkäse wird oft in Asche gewälzt. Dabei handelt es sich um Edelasche aus dem Holz von Rebstöcken. Sie wird pulverisiert, manchmal mit Salz vermischt und über den Käse gesiebt (»chèvre cendré«). Dies geschah früher zur Konservierung, hat aber auch einen geschmacklichen Aspekt, denn die Asche lässt den Käse milder schmecken und kann mitgegessen werden. Anstelle von Asche ist auch eine Behandlung mit Salz möglich.

Der Geschmack der Ziegenmilch und Ziegenmilchprodukte wird von Konsumenten oft als nachteilig empfunden. Er ist hauptsächlich durch die Fettsäuren Capron-, Capryl- und Caprinsäure verursacht. Der Geschmack wird intensiviert, wenn diese als freie Fettsäuren vorliegen. Solche entstehen erst einige Zeit nach dem Melken, sodass frische Milch einen geringen Geschmack aufweist. Frische Milch enthält 0,34–1,19 meq/l, nach 24 Stunden beträgt der Gehalt an freien Fettsäuren 0,45–1,3 meq/l. Ab einer Konzentration von 5,65 meq/l wird der Geschmack als unangenehm empfunden. Der »bockige« Geschmack der Milch bleibt bei der Verarbeitung zu Käse erhalten.

Ziegenfrischkäse wird gerne mit Kräutern oder Pfefferkörnern verfeinert, in Blätter oder Trester gehüllt oder an der Luft getrocknet. Wird er langsam getrocknet, so bildet sich außen ein Milchschimmel, der die Säure im Käse verzehrt. Auf diese Weise erhält der bäuerlich hergestellte Ziegenkäse den typischen, an leicht unreife Haselnüsse erinnernden Duft. Reift der Käse länger, so entwickelt sich der Schimmel auf der Käseoberfläche weiter. Dieser Schimmel ähnelt dem Roquefortschimmel, der fettspaltend wirkt und manchmal leicht seifig schmeckt. An der Schimmelart lässt sich auch der Herstellungsbetrieb erkennen. Weißer Schimmel (Penicillium candidum) kommt nur in industriellen Betrieben zur Anwendung

Tipps für den Genuss

Ganz frischer Ziegenkäse ist eine Delikatesse zu knusprigem Baguette, macht sich aber auch gut mit Obst in süßen Desserts. Ziegenfrischkäse macht sich auch gut in Blattsalaten, verfeinert Suppen (besonders gut mit Kartoffeln, Spinat oder Brokkoli), würzt sommerliche Pasteten und lässt sich auch gut gratinieren. Halbtrockene Ziegenkäse schmecken herrlich in aromatisiertem Olivenöl mit Knoblauch, Peperoncino und Basilikum eingelegt.

Zu dieser Käsefamilie gehören unter anderem:
Banon, Crottin de Chavignol, Picodon, Chevrotin, Rocamadour, Selles-sur-Cher, Majarero, Pechegos, Tomme de Chèvre, Taupinière, Ibores, Rouelle, Monte Caprino, Hardanger, Ziegen-Gouda, Picandou, Chabichou, Pavé, Bûchette d'Anjou

crottin de chavignol

Von der Loire kommen nicht nur hervorragende Weine, auch der Crottin hat hier im Département Cher rund um die Weinberge von Sancerre seine Wiege. Obwohl sein Name auf die Form bezogen »Pferdeapfel« bedeutet, gehört er zu den besten Ziegenkäsen der Welt. Chavignol nennt sich ein Landstrich, wo seit dem 16. Jahrhundert Ziegenmilch zu Käse verarbeitet wurde. Die kleinen, zylinderförmigen Laibe wiegen etwa 60 Gramm, sind drei Zentimeter hoch und haben einen Durchmesser von 4,5 Zentimetern. Die äußere Rinde ist gelblich und geht mit zunehmender Reife in einen bläulichen Schimmel über. Innen ist der Käse weiß und kompakt, er schmeckt im jungen Stadium frisch-cremig, nussig und fruchtig, älterer Crottin wird kräftigaromatisch. Er passt wunderbar zu Vollkornbrot, schmeckt aber auch gegrillt als Beilage zum Salat und sollte einen festen Platz auf jeder Käseplatte haben.

Fett i. Tr.: 45 %

picandou

Der Picandou fermier ist ein mild schmeckender Ziegenfrischkäse aus dem Périgord. Die kleinen Scheiben sind nur etwa zwei Zentimeter hoch und haben einen Durchmesser von circa fünf Zentimetern. Unter der rindenlosen, weißen Oberfläche verbirgt sich cremig-weißer Teig ohne Bruchlöcher. Der aromatische Frischkäse schmeckt wunderbar zu säuerlich-süßen Früchten wie Himbeeren oder Feigen, sein volles Aroma entfaltet der Picandou jedoch erst beim Überbacken oder beim Grillen im Ofen. Dann ist er eine tolle Kombination zu knackigem Blattsalat.

Fett i. Tr.: 50 %

charolais

Das schöne Burgund ist die Heimat dieses Rohmilchkäses, der ausschließlich auf traditionelle Art gefertigt wird. Manchmal nennt man ihn auch Charolles. Die acht Zentimeter hohen, 200 Gramm schweren, tonnenförmigen Käselaibe haben einen Durchmesser von sechs Zentimetern und besitzen eine rötliche, mit graublauem Schimmel bedeckte Rinde. Der Käseteig ist fest, geschlossen und cremefarben. Nach fünf Wochen Reifezeit erreicht er einen mildaromatischen Geschmack und erinnert an frische Nüsse.

Fett i. Tr.: 45 %

mothais

Der Mothais ist ein wenig bekannter, aber immer beliebter werdende Käse, der in der Region Poitou-Charentes im Département Deux-Sèvres schon seit Jahrhunderten hergestellt wird. Die Kastanienblätter, auf die er gebettet ist, verleihen ihm ein markantes Aroma. Die Blätter absorbieren die Feuchtigkeit der Käse und geben sie während der Reifezeit wieder zurück. Die kleinen, drei Zentimeter hohen Laibe haben einen Durchmesser von zehn Zentimetern und wiegen 200 Gramm. Die Rinde zeigt sich blassgelb mit Wellen und weißblauem Schimmel. Innen ist der Käse weiß und hat keine Löcher. Sein säuerlich-cremiger Geschmack verlangt nach einem Roggenbrot. Dazu passt hervorragend der Aperitifwein »Pineau de Charentes«, ein Traubensaft mit Cognac gesprittet aus der Charente-Maritime.

Fett i. Tr.: 45 %

Carta e inchiostri
L'Originale
Central®
Formaggi
Sede e stabilimento:
S.S. 131 km. 40,250 • Serrenti (Ca) • Tel. 070/9371363
Fax 070/9370175
www.central.it • central@tiscali.it

Die Familie der Käse aus Schafmilch

Schafzucht wird heute hauptsächlich im Mittelmeerraum betrieben. Überall, wo die Böden zu karg oder zu uneben sind, um Rinder halten zu können, machen sich Schafe als Landschaftspfleger beliebt. Sie geben allerdings nur ein halbes Jahr lang Milch. Im Vergleich zur Kuhmilch ist ihr Anteil an Trockenmasse (Fett, Eiweiß und Milchzucker) wesentlich höher. Schafe geben drei bis vier Liter Milch pro Tag, das entspricht einem Jahresertrag von 400 bis 500 Litern pro Schaf. Die Verarbeitung der Milch – ausschließlich Vollmilch – erfolgt genauso wie die der Kuhmilch. Will man die Milch strecken, so mischt man Kuhmilch darunter, ist beim Käse ein eher aromatischerer Geschmack gefragt, so reichert man sie mit Ziegenmilch an. Um das ganze Jahr über Schafkäse produzieren zu können, verfährt man heute ähnlich wie bei den Ziegen und wendet die Lichtmethode an, die den Tieren wahlweise Sommer oder Winter vorspielt und so ihre Laktationszeit beeinflusst.

Tipps für den Genuss

Frischkäse aus Schafmilch sollten Sie mit Brot als leichten Imbiss oder als Teil einer Käseplatte genießen. Festere Schafmilchkäse wie Brebis, Manchego oder Idiazabál kann man in Scheiben oder Streifen auch mit Blattsalaten kombinieren. Getrockneter Pecorino schmeckt gerieben ausgezeichnet zu Nudeln und Aufläufen und verfeinert das berühmte Pesto genovese. Besonders beliebt ist der griechische Feta, der als leckere vegetarische Alternative zum Grillsteak jede Sommerparty bereichert, indem man ihn mit Paprika, Tomaten, Zwiebeln und Kräutern in Alufolie gewickelt grillt.

Zu dieser Käsefamilie gehören unter anderem:
Pecorino, Roquefort, Manchego, Idiazabal, Brin d'Amour, Feta, Tomette de Brebis, Brebis des Pyrénées

Brebis des Pyrénées

Schon seit dem Neolithikum ziehen Schäfer mit ihren Herden durch die Pyrenäen und stellen aus der Milch ihrer Tiere Käse her. Der Name bedeutet also nichts anderes als »Schafkäse aus den Pyrenäen«. Schafe der Rasse Manech liefern die Milch für diese Köstlichkeit, deren Rezeptur von den Mönchen des Benediktinerklosters Abbay Notre Dame de la Belloc verfeinert wurde. Die runden Laibe wiegen vier Kilogramm, haben einen Durchmesser von 22,5 Zentimetern und sind 7,5 Zentimeter hoch. Die Rinde ist dunkelbraun mit weißen und roten Flecken, der Teig ist cremefarben und schnittfest, er schmeckt aromatisch-säuerlich und ein wenig nach Karamell. Der bekannteste Vertreter dieses Käses ist der Ossau-Iraty Brebis-Pyrénées. Zu ihm wie zu allen anderen Brebis Pyrénées passen sowohl kräftige Rotweine als auch mineralische Weißweine.

Fett i. Tr.: 45 %

Brin d'Amour

Von der Mittelmeerinsel Korsika kommt der aromatische, kleine, runde oder quadratische Käse, dessen Umhüllung aus würzigen Macchia-Kräutern wie Rosmarin, Thymian und Bohnenkraut, zerstoßenem Wacholder und Koriander sowie Chilischoten besteht. Ohne Kräutermantel heißt er Pecura. Die circa 600 Gramm schweren Käse haben eine Seitenlänge von zwölf Zentimetern und sind vier Zentimeter hoch. Außen ist der Käse bei zunehmender Reife von einem blaugrauen Schimmel überzogen, innen ist er blass und cremigweiß mit vereinzelter, unregelmäßiger Lochung. Der Brin d'Amour ist ein Hit auf jeder Käseplatte, aber auch sehr lecker auf einer Vorspeisenplatte mit Oliven und knusprigem Baguette.

Fett i. Tr.: 50 %

Isartaler Schafkäse

Der kleine, runde Schafkäse stammt aus Oberbayern. Um seinen besonderen Geschmack auszubilden, wird er mit dem Camberti-Schimmel geimpft. Hierdurch bekommt er seine weiße Rinde, die während der Reifung rötlich und dicker wird. Die Reifezeit für den Isartaler beträgt fünf Wochen und im Geschmack ist er mild bis mittelkräftig mit ausgeprägtem Champignonaroma. Zu dieser besonders feinen Käsespezialität aus Deutschland passt ein ordentlich gemalztes Brauhausbier.

Fett i. Tr.: 45 %

pecorino

In ganz Mittel- und Süditalien wird Pecorino (pecora = Schaf) hergestellt, wenn er heute auch überwiegend aus Sardinien kommt. Es gibt ihn in unterschiedlicher Reifung (jung, mittelalt und alt) und tausend Varianten. Bei jungem Pecorino, der schon nach zwei bis vier Wochen in den Handel kommt, ist die Rinde weich und fast weiß. Frischer Pecorino schmeckt mild und feinsäuerlich, er passt zu hellem Brot und Salat, in der Toskana begleitet er klassischerweise junge weiße Bohnen mit exzellentem Olivenöl. Je älter der Käse ist, desto dunkler wird die Rinde, was auch darauf zurückzuführen ist, dass Pecorino manchmal mit Holzkohle eingerieben wird. Älterer Pecorino, der über zwölf Monate und länger reifen konnte, wird kristallin wie Parmesan und schmeckt pikant-salzig und sehr würzig.
Fett i. Tr.: 45 %

Pecorino sardo ist kugelförmig und besitzt eine leicht eingefallene, schwarz gefärbte Oberfläche, innen ist der Käse körnig und trocken, der Teig ist weißgrau bis strohfarben. Die Käselaibe haben einen Durchmesser von 20 Zentimetern und wiegen rund drei Kilogramm. Pecorino sardo schmeckt rauchig-salzig. Beim Fiore sardo (sardische Blüte) wird ausnahmsweise Artischockensaft, eine Art pflanzliches Lab, für die Gerinnung verwendet, anschließend wird ein Teil der Käse geräuchert. Der Geschmack ist dementsprechend intensiv-rauchig.

Der Pecorino toscano ist dem sardischen ähnlich, hat aber nicht den ausgeprägten Rauchgeschmack. Die Laibe mit einem Durchmesser von 18 Zentimetern und einer Höhe von acht Zentimetern wiegen circa 1,5 Kilogramm. Die Rinde ist glatt und strohfarben, innen ist der Käse weiß bis cremefarben, mit zunehmender Reife wird er bröckelig. Er schmeckt leicht süßlich nach Milch.

Etwas ganz Besonderes ist der Pecorino di Fossa (auch: in fossa). Er reift in kleinen unterirdischen Gruben auf Strohmatten. Zunächst werden die Gruben mit Stroh ausgeräuchert, um die Feuchtigkeit zu reduzieren. Frisches Stroh bildet dann das Bett für die noch ganz frischen, in Stoffsäckchen gehüllten Pecorinolaibe. Mindestens drei Monate können sie nun bei konstanter Temperatur und Feuchtigkeit gedeihen, bis sie im November feierlich ans Tageslicht geholt werden. Der auf diese Art gereifte Käse ist eine seltene Delikatesse, goldfarben und krümelig mit einem leicht scharfen, mostigen Geschmack und Nuancen von Erde und Stroh.

AOC
AOC
Kühl schaben
Racler à froid
Cold scraping
www.tetedemoine.ch
Fromage de Bellelay
Fett i.Tr., aus Rohmilch, halbhart / min. 51% MG/ES, au lait cru, pâte mi-dure / min. 51% fat in dry matter, from raw milk, max. 40% moisture

Die Familie der Käse mit gepresstem Teig

Dies ist eine sehr große Käsefamilie, zu der die unterschiedlichsten Käse gehören. Gemeinsam ist allen die vorwiegende Verwendung von Kuhmilch, meist Vollmilch oder teilentrahmte Milch. Zur Dicklegung wird sie auf 30 bis 36 °C erwärmt und der Bruch anschließend mit der Käseharfe zu erbsengroßen Körnern gerührt. Nach einer neuerlichen leichten Erwärmung erfolgt das Pressen, je nach gewünschter Beschaffenheit des späteren Käses mit geringem oder stärkerem Druck. Ein eher weicher Taleggio wird nur leicht gepresst, ein Appenzeller stärker. Nach dem Pressen werden die Käselaibe auf unterschiedliche Weise bearbeitet. Mal werden die Käselaibe trocken, mal im Salzbad gesalzen, dann normal gereift oder gezielt getrocknet, was zu einem festeren Teig führt.

Anders sieht der Herstellungsprozess bei Cantal und Cheddar aus, die auch zu dieser Käsefamilie gehören. Der Bruch (englisch »curd«) wächst während wiederholtem Umschichten (englisch »cheddaring«) zu einer Art Kuchen zusammen. Anschließend erfolgt das »Schnitzeln« (englisch »milling«) und das Salzen, dann wird geformt, gepresst und bei 7 bis 10 °C gereift. Eine weitere Variante besteht darin, die Oberfläche der Käselaibe mit leicht gesalzenem Wasser zu bestreichen, was zu einer schwachen Rotschmiere und anschließender Schimmelbildung führt, wie es zum Beispiel bei Fontina, Morbier und St. Nectaire der Fall ist. Die Behandlung der Oberfläche mit konzentriertem Salzwasser hat eine kräftigere Rotschmiere zur Folge wie bei Tête de Moine, Vacherin und Raclette. Eine dickere Rinde erhält der Käse, wenn man eine Schimmelart fördert wie beim Tomme de Savoie. Alter Gouda und Mimolette bilden durch langsames, gezieltes Austrocknen ihr Qualitätsmerkmal – nach zwölf Monate bilden sich im Inneren Salzkristalle.

Tipps für den Genuss

Diese Käsesorten sind einfach ideal als Abschluss eines Menüs. In der warmen Küche eignet sich Appenzeller zum Beispiel für die berühmten Käsespätzle und Raclette und Fontina harmonieren dank ihrer guten Schmelzeigenschaften hervorragend mit Kartoffeln, Polenta oder Nudeln.

Zu dieser Käsefamilie gehören unter anderem:
Caciocavallo, Saint-Nectaire, Tête de Moine, Cheddar, Cantal, Taleggio, Morbier, Appenzeller, Gouda, Mahón, Provolone, Fontina, Sage Derby, Cheshire, Wensleydale, Tilsiter, Tomme de Savoie

appenzeller

Die »Abtzelle« (Abbacella), nach der das grüne, hügelige Appenzellerland benannt wurde, gründeten Mönche des Klosters St. Gallen um 1069. Seit über 700 Jahren wird hier der gleichnamige, kräftigaromatische Käse hergestellt, der seine erste urkundliche Erwähnung schon im Jahr 1282 erfuhr. Er ist heute einer der berühmtesten Schweizer Käse. Sein Herstellungsgebiet ist genau festgelegt und umfasst die Halbkantone Appenzell-Innerrhoden und Appenzell-Ausserrhoden, ergänzt durch die Kantone St. Gallen, Thurgau und Zürich.

Bereits vor 700 Jahren ließ sich das Kloster St. Gallen den Käse als Abgabe der Bauern liefern. Heute kümmern sich etwa 70 Käsereien um die Produktion. Verwendet wird nur Naturmilch von Kühen, die kein Silofutter erhalten. Jeder Laib erhält das Qualitätssiegel, die Käsereinummer, Herkunftsgarantie, das Fabrikationsdatum und eine fortlaufende Nummer. Das Geheimnis des besonderen Geschmacks des Appenzellers besteht im regelmäßigen Abbürsten mit der sogenannten »Sulz«, einer Mischung aus Salz, Wein, Hefe und Gewürzen, die streng geheim ist und von Generation zu Generation weitergegeben wird. Die Laibe wiegen zwischen sechs und acht Kilogramm, sind circa acht Zentimeter hoch und haben einen Durchmesser von 32 Zentimetern. Der elfenbeinfarbige Teig zeigt eine gleichmäßige, erbsengroße Lochung.

Appenzeller Käse ist in verschiedenen Varianten mit unterschiedlicher Lagerzeit im Handel. Je länger die Lagerung und somit die Reifung andauert, desto intensiver sind Aroma und Geschmack. Classic wird drei Monate gelagert und ist erkennbar an seinem silbernen Etikett, Surchoix wird vier Monate gelagert und trägt ein goldenes Etikett und Extra lagert sechs Monate und hat ein schwarz-goldenes Etikett.

Den würzigen Appenzeller kann man nicht nur zur Brotzeit mit kräftigem Vollkornbrot genießen, aufgrund seines Schmelzverhaltens eignet er sich auch bestens zum Überbacken von Gratins, ebenfalls für Saucen und für (selbstgemachtes) Käsefondue.

Fett i. Tr.: 45 %

Taleggio

Dieser Käse ist eine Antiquität, denn er wurde schon im 11. Jahrhundert im gleichnamigen Tal bei Bergamo in der Lombardei hergestellt. Die flachen Quadrate von 20 Zentimetern Seitenlänge haben eine blau-weiße bis rötlichorangefarbene Rinde, der blassgelbe Teig ist geschmeidig und hat wenige Löcher. Der Käse schmilzt cremig auf der Zunge und schmeckt würzig mit Anklängen an Nüsse und Zitronen. Taleggio ist eine perfekte Kombination zu Walnüssen und Radicchio oder Chicorée, schmeckt aber auch gut im Risotto oder auf Polenta.

Fett i. Tr.: 48 %

Tête de Moine

Der »Mönchskopf« ist ein aromatischer Rohmilchkäse aus dem Schweizer Jura. Möglicherweise geht der Name auch auf die kreisförmige Mönchstonsur zurück. Besonders beeindruckend ist die Art, ihn zu präsentieren, nämlich mit der Girolle, einem Spezialgerät, das hauchdünne Käserosetten erzeugt. Wie so oft waren es Mönche, in diesem Fall aus der Prämonstratenserabtei Bellelay im Berner Jura, die sich mit dieser Spezialität verewigt haben. Die Käsezylinder wiegen ein bis zwei Kilogramm und haben eine rötlichbraune, glatte oder leicht schmierige Rinde. Der feine, geschmeidige Teig ist geschlossen und von strohgelber Farbe, der mit der Zeit ein wenig nachdunkelt. Tête de Moine ist ein würziger und kräftiger Käse und zusammen mit der Girolle die Attraktion auf der Käseplatte. Er lässt sich gut mit Früchten wie Trauben, Feigen und Nüssen kombinieren.

Fett i. Tr.: 50 %

Tomme de Montagne

Unter dem Namen »Tomme« gibt es viele sehr gute Schweizer und französische Käse. Meist trägt er im Anhang sein Herkunftsgebiet im Namen, wie z. B. der Tomme de Savoie oder der Tomme Vaudoise. Für die Herstellung wird entweder reine Kuh-, Ziegen- oder Schafmilch oder eine Mischung verwendet. Dem Tomme de Montagne, also dem Tomme aus den Bergen, verhelfen Milben zu seiner Reifung und damit zu einem vollen Geschmack. Er kommt aus dem Département Isère in der Region Rhône-Alpes, wiegt vier Kilogramm, hat einen Durchmesser von 40 Zentimetern und ist neun Zentimeter hoch. Die Rinde ist staubig und hellbraun, der feste Teig ist gelblichbeige mit unregelmäßiger Lochung. Der mildaromatische Geschmack erinnert deutlich an Nüsse, gepaart mit einer leicht bitteren Note. Wenn der Tomme aus bäuerlicher Produktion stammt, bekommt er den Zusatz »fermier«.

Fett i. Tr.: 40 %

Die Familie der Käse mit nachgewärmtem und gepresstem Teig

Käse dieser Familie stammen meist aus den Alpenregionen und wurden früher während der Sommermonate auf den Almen von den Bauern oder Sennern hergestellt. Die einzige Ausnahme bildet der Parmigiano Reggiano, der aus der Region Parma in Italien stammt.

Die Käse mit nachgewärmtem und gepresstem Teig lassen sich in zwei Gruppen unterteilen: Zum einen in die Käse ohne Lochbildung (z. B. Parmigiano Reggiano) und zum anderen in die Käse mit mehr oder weniger stark ausgeprägter Lochbildung (z. B. Emmentaler).

Die Herstellung der beiden Käsegruppen unterscheidet sich ein wenig voneinander. Zunächst wird die Milch (Vollmilch oder teilentrahmte Milch) auf circa 32 °C erwärmt. Ist die Lochbildung erwünscht, so setzt man Propionsäurebakterien zu, die die Lochbildung unterstützen. Nach dem Hinzufügen von Lab dickt der Bruch in rund einer halben Stunde ein und wird dann nachgewärmt, indem man unter ständigem Rühren die Molke auf über 50 °C erhitzt. Durch diesen Prozess wird dem Bruchkorn Flüssigkeit entzogen, es wird elastischer und die Löcher können sich bilden. Der Bruch wird dann mit einem Tuch aus dem Käsekessel gehoben und unter mehrmaligem Wenden 24 Stunden lang gepresst. Die starke Pressung verursacht einen Flüssigkeitsaustritt: Aus 100 Litern Milch werden auf diese Weise sechs bis acht Kilogramm Käse. Nun erfolgt das Salzen, die Käselaibe baden dafür eine Woche in einer flüssigen Lösung. Nach mehrmaligem Nachsalzen wird der Käse knapp 14 Tage getrocknet und dann gelangt er für sechs bis acht Wochen in den 22 bis 24 °C warmen Gärkeller, wo das Wachstum der Propionsäurebakterien gefördert wird. Dabei wandeln sich die Milchsalze in Acetat, Propionat und Kohlendioxid, was zur Ausformung der Löcher beiträgt. Zum Schluss müssen die Käselaibe bei einer konstanten Luftfeuchtigkeit von 90 Prozent und einer Temperatur zwischen 12 und 14 °C reifen. Während dieser Zeit werden sie zweimal pro Woche mit Wasser abgebürstet. Die Greyerzer reibt man mit Salzwasser ab, um die Rotschmiere zu fördern. Nach mindestens drei Monaten sind die Käse dann so weit gereift, dass die Löcher gleichmäßig verteilt sind. Nach weiteren sechs bis zwölf Monaten bilden sich in den Löchern oder Rissen kleine Kristalle aus Salzwasser, die manchmal irrtümlich für Schimmel gehalten werden – dabei ist dies ein Zeichen für optimale Reifung und Qualität.

Tipps für den Genuss

Am besten schmecken diese Käse mit Brot, Tomaten oder Gürkchen. Die weicheren Käse dieser Familie kann man aber auch in Scheiben schneiden und als Fleischfüllung verwenden (z. B. für Cordon bleu). Gerieben würzen sie Gratins und Aufläufe oder eignen sich als Basis für Käsefondue. Mit Parmigiano Reggiano kann man eine Art Carpaccio herstellen, in dem man dünn gehobelte Käsespäne auf einem Teller auslegt, sie mit blättrig geschnittenen Champignons bedeckt und das Ganze mit sehr gutem Olivenöl beträufelt und wahlweise noch gehackte Petersilie und Zitronensaft hinzufügt. Natürlich passen auch frische Steinpilze, die Luxusversion verwendet Trüffel.

Zu dieser Käsefamilie gehören unter anderem:
Parmigiano Reggiano, Emmentaler, Greyerzer, Sbrinz, Beaufort, Comté, Bergkäse

Beaufort

Aus Haute-Sauvoie kommt dieser kräftig-fruchtige Hartkäse, der in den feuchtkühlen Höhlen und Kellern in den französischen Alpen reift. Seinen Name verdankt er dem gleichnamigen Ort in der Alpenregion, wo die Kühe die saftigen Bergkräuter weiden. »Beaufort alpage« oder »Prince des alpes« – Alpenprinz heißt er, einerseits wegen seiner imposanten Größe, andererseits weil die Arbeitsbedingungen hier nicht gerade einfach sind. Die kleinen, parzellenartigen Plateaus, auf denen die Kühe weiden, müssen hin und wieder gewechselt werden. So ziehen die Senner samt ihren Kühen mehrmals im Sommer um, immer eine Etage höher, wobei sie die Milchwagen und alle Gerätschaften zum Käsen mitführen müssen. Eine aufwendige Arbeit, aber mit sensationellem Erfolg. Daher ist einem Beaufort alpage gegenüber dem normalen Beaufort immer der Vorzug zu geben.

Ein Käserad wiegt circa 40 Kilogramm, hat leicht nach innen gewölbte Seiten, einen Durchmesser von rund 60 Zentimetern und eine Höhe von 14 Zentimetern. Nach neunmonatiger Reife ist die dünne Naturrinde dottergelb bis bräunlich, der Käseteig ist elastisch, aber fest. Er hat so gut wie keine Löcher, im Alter bilden sich Kristalle. Es gibt auch Käse mit fast zweijähriger Reifezeit, während der sie zweimal wöchentlich mit Salzlake gewaschen und gewendet werden. Beaufort schmeckt am besten pur mit Crackern oder Brot, eignet sich aber auch gut zum Überbacken oder Schmelzen wie im »Omelette à la Savoyarde« mit Kartoffeln, Eiern und Käse.

Fett i. Tr.: 50 %

Emmentaler

Der Inbegriff des Schweizer Käses mit großen Löchern und unverkennbarem Geschmack. Was wir im Supermarkt kaufen können, hat jedoch oft nicht viel mit dem echten Emmentaler zu tun! Das Original kommt aus dem Emmental im Kanton Bern, wo es seit dem Jahr 1293 hergestellt wird. Es ist der größte Käse der Welt mit einem Durchmesser von bis zu einem Meter, wofür über 1 200 Liter Milch verarbeitet werden. Wenn die Kühe die Sommermonate auf saftigen Schweizer Almen verbringen, schmeckt der Käse im Herbst des darauffolgenden Jahres am besten und bietet dann auch die größte Aromenvielfalt.

Zur Herstellung mischt man die Morgenmilch mit der Abendmilch des Vortages und gibt dann Lab und eine Starterkultur hinzu. Den Bruch heben die Käser mit einem Tuch aus dem Kessel und bringen ihn in einem Holzrahmen unter die Käsepresse. Hier darf er sich einen Tag ausruhen und badet anschließend zwei bis drei Tage lang in einem konzentrierten Salzbad. Nach zweiwöchiger Trocknung kommt er in einen feuchtwarmen Gärkeller. Seine Reifung beginnt nach zwei bis drei Monaten und muss mindestens vier Monate dauern. Maschinen erleichtern das regelmäßige Wenden.

Emmentaler hat natürlich viele Varianten, neben dem Schweizer Original ist eine der bekanntesten der Allgäuer Emmentaler, ebenfalls aus Rohmilch und von erstklassiger Qualität. Aus Frankreich kommt der Emmental français grand cru aus der Region Franche-Comté unweit der Schweizer Grenze. American Swiss und Australian Swiss heißen die beiden Übersee-Brüder, sie werden allerdings aus pasteurisierter Milch hergestellt.

Fett i. Tr.: 45 %

Greyerzer oder Gruyère

Namensgebend für diesen Schweizer Käse ist das Städtchen Greyerz im Kanton Fribourg. Dort wurde schon im Jahr 1115 Käse hergestellt, ab dem 16. Jahrhundert exportierte man den Greyerzer dann sogar nach Frankreich und Anfang des 18. Jahrhunderts war er auch im italienischen Piemont bekannt. Im Prinzip wird Greyerzer genauso hergestellt wie Emmentaler, jedoch wird der Käsebruch stärker erwärmt und nicht so fein zerteilt. Nachdem man den Käsebruch aus dem Kessel gehoben hat, wird er länger und stärker gepresst als Emmentaler und anschließend bei etwas höherer Temperatur gereift. Während der Reifung wird er täglich mit Salzwasser abgewaschen, wodurch die typisch schmierige Rinde entsteht, die die Reifung beschleunigt. Die großen, runden Käselaibe wiegen 30 Kilogramm, haben einen Durchmesser von 55 Zentimetern und sind elf Zentimeter hoch. Sie reifen zwischen vier Monaten und zwei Jahren. Die Rinde ist braun bis dunkelbraun, der Käseteig ist fest und geschmeidig und mit Salzkristallen durchsetzt. Greyerzer duftet kräftig, fruchtig und nussig und schmeckt herzhaft, dabei aber auch lieblich.

Fett i. Tr.: 50 %

»Ich verging vor Hunger, und sie sagten mir, es gebe nichts zu essen. Vom Gegenteil überzeugt, befahl ich jedoch dem Wirt, indem ich ihm ins Gesicht lachte, er möge mir Butter, Eier, Makkaroni, Schinken und Parmigiano bringen, da ich weiß, dass man diese Dinge in Italien überall findet.«

GIACOMO CASANOVA IN HISTOIRE DE MA VIE, PARIS, 1797

Parmigiano Reggiano

Diese Worte schrieb kein Geringerer als der Feinschmecker Casanova (1725–1798). Als der große Charmeur diese Bestellung aufgab, war Parmigiano Reggiano schon seit gut 500 Jahren bekannt, und er wird heute noch an genau denselben Orten, mit genau denselben Rezepturen genauso hergestellt – Pardon, der König der Käse »entsteht«, da kennen Italiener nichts. Und er sieht angeblich auch noch genauso aus und schmeckt so, wie ihn Zisterzienser- und Benediktiner-Mönche während der Urbarmachung der Po-Ebene »entstehen« ließen. Heute liefern fast 245 000 Kühe die Milch für Parmigiano Reggiano. Die Jahresproduktion beläuft sich mittlerweile auf über zwei Millionen Laibe, was aber keinesfalls mit Qualitätsverlust einhergeht. Das Gebiet des Parmigiano ist genau umrissen und liegt zwischen der Po-Ebene und dem emilianischen Teil des Appenin in den Provinzen Parma, Reggio Emilia, Modena, Bologna und Mantua.

Da nur etwa fünf Prozent des Originals das Land verlassen und unter der Bezeichnung Parmesan viele schlechte Kopien angeboten wurden, hat der europäische Gerichtshof der Klage der Italiener 1996 stattgegeben und nur noch ein original Parmigiano Reggiano darf diese Bezeichnung tragen. Seit 2008 wird nun auch in Deutschland bei Verstößen streng vorgegangen.

Wie entsteht nun dieser italienischste aller Käse? 16 Liter Milch sind nötig, um ein Kilogramm Parmigiano Reggiano zu machen. Zunächst wird die am Vorabend angelieferte Milch in eine große Wanne geschüttet, wo man ihr einen geruhsamen Nachtschlaf gönnt. Dabei setzt sich der Rahm an der Oberfläche ab, der am nächsten Morgen abgeschöpft wird. Die entrahmte Milch kommt in den kupfernen Käsekessel und wird mit der am Morgen gemolkenen, frischen Vollmilch vermischt. Der Käsemeister gibt natürliche Kulturen aus Milchfermenten hinzu, die aus der Restmolke der Käseverarbeitung des Vortags gewonnen wurden. Nun wird die Milch auf 33 °C erhitzt und das Kälberlab zugegeben, das die Milch in 12 bis 15 Minuten gerinnen lässt. Der »spino« (Dorn) verwandelt die Milch mit seinen Schneidekanten in kleine Bruchkörner – »spinatura« nennt sich dieser Vorgang. Nach einer kurzen Erwärmung auf 55 °C und der darauffolgenden langsamen Abkühlung sinken die Bruchkörner auf den Kesselboden, wo sich eine homogene Masse bildet. Diese Masse kann der Käsemeister nach ungefähr einer Stunde im Ganzen aus dem Kessel heben und teilen: Es entstehen auf diese Weise zwei identische Käselaibe. In einer Holzwanne, der »fascera«, kann nun die Molke unter leichtem Druck aus dem Käselaib austreten. Nach einigen Tagen werden die Laibe in eine Wasser-Salz-Lösung getaucht und bleiben dort über drei Wochen. Parmigiano muss mindestens ein Jahr lang reifen.

Die Käseräder sind riesig und gleichen großen Trommeln. Sie haben eine glänzende, goldbraune Rinde, auf der die Herkunftsbezeichnung und das Herstellungsdatum verzeichnet sind. Eine besondere Qualität haben die Käse, die mit der Milch der roten Kühe – Vacche Rosse – hergestellt werden, was als Stempel in den Laib zusätzlich eingeprägt wird. Der Teig hat eine goldgelbe Farbe und eine blättrige Konsistenz, die mit fortschreitender Reifung immer körniger und kristalliner wird, sodass man ihn nicht schneiden, sondern mit einem speziellen Parmesanbrecher einzelne Stücke vom Käselaib abstechen muss. Sein typisches Aroma und sein würzig-salziger Geschmack sind unverkennbar.

Drei verschiedene Siegel geben Auskunft über Alter, Milchtier und Beschaffenheit des Parmigiano. Das orangefarbene Siegel findet man auf den Käselaiben, die über 18 Monate reifen konnten; seine grasigen Kräuternoten machen ihn ideal als Appetithäppchen mit trockenem Weißwein und Früchten wie Äpfel oder Birnen. Das silberne Siegel bedeutet eine Reifezeit von über 22 Monaten. Diese Käse zeigen sich perfekt ausbalanciert zwischen Süße und Würze, wozu sich schon ein Gläschen Rotwein eignet, dazu noch kandierte oder getrocknete Früchte wie Feigen und Pflaumen oder guter Aceto Balsamico. Das goldene Siegel schließlich trägt nur der Beste der Besten. Er konnte über 30 Monate reifen und nennt sich auf Italienisch dann »stravecchio« (extra alt). Er harmoniert ausgezeichnet mit einem gut strukturierten, körperreichen Rotwein (Meditationswein) oder mit weißen Beerenauslesen mit Restsüße – auch erstklassiger Honig würde passen. Kaufen Sie nie fertig geriebenen Parmesan, er hat sein ganzes Aroma eingebüßt! Parmigiano sollte stets erst bei Bedarf frisch gerieben werden.

Fett i. Tr.: 35 %

AFFINÉ PAR LA SOCIÉTÉ FROMAGÈRE DE LA BRIE
BRIEdeMEAUX
APPELLATION D'ORIGINE
BRIE
F 77.436.01 CEE
20% de Mat. Gr. dans le produit fini
FULL FAT SOFT CHEESE
Sté Fromagère de la Brie
77169 ST SIMEON
près de COULOMMIERS
FRANZÖSISCHER WEICHKÄSE
Fabriqué en HAUTE BRIE
POIDS NET

Weichkäse mit Außenschimmel

Vertreter dieser Käsefamilie sind schon von außen leicht zu erkennen: weiß-flaumige Rinde umhüllt die meist aus Kuhmilch gewonnenen Käselaibe. Zur Herstellung wird Vollmilch, teilentrahmte oder auch mit Rahm angereicherte Milch verwendet, weswegen der Fettgehalt der Käse zwischen 45 und 75 Prozent schwankt. Die Milch wird zunächst auf 28 bis 30 °C erhitzt und das Lab hinzugefügt. Nach ungefähr zweistündiger Gerinnungszeit schöpft man den Bruch in Formen. Damit die Molke gleichmäßig abtropfen kann, füllt man die Formen bis zu fünfmal vorsichtig von Hand, um den Bruch nicht zu zerstören. Nach achtstündiger Abtropfzeit dreht man die Form mitsamt dem Käse um, damit der Käse später durch und durch homogen ist. Noch einmal müssen acht Stunden vergehen, ehe die Käse aus den Formen gelöst und übereinander auf Paletten angeordnet werden. Auf diesen gitterartigen Paletten kann die noch austretende Molke schneller abfließen und der Käse somit besser trocknen. Der Affineur salzt nun eine Seite der Käse und besprüht sie mit Penicillium candidum. Jetzt dürfen die Käselaibe drei Tage in der Trockenkammer ruhen, werden dann gewendet und auf der anderen Seite gesalzen, mit der Schimmelkultur besprüht und zum Trocknen gelagert. Nach insgesamt sechs Tagen bildet sich der Schimmel aus und der Käse wird fest. Im Reiferaum, der eine Temperatur von 8 bis 10 °C hat, werden die Käse täglich, nach fünf Tagen zweimal wöchentlich gewendet. Dies ist für die gleichmäßige Entwicklung des Schimmels und letztendlich für den Geschmack des Käses wichtig. Flache Käselaibe reifen natürlich schneller von außen nach innen und sind entsprechend früher verzehrfertig. Rötliche Pigmentflecken zeugen von einer optimalen Reife.

Tipps für den Genuss

Weichkäse isst man am besten pur oder mit Radieschen und Brot. Brie und Camembert eignen sich auch perfekt zum Anmachen mit Zwiebeln und eventuell Paprika.

Zu dieser Käsefamilie gehören unter anderem:
Brie, Gaperon, Olivet, Chaource, Gratte Paille, Pierre Robert, Camembert

Brie

Bis zur zweiten Hälfte des 19. Jahrhunderts wurde Brie nur auf Bauernhöfen gefertigt. Angeblich gehörte er zu den Lieblingskäsen von König Louis XVI., der ihn sogar als Henkersmahlzeit orderte. Auch Staatsmann Talleyrand liebte diesen Klassiker und ließ ihn während des Wiener Kongresses im Jahr 1815 servieren. Klassischer Brie wird sowohl aus Rohmilch als auch aus pasteurisierter Milch hergestellt. Der Rohmilch-Brie ist ursprungsgeschützt, kommt aus der Île de France und schmeckt im Spätsommer und im Herbst am besten. Zu dieser Zeit wird Käse angeboten, für dessen Herstellung die aromatische Milch von Kühen verwendet wurde, die auf Weiden grasen durften. Sein Geschmack ist nussig-würzig und fruchtiger als der des industriell hergestellten.

Es gibt drei Brie-Sorten, die alle ihren Herstellungsort als Zusatz im Namen tragen: Brie de Meaux, Brie de Melun und Brie de Coulommiers. Am bekanntesten ist der Brie de Meaux (siehe Abbildung). Benannt ist diese französische Käsespezialität nach der gleichnamigen Stadt in der Provinz Seine-et-Marne, er wird aber auch aus den Provinzen Aube, Loiret, Marne, Haute-Marne, Meuse und Yonne hergestellt. Die flachen Tortenlaibe des Brie de Meaux wiegen 2,6 Kilogramm, haben einen Durchmesser von 36 Zentimetern und sind 2,5 Zentimeter hoch. Die Rinde ist mit dichtem Weißschimmel und einer gelblichroten Käseflora bedeckt. Der elfenbeinfarbene bis goldgelbe Teig ist bei optimaler Reife cremig-weich, zerfließt aber nicht und hat teilweise winzige Löcher. Im Geschmack reicht Brie von mild bis fruchtig und würzig mit einer Note von frischen Pilzen. Der ähnliche, aber kleinere Brie de Melun reift länger und schmeckt etwas kräftiger als sein großer Verwandter. Bei dem Brie de Coulommiers schmecken die kleinen, 350 bis 400 Gramm schweren Käse nach acht Wochen Reifezeit sehr aromatisch und deutlich nach Pilzen.

Fett i. Tr.: 45 %

Camembert

Schon der Name schmilzt auf der Zunge! Camembert. Legendär, oft kopiert, weltweit hergestellt. Um seine Entstehung rankt sich die Geschichte eines Bauernmädchens namens Marie Harel aus dem Dörfchen Camembert in der Normandie. Marie stellte dort Ende des 18. Jahrhunderts Käse her. Als die Französische Revolution ausbrach, floh ein Priester aus dem Brie-Gebiet, der wusste, wie man Brie machte, nach Camembert, wo ihm Marie Unterschlupf gewährte. Aus Dankbarkeit für ihre Gastfreundschaft verriet er ihr die geheime Rezeptur für Käse mit weißem Schimmel. Mit diesem Rezept gelang es Marie, ihren Käse zu verfeinern und veredelte so den einfachen Bauernkäse, den es hier schon seit dem 11. Jahrhundert gab, zu dem heute begehrten Camembert. Zahlreiche prominente Liebhaber begleiten seitdem seinen Weg, darunter auch Napoleon III. Weit über seine Grenzen hinaus bekannt wurde der Käse aber erst, nachdem ein Ingenieur namens Ridel auf die Idee mit der Spanschachtel kam, mit der der Käse problemlos in alle Welt transportiert werden konnte.

Ein echter Camembert de Normandie aus der gleichnamigen Region besteht immer aus Rohmilch, trägt das Gütesiegel AOC und genießt Ursprungsschutz. Weil die Bezeichnung »Camembert« allein nicht geschützt ist, muss auf dem Etikett »Véritable Camembert de Normandie« und »lait cru« vermerkt sein. Nur dann handelt es um die Köstlichkeit aus Rohmilch mit Weißschimmel und rötlichbrauner Käseflora. Die kleinen Scheiben sind meist in den typischen Schachteln verpackt, sie wiegen 250 Gramm, haben einen Durchmesser von elf Zentimetern und sind drei Zentimeter hoch. Der strohfarbene Teig ist von dünnem, weißem Schimmel überzogen und gleichmäßig durchgereift. Ein guter Camembert riecht nach frischen Pilzen, schmeckt fruchtig und hat eine geschmeidige Konsistenz. Camembert passt super als Käsegang nach dem Essen, dazu eine fruchtig-scharfe Mostarda (Marmelade). Auch in der warmen Küche ist Camembert einsetzbar. Dann entfernt man die Rinde und schmilzt den Käse in Sahne oder Milch, lecker zum Beispiel zu gekochtem Gemüse, Nudeln oder Kartoffeln, aber auch zu gebratenem Fisch und Steaks. Auch als Brotaufstrich mit gerösteten Sesamkörnern oder gehackten Nüssen eignet sich der Camembert ideal. Und wer's mag, kann seinen Camembert sogar panieren, ausbacken und mit Preiselbeeren servieren.

Wie beim Brie existierten auch vom Camembert zahlreiche Varianten. Ein sehr guter wird etwa in der irischen Grafschaft Tipperary hergestellt, der Cooleeney Farmhouse. Auch der amerikanische Vermont Farmhouse Camembert, ebenso wie der südafrikanische Fairview Estate Camembert und der australische Top Paddock haben ihre Liebhaber.
Fett i. Tr.: 45 %

chaource

Dieser Käse ist ein ursprungsgeschützer Weichkäse aus der gleichnamigen Stadt in der Provinz Aube in der Champagne. Die zylinderförmigen Käselaibe wiegen zwischen 280 und 450 Gramm, haben einen Durchmesser von neun bis elf Zentimetern und sind sechs Zentimeter hoch. Man genießt Chaource in allen Reifestadien, ganz jung schmeckt er wie Frischkäse und hat einen festen, leicht bröckeligen Teig. Reiferer Chaource wird immer geschmeidiger, der Geschmack variiert von leicht säuerlich bis zu vollmundig, nussig und pilzig. Chaource ist der ideale Käse für Häppchen zum Aperitif, besonders zu Champagner! Kenner lieben ihn auf Pumpernickel oder mit Roggenmischbrot.

Fett i. Tr.: 50 %

Gratte Paille

Seit 1960 gibt es diesen blockförmigen Käse von der Île-de-France im Département Seine-et-Marne. Ausgangsmaterial ist mit Crème fraîche angereicherte Kuhvollmilch, die ihn zu einem Käse der Doppelrahmstufe macht. Die Seiten des Käselaibes sind leicht nach innen gewölbt, er ist gut zehn Zentimeter lang, sieben Zentimeter breit, 6,5 Zentimeter hoch und wiegt 350 Gramm. Die geschlossene Schimmelrinde schützt einen cremigen Käseteig. Im Geschmack ist er sehr dezent mit leichtem Pilzton. Feinschmecker genießen ihn als Appetithäppchen zu einem Glas Champagner.

Fett i. Tr.: 75 %

Die Familie der Weichkäse mit gewaschener Rinde

Zur Herstellung der Weichkäse mit gewaschener Rinde wird meist teilentrahmte oder vollfette Kuhmilch verwendet, die man ähnlich wie die Weichkäse mit Außenschimmel dicklegt. Nachdem der Bruch zu etwa haselnussgroßen Stückchen gerührt wurde, schöpft man die Molke ab, der Bruch bleibt in der Käsewanne. Nun schöpft der Käsemeister den Bruch in mit Tüchern ausgelegte Formen, stapelt die Formen übereinander und presst die Bruchmasse leicht. Nach fünf bis sechs Stunden wendet er die Käse zum ersten Mal. Nach vier- bis fünfmaligem Wenden werden sie von allen Seiten mit Salz eingerieben und verbringen dann einige Tage im Trockenraum, wo sie täglich umgedreht werden. Im anschließenden Reifekeller muss eine Luftfeuchtigkeit von 95 Prozent und eine Temperatur von 10 bis 14 °C herrschen, damit die Käselaibe auf den gitterartigen Paletten gut reifen können. Während dieser Zeit werden die Käse jeden zweiten Tag mit einer Kochsalzlösung gewaschen. Diese Salzlösung kann für bestimmte Sorten auch Tresterschnaps, Bier, Kräuter oder Wein enthalten. Durch das Abwaschen bildet sich die rötliche Schmiere, an der man die Qualität des Käses erkennen kann. Sie sollte rötlichbraun und nur wenig feucht sein. Die Reifezeit, in der der Käse von außen nach innen reift, kann zwischen vier Wochen und sechs Monaten liegen. Danach ist der Käseteig innen glatt und cremig und hat einen kräftigen Geruch entwickelt.

Tipps für den Genuss

Diese Käse schmecken am besten pur mit Brot, aber auch eine pikante, süß-säuerliche Marinade mit Essig wäre denkbar. Gut geeignet sind sie auch für kräftige Käsecremes oder Pasteten. Käseexperten wie Frau Hofmann vom Tölzer Kasladen favorisieren in diesen Cremes auch Kombinationen mit Curry oder Piment.

Zu dieser Käsefamilie gehören unter anderem:
Cremoulin, Livarot, Munster, Pont l'Eveque, Reblochon, Epoisses, Langres, Romadur, Limburger, Chaumes

Langres

Benannt ist der Käse nach der Stadt Langres in der Region Champagne-Ardenne im Département Haute-Marne im Nordosten Frankreichs. Wieder waren es Mönche, diesmal die Dominikaner, die ihn im 18. Jahrhundert »erfanden«. Seine Herstellung erfolgte bis Mitte des vorigen Jahrhunderts ausschließlich auf Bauernhöfen. Seit 1991 trägt er die geschützte Ursprungsbezeichnung AOC. Die zylinderförmigen Käselaibe haben eine flache Unter- und eine eingefallene Oberseite, die daher rührt, dass der Käse nach dem Abschöpfen nicht gewendet wird, worauf sich eine Mulde bildet, in die man Tresterschnaps (Marc de Champagne) gießt und den Käse während seiner Reifung damit abwäscht. Die Käse wiegen 200 Gramm, haben einen Durchmesser von sechs Zentimetern und sind 4,5 Zentimeter hoch. Nach zweimonatiger Lagerung sind sie außen orangefarben mit gewellter Rinde, der Teig ist in der Mitte elfenbeinfarben und färbt sich am Rand gelblich. Er schmeckt kräftigfruchtig und zartsäuerlich.

Serviert wird er oft, indem man etwas Champagner in die Mulde gießt und selbigen dazu trinkt, oder ihn mit Calvados flambiert. Aber auch ein roter Burgunder macht sich gut dazu.

Fett i. Tr.: 52 %

Livarot

Der Livarot ist ein Weichkäse aus der Normandie, genauer aus der Provinz Calvados im Pays d'Auge. Vor über 200 Jahren galt er wegen seines Eiweißgehaltes und seiner Nahrhaftigkeit als »Fleisch der Armen«. Sein Prädikat AOC weist ihn als ursprungsgeschützten Käse aus, der in puncto Produktion und Qualität strengen Regeln unterworfen ist. Nach mindestens dreiwöchiger Reifezeit wiegen die kleinen, meist mit Bastschnüren umwickelten Käselaibe 450 Gramm, haben einen Durchmesser von zwölf Zentimetern und sind fünf Zentimeter hoch. Die Rinde ist trocken, kräftig orange und dunkelt mit der Zeit nach. Der Käseteig präsentiert sich goldgelb mit kleinen Löchern; seine Anwesenheit tut er mit intensivem »Duft« kund. Livarot ist eine Delikatesse für Liebhaber kräftiger Käse, die nach dem Essen statt zu etwas Süßem lieber zu herzhaften Genüssen greifen – zusammen mit Äpfeln, Birnen, Nüssen oder süß-scharfen Chutneys. Ein Wein mit Restsüße passt ebenfalls, besser vielleicht noch ein Cidre aus der Normandie oder ein Gläschen Calvados.

Fett i. Tr.: 40 %

Munster bzw. Grès des Vosges

Die Vogesen rund um das Städtchen Munster sind die kulinarische Heimat dieses aromatischen Weichkäses, der östlich dieses Bergzugs im Elsass Munster heißt und westlich davon in Lothringen Géromé. Als ursprungsgeschützter Käse darf er nur in diesen Gebieten hergestellt werden, und zwar entweder morgens und abends sofort nach dem Melken oder aber nur morgens, indem man die Vorabendmilch etwas entrahmt. Nach dem Abtropfen bettet man ihn in die typischen zylindrischen Käseformen und lässt die kleineren Käse mindestens zwei, die größeren drei Wochen ruhen. Meist reifen sie aber zwei bis drei Monate. Während dieser Zeit werden die Laibe regelmäßig gewendet und mit Salzwasser und Rotschmierkulturen abgerieben. Die flachen, runden Laibe wiegen rund 500 bis 700 Gramm, haben eine orangerote, leicht feuchte Rinde und einen geschmeidigen, gelben Käseteig mit kleinen Löchern. Mit zunehmender Reife entwickelt der Munster einen ausgeprägten, kräftigen Geruch und Geschmack und wird cremiger. Die hier abgebildete Munstervariante nennt sich Grès des Vosges. Der kleine Käse reift drei Wochen und wird dabei zweimal wöchentlich mit Salzlösung gewaschen. Kurz vor der Vollendung wird diese dann durch reines Kirschwasser ersetzt, was dem Käse seinen unverwechselbaren feinen, herzhaften und fruchtigen Geschmack.

Fett i. Tr.: 50 %

Reblochon

Diese Delikatesse kommt aus dem Département Haute-Savoie in Nordostfrankreich und war lange nur den Bewohnern dieser Gegend vorbehalten. Er wurde aus der nachgemolkenen Milch gewonnen, die den Steuereintreibern zur Ermittlung der Milchmengen verheimlicht wurde, um die Steuerabgaben möglichst klein zu halten. »Reblocher« heißt also »nachmelken«, und diese besonders fette Restmilch ist der Ausgangsstoff des gleichnamigen Käses. Heute wird er auch aus pasteurisierter Milch gewonnen und zu flachen Laiben von etwa 500 Gramm, einem Durchmesser von 14 Zentimetern und einer Höhe von 3,5 Zentimetern geformt. Im Unterschied zu den anderen Käsen aus dieser Familie wird die Rinde des Reblochon nicht mit einer Kochsalzlösung, sondern mit Milch abgewaschen.

Die Rinde ist hellgelb, blassrosa bis bräunlich und es befinden sich kleine Hefekolonien auf der gewellten Oberfläche. Der Teig ist elfenbeinfarben bis gelb und hat nur wenige kleine Löcher. Er duftet kräftig und schmeckt würzig-fruchtig und nach Milch. Zunächst ist er schnittfest, später cremig und fast zerfließend. Lecker schmeckt Reblochon zu Baguette und Chutneys, aber auch zum Überbacken von Kartoffeln eignet er sich sehr gut.

Fett i. Tr.: 50 %

Die Familie der Käse mit Innenschimmel

Den meisten Verbrauchern sind die Käsesorten aus dieser Familie wahrscheinlich eher unter der Bezeichnung »Edelpilzkäse« oder »Blauschimmelkäse« bekannt, je nach Farbe des Schimmels. In Frankreich heißen sie »Bleu« und tragen zusätzlich entweder die Herkunftsregion oder aber die Art der Milch im Namen, zum Beispiel »Bleu d'Auvergne« (Blauschimmel aus der Auvergne) oder »Bleu de Chèvre« (Blauschimmel aus Ziegenmilch). Verwendet werden meist Kuh- oder Schafmilch, seltener Ziegenmilch, aber immer Vollmilch.

Die Herstellung beginnt mit dem Einlaben bei 28 bis 32 °C, die Dicklegung dauert etwa eine Stunde. Der Bruch wird anschließend nur gerührt und nicht weiter bearbeitet. Durch das oft noch manuelle Rühren mit der Käseharfe bekommt der Käsebruch eine Elastizität, die für die spätere Schimmelverteilung wichtig ist. Nach Erreichen dieser Elastizität schöpft man die Masse in zylindrische Formen und lässt diese ein paar Tage bei 20 °C abtropfen. Dabei findet eine spezielle, heterofermentativ genannte Milchsäuregärung statt, während derer sich Hohlräume für die spätere Schimmelbildung ausformen. Die Käselaibe werden dann trocken gesalzen und bis zu sechs Tage getrocknet. Nun wird der Käse mit Nadeln durchstochen – in der Fachsprache nennt man das Pikieren –, gleichzeitig impft man den Käse mit der Schimmelkultur Penicillium glaucum. Roquefort und Stilton bilden eine Ausnahme, denn bei ihnen gelangt Schimmelpulver schon beim Formen in die Käselaibe. Diese Laibe müssen nun je nach Sorte zwischen acht Wochen und acht Monaten bei einer Temperatur von 8 bis 10 °C und einer Luftfeuchtigkeit von 90 bis 95 Prozent lagern. Dabei stehen sie auf dem Rand, denn die Pikierlöcher müssen von beiden Seiten gut belüftet werden können, was für die Entwicklung des Schimmels sehr wichtig ist. Hat er sich gut verteilt, wickelt man den Käse in Alufolie, sodass der Schimmel nicht mehr weiter wachsen kann. Natürliche Enzyme tragen in der Folgezeit zur cremigen Konsistenz der Käse bei. Der Käse reift nun gleichmäßig von innen nach außen bis an die Oberfläche.

Tipps für den Genuss

Am besten schmecken alle Käse dieser Familie zu Brot oder mit einem süß-pikanten Chutney. Aber auch für Nudelsaucen eignen sie sich, wie etwa für eine Gorgonzolasauce mit Walnüssen oder als raffinierte Füllung einer Lammkeule. Lecker sind die Käse mit Innenschimmel auch als Tartebelag in Verbindung mit Pilzen. Süßes Gemüse wie Möhren, Pastinaken oder Sellerie erhalten durch Gratinieren mit Blauschimmelkäse einen ganz besonderen Geschmack.

Zu dieser Käsefamilie gehören unter anderem:
Roquefort, Gorgonzola, Bleu d'Auvergne, Stilton, Cabrales, Valdeón, Fourme d'Ambert

Gorgonzola

Wer das gleichnamige Städtchen in der Lombardei besucht und nach Fabrikanten dieser berühmten Käsesorte fragt, wird enttäuscht: Gorgonzola wird hier schon lange nicht mehr gefertigt, sondern in großen Käsereien in ganz Norditalien gefertigt.

Der Bruch des Gorgonzolas wird traditionell in mehreren Schichten in eine mit einem dünnen Tuch ausgelegte Form gefüllt. Früher wurde die Abendmilch der Kühe mithilfe von Lab dickgelegt und am nächsten Tag mit dem Bruch der frischen Morgenmilch aufgefüllt. Kenner müssen heute nach Käse mit dem Vermerk »due paste« (zwei Teige) suchen, er schmeckt ausgeprägt nussig und etwas süß.

Die großen zylindrischen Laibe des Gorgonzolas wiegen 6 bis 11 Kilogramm und haben einen Durchmesser von 27 Zentimetern und eine Höhe von 20 Zentimetern. Die Rinde ist dick und von rötlichgrauen Schimmelflecken durchsetzt. Der Teig ist weiß bis strohfarben und von graublauen Schimmelpilzadern durchzogen und in der Konsistenz weich und streichfähig. Junger Gorgonzola (Gorgonzola dolce) schmeckt sahnig-frisch, reiferer (Gorgonzola piccante) würzig-pikant.
Fett i. Tr.: 48 %

Eine besonders milde Variante des Originals ist Gorgonzola con Mascarpone, für die der Gorgonzola abwechselnd mit Mascarpone zu einer Art Kuchen geschichtet wird und dadurch einen noch milderen, leicht süßlichen Geschmack erhält. Eine weitere Variante des Gorgonzolas ist der Dolcelatte (süße Milch), ein sehr junger, frischer Käse mit leichtem Oberflächenschimmel und blaugrünen Schimmeladern, der in der Gegend von Pavia in der Lombardei aus pasteurisierter Kuhmilch hergestellt wird (siehe Abbildung).

Roquefort

Dieser »blaublütige« Herr kann mit einem Stammbaum von fast 2 000 Jahren aufwarten, schon die Römer goutierten diesen exklusiven Käse. Im Jahr 1411 erhielten die Bewohner des Dörfchens Roquefort die Genehmigung zur Käsereifung in den umliegenden Höhlen des Bergmassivs Combalou. Einer Legende nach sichtete ein Hirtenjunge während der Rast seine Liebste, worauf er seine Brotzeit, dickgelegte Milch und ein Stück Schwarzbrot, in einer Felsspalte ablegte und ihr hinterherlief. Ein paar Tage später kam der Hirte am gleichen Ort vorbei, fand sein inzwischen »verschimmeltes« Stück Käse und war wohl der erste Verkoster eines Edelpilzkäsebrotes.

Dem Roquefort wurde als allererstem Käse überhaupt im Jahr 1926 das Ursprungszeugnis (AOC) verliehen und er gehört heute zu den bekanntesten und am meisten kopierten Käsesorten weltweit. Für den Original Roquefort – das heißt noch 13 unterschiedliche Marken – darf nur Rohmilch von Lacaune-Schafen verwendet werden. Da die Milch dieser Schafe allerdings nicht mehr ausreicht, um den Bedarf zu decken, darf auch Schafmilch von anderen Départements zu Roquefort verarbeitet werden. Die Reifung allerdings ist strikt auf die Kalksteinhöhlen des Combalou beschränkt, in denen der begehrte Schimmelpilz besonders gut wächst. Heutzutage gibt man schon dem gerade eingedickten Bruch diese Edelschimmelkulturen (Penicillium roqueforti) bei, die aus eigens gebackenem Roggenbrot gewonnen werden.

Natürliche, senkrechte Luftschächte sorgen innerhalb der Gesteinskeller für eine optimale Luftfeuchtigkeit von 95 Prozent und für eine niedrige Temperatur von circa 8 °C. Zudem schützen sie die Käselaibe vor fremden Einflüssen. Nach etwa sechsmonatiger Reifung (manchen lässt man auch über ein Jahr Zeit) sind die rindenlosen, 2,5 bis 3 Kilogramm schweren und neun Zentimeter hohen Käsezylinder verzehrfertig und werden in Aluminiumfolie gewickelt. Der Teig ist kräftig elfenbeinfarben bis hellgelb, bröckelig und weich. Blaugrüne Pilzadern durchziehen ihn. Unverkennbar sind sein Aroma nach Milch und Nüssen und sein pikantwürziger, recht salziger Geschmack. Dazu harmonieren Trauben, Birnen oder Stangensellerie wunderbar. Wie zu allen Blauschimmelkäsen passt entweder ein Weißwein mit Restsüße wie z. B. Sauternes oder Beerenauslese, oder aber ein ausgereifter Rotwein.

Fett i. Tr.: 52 %

stilton

Stilton ist wohl ohne Frage der beste Blauschimmel von der Insel, obwohl er heute nur noch aus pasteurisierter Milch gewonnen wird. Stilton ist ein kleines Örtchen in Mittelengland, der gleichnamige Käse kommt nicht direkt von dort, aber aus der näheren Umgebung, aus den Grafschaften Leicestershire, Nottinghamshire und Derbyshire. Den Namen Stilton trägt er, weil er erstmals in einem dortigen Gasthaus namens »Bell Inn« angeboten wurde. Seine Herstellung erfolgt etwas anders als die der anderen Käse aus dieser Familie, denn der abgetropfte Bruch wird leicht getrocknet, gemahlen und in Formen gefüllt, außerdem wird er nicht pikiert, denn die Luftkanäle werden mittels Kupferdrähten gebohrt.

Typisch für den Stilton ist die etwa 20 Zentimeter hohe Zylinderform mit einem Durchmesser von ebenfalls 20 Zentimetern und einem Gewicht von sieben Kilogramm. Eine dicke, runzlige, graue bis hellbraune Rinde umschließt den elfenbeinfarbenen, blaugrün marmorierten Teig. Mit zunehmender Reife dunkelt der Käseteig nach und wird weicher, auch die Pilzadern breiten sich stärker aus. Stilton schmeckt mildwürzig und dezent lieblich. Produktionszeit ist der Sommer, am besten ist Stilton im darauffolgenden Winter, obwohl es gerade bei Blauschimmelkäse eine Frage des persönlichen Geschmacks ist, in welchem Alter man ihn am liebsten goutiert. Der fantastische, mildwürzige Käse bietet mit einem Gläschen alten Portwein einen gelungenen Menüabschluss. Süß-pikante Chutneys passen natürlich ebenso gut, er schmeckt auch zu Brot und Crackern und schmilzt gut in Suppen und Saucen.

Fett i. Tr.: 55 %

valdeón

Dieser spanische Edelpilzkäse stammt aus dem Gemeindegebiet Posada de Valdeón im Norden der Provinz León. Die »Picos de Europa« sind die Heimat dieses aromatischen Käses, der in natürlichen Höhlen reift. Schon seit Jahrhunderten waren diese Höhlen Zufluchtsorte der Hirten, vielleicht sogar schon zu Zeiten des römischen Reiches. Das Klima ist sehr rau, um nicht zu sagen frostig, mit monatelangen Schnee- und Regenfällen, die aber für die Vegetation der Hochwiesen ein wahrer Segen sind. Nachdem die Bewohner hier praktisch den ganzen Winter über von der Außenwelt abgeschnitten waren, sannen sie auf Lagerungsmöglichkeit für ihre Käse, und es stellte sich heraus, dass die Gegebenheiten der Höhlen geradezu ideal für die Käse waren bzw. sind. Die Luftfeuchtigkeit ist niedriger als in den Produktionsgebieten des Cabrales, was zu einer weniger stark ausgeprägten Schimmelbildung führt. Den besten Valdeón macht man aus einer Mischung von Ziegen-, Schaf- und Kuhmilch im Frühjahr, nachdem die Ziegen und Schafe ihre Jungen geboren haben.

Die zehn Zentimeter hohen Zylinder haben einen Durchmesser von 22 Zentimetern und wiegen 2,5 Kilogramm. Sie sind mit Platanenblättern umwickelt, die eine feuchte, graugelbe Schimmelrinde umhüllen, innen ist der Käse cremefarben und von blaugrünen Schimmeladern durchzogen. Valdeón schmeckt kräftig und markant nach Pilzen, zu dem sich ein zarter Beigeschmack der Platenenblätter, in die er gewickelt ist, gesellt.

Fett i. Tr.: 48 %

Milch und vieles mehr

Vollendeter Käsegenuss

Käse, der aus der Milch abgeschiedene und infolge der weitern Behandlung eigentümlich veränderte Käsestoff. Man bewirkt die Ausscheidung des Käsestoffes aus süßer Milch durch Lab (Süßmilchkäse) oder aus saurer Milch durch die Milchsäure, welche sich durch Zersetzung von Milchzucker bei längerm Stehen der Milch bildet (Sauermilchkäse). Die Masse, welche durch Säure aus der Milch ausgeschieden wird, kann als gefällter Käsestoff (Kaseïn) betrachtet werden, durch das Lab aber wird das Kaseïn gespalten, indem neben dem ausgeschiedenen Körper (Parakasein) noch eine geringe Menge löslichen Molkenproteïns entsteht, welch letzteres zu den Peptonen gehört. Die Zusammensetzung und die physikalischen Eigenschaften der durch Lab ausgeschiedenen Masse schwanken nach dem Säuerungsgrad der Milch beim Käsen, so daß letzterer mit dazu beiträgt, den verschiedenen Käsesorten ihre besondern Eigenschaften zu verleihen. Indem der Käsestoff sich ausscheidet, schließt er alle in der Milch vorhandenen Butterkügelchen ein, und man erhält daher aus ungerahmter Milch fetten, aus abgerahmter Milch magern K.; bisweilen setzt man aber der Milch vor der Gerinnung noch Rahm zu, um einen überfetten K. (Rahmkäse) zu erhalten. Außer dem Fett schließt der Käsestoff auch noch Molke (im wesentlichen eine Lösung von Eiweißkörpern, Milchzucker und Salzen) ein und bildet daher ein sehr kompliziertes Gemisch leicht zersetzbarer Körper, welche bei weiterer Behandlung (zum Teil unter Mitwirkung von Bakterien [Käsebakterien], Hefe-, Schimmelpilzen ꝛc.) bald in eigentümlicher Weise sich verändern u. den K. in jenen Zustand überführen, welchen man als die Reife bezeichnet. Über die Natur dieser Prozesse ist noch sehr wenig bekannt; es entstehen flüchtige fette Säuren, wie Butter-, Baldrian- und Kapronsäure, welche zum Teil den eigentümlichen Geruch des Käses bedingen, ferner Schwefelwasserstoff, Ammoniak und Ammoniakbasen (z. B. Amylamin), Leucin, Tyrosin ꝛc. Das Ammoniak und die Ammoniakbasen verbinden sich mit dem Kaseïn und bedingen dadurch das Speckigwerden des Käses. Die kräftig riechenden Käsesorten reagieren alkalisch, die schwach riechenden aber meist sauer. Die blasige Beschaffenheit mancher Käsesorten rührt her von einer Kohlensäureentwickelung aus dem Zucker der eingeschlossenen Molke, ist also durchaus vergleichbar mit der Beschaffenheit des lockern Brotes, indem bei diesem der Teig gleichfalls durch Gärungsprodukte blasig aufgetrieben ist. Die Sauermilchkäse reifen von außen nach innen, so daß sie zuletzt noch einen weißen Kern in einer speckigen Rinde zeigen; die mit Lab bereiteten K. reifen dagegen gleichmäßig in ihrer ganzen Masse. Scheinbar geringfügige Abweichungen in der Bereitung des Käses üben den wesentlichsten Einfluß auf Geruch und Geschmack des fertigen Produkts und bedingen die große Mannigfaltigkeit der Käsesorten.

Die Süßmilchkäse werden aus ganzer oder abgerahmter, auch wohl mit Rahm versetzter, süßer oder

qualität erkennen

Käse lässt sich ähnlich wie Wein beurteilen: mit Auge, Nase und Gaumen. Zunächst ist das Aussehen wichtig: Sind Fett- oder sonstige Flecken auf der Rinde, »schwitzt« er, sind die Schnittflächen frisch? Hartkäse mit Löchern wie der Gouda oder der Emmentaler sollten keine Risse haben – dann wurden sie zu lange und zu trocken gelagert. Weichkäse mit gewaschener Rinde (Chaumes, Munster) haben eine nur leicht feuchte Oberfläche und sehen keinesfalls schmierig aus, denn dann sind sie überreif und vielleicht sogar bitter. Und bei optimal gereiftem Weißschimmelkäse wie Brie oder Camembert ist die Schimmelschicht dünn und hellbraun-rötlich, eine dickere Schimmelschicht weist auf einen sehr jugendlichen, wahrscheinlich noch fad schmeckenden Käse hin. Hat die Rinde Risse oder sortenuntypischen Schimmel? Alle diese Merkmale deuten auf unsachgemäße Behandlung, zu kalte oder zu warme Lagertemperaturen oder ein zu hohes Alter hin. Wenn die Oberfläche schrumpelig ist, muss dies kein Makel sein, viele Käse werden mit der Zeit runzelig und sind dann sogar optimal in Reife und Geschmack.

Und wie der Sommelier den Wein mit oft blumigen Worten beschreibt, gibt es auch eine Käsesprache, die dem Liebhaber den Geschmack von Käse übersetzt. Gängige Ausdrücke sind zum Beispiel **buttrig, nussig, fruchtig, mild, mildsäuerlich, pilzartig, zitronig**, oder ein bestimmter Käse erinnert an Mandeln, frisches Heu oder Karamell.

Die Aufbewahrung von Käse

Original verpackt, dunkel und kühl gelagert, halten sich Frisch- und Weichkäse im Kühlschrank bis zu acht Tagen. Die Haltbarkeit hängt vom Reifegrad ab: Je reifer der Käse ist, desto kürzer ist seine Lagerzeit. Schnitt- und Hartkäse hingegen halten sich mindestens eine Woche. Die Reifung der Käse ist oft der Schlüssel zur richtigen Aufbewahrung: Die Aufbewahrungstemperatur muss sich von der Reifetemperatur des Käses deutlich unterscheiden. So liegt die ideale Temperatur zur Aufbewahrung von Weichkäse beispielsweise zwischen 4 und 6 °C, da die Reifung von weicheren Käsen bei etwa 8 bis 10 °C verläuft und diese durch die niedrigere Aufbewahrungstemperatur gestoppt wird.

Achten Sie darauf, dass jeder Käse einzeln und sehr gut verpackt ist und milde Käse von kräftig duftenden getrennt liegen. Optimal ist ein Kühlschrank mit mehreren Zonen, der eine getrennte Aufbewahrung ermöglicht. Ganz luftdicht sollte Käse nicht verpackt sein, denn er muss atmen können. Pergamentpapier ist also genauso gut geeignet wie atmungsaktive Klarsichtfolie, feuchtes Küchenpapier oder feuchte Tücher. Profis schlagen größere Käsestücke wie Parmesan in ein mit Salzwasser oder Weißwein befeuchtetes Baumwoll- oder Leinentuch, das täglich erneuert wird. Auf diese Weise verhindert man, dass der Käse austrocknet und sich Schimmel bildet. Auch in einem Ton- oder Keramiktopf ist ein Hartkäse gut aufgehoben. Wenn Sie einen richtigen »Stinker« wie Graukäse, Mainzer oder Schabziger aufbewahren, so bleiben sie am besten original verpackt. Angebrochene Käsestücke lagern unter einer Käseglocke (hier aber nur kurze Zeit, weil zu wenig Luft an den Käse gelangt) oder in einer separaten Frischhaltebox. Blauschimmelkäse wird in perforierte Alufolie eingeschlagen und separat aufbewahrt. Wenn mehrere Käsesorten zusammen aufbewahrt werden, kann sich bei festerem Käse leicht Schimmel bilden – der ist zwar völlig ungefährlich, sollte aber trotzdem vor dem Essen dünn entfernt werden.

Ziegenkäse bildet die Ausnahme bezüglich der Aufbewahrung, da manche Sorten in der Trocknung reifen. Wenn der Käse einen hohen Wassergehalt hat, muss er anfangs wechselweise, das meint auch einmal außerhalb der Dose, aufbewahrt werden.

Einfrieren ist übrigens keine gute Idee. Die Eiskristalle beeinträchtigen und zerstören sogar die Käsestruktur, worunter der Geschmack leidet. Am wenigsten schadet das Einfrieren gereiften Hartkäsen wie Emmentaler oder Parmesan: Je weniger Wasser ein Käse enthält, desto besser übersteht er den Gefrierprozess.

Typgerechte Schnitttechniken

Jeder Käse hat eine andere Form: Es gibt runde, eckige, ovale, hohe, flache, herzförmige … Diese unterschiedlichen Formen erfordern unterschiedliche Schnitttechniken, um in allen Stücken einen gleichmäßigen Anteil von Rinde und Käseteig zu erreichen. Blauschimmelkäse reifen von innen nach außen, alle anderen von außen nach innen – um die ganze Bandbreite des Geschmacks genießen zu können, muss man die Käse also richtig schneiden. Außerdem sehen schön geschnittene Käsestücke einfach appetitlicher aus.

Beim Schneiden des Käses ist es wichtig darauf zu achten, dass der Käse nicht zerdrückt oder die Schnittfläche verletzt wird. Deshalb sollte das Messer immer länger als der Käse selbst sein, damit man es mit beiden Händen halten und die benötigte Kraft gleichmäßig verteilen kann. Eine glatte, gerade Klinge verhindert das Quetschen des Käses beim Schneiden. Zum Schneiden von Weichkäse sollte das Messer keine Löcher oder Freiräume in der Klinge haben, da der Käse an diesen Stellen wieder zusammenklebt und sich das Messer nur schwer aus dem Käse entfernen lassen würde. Neben Messern gibt es auch spezielle Drähte, die vor allem für Ziegen- und Weichkäse sowie Blauschimmelkäse geeignet sind, da der Draht am wenigsten Widerstand bietet und der Käse seine Form behält.

Traumpaare

Käse und Käse ist nicht gleich Käse – Die perfekte Käseplatte

Für die perfekte Käseplatte sind im Wesentlichen drei Dinge wichtig: Der Käse muss den richtigen Reifegrad haben, sollte etwa 45 Minuten vor dem Verzehr aus dem Kühlschrank genommen werden, um bei 16 bis 18 °C sein Aroma voll entfalten zu können, und man sollte die richtige Reihenfolge des Verzehrs einhalten. Diese ergibt sich aus den unterschiedlichen Geschmacksfarben der Käsefamilien.

1. **Frische, säurebetonte Käse aus Kuh-, Schaf- oder Ziegenmilch,**
2. **Käse mit dezentem Geschmack aus Kuh- und Schafmilch der Familie der Käse mit gepresstem Teig sowie mit nachgewärmtem, gepresstem Teig,**
3. **Leicht fruchtige Weichkäse mit Außenschimmel,**
4. **Gereifte Ziegenkäse,**
5. **Sehr fruchtige Käse mit gewaschener Rinde,**
6. **Pikante Käse mit Innenschimmel,**
7. **Besonders feste und ausgeprägte Käse (kann man auch zum Aperitif reichen).**

Eine ausgewogene Käseplatte sollte verschiedene Geschmacksnuancen und Konsistenzen bieten. Da die Jahreszeit bei der Reifung der Käse eine Rolle spielt, sollte man sich informieren und Käse auswählen, die gerade ihre optimale Reife erlangt haben. Aus jeder Käsefamilie wählt man ein bis zwei Sorten, oder man präsentiert nur eine Sorte in verschiedenen Reifestadien. Eine andere Möglichkeit Käse für eine Käseplatte zusammenzustellen ist die Auswahl der Sorten nach Ländern. Für einen französischen Abend einfach etwas Baguette und die passenden Weine besorgen und schon ist man mitten drin im Land der Genießer. Die Käse werden nach ihrer Verzehrfolge im Uhrzeigersinn auf einem Holzbrett, auf Marmor- oder Porzellanplatten oder auch in Weidenkörben angerichtet. Kleine Etiketten sind für die Gäste hilfreich beim Identifizieren der verschiedenen Käsesorten. Ob man die Rinde mitisst oder nicht, ist Geschmackssache. Bei Traditionskäsen ist sie in jedem Fall immer essbar.

Wer in einem Käsefachgeschäft einkauft, der genießt natürlich die beste Beratung und kann sicher sein, dass er erstklassigen, qualitativ hochwertigen Käse erhält. Fragen Sie also am besten den Käsehändler Ihres Vertrauens – dies kann auch an einer gut sortierten Supermarkttheke der Fall sein –, welche Käse sich für eine Käseplatte eignen. Bitten Sie um ein Stückchen Käse zum Probieren – in einem Käseladen ist dies sogar erwünscht. Kenner kaufen Käse übrigens immer am Stück und nie in Scheiben.

wein und käse

Käse und Rotwein – das war bis vor einigen Jahren die klassische Kombination schlechthin. Aber Rotwein ist keineswegs der beste Begleiter zu jedem Käse. Weißwein passt zu den meisten Käsesorten einfach oft besser.

- *Zu Frisch-, Ziegen- und Schafkäsen passen im Allgemeinen junge frische trockene Weißweine wie junger Riesling, Scheurebe oder Sauvignon blanc.*
- *Käse mit gewaschener Rinde und Außenschimmel harmonieren mit kräftigen Rotweinen und großen, trockenen Weißweinen. Zu Camembert, Brie, Isigny und Coulommiers – alles würzige Kerlchen, die einen starken Partner brauchen – passt Weiß- oder Grauburgunder aus hervorragenden Jahrgängen. Ein Versuch wert ist aber auch etwas ganz anderes: Frischer Brie mit einem Gläschen Zitronenlikör (Limoncello) – das passt! Sehr würzige Käse wie Gaperon gehen auch harmonische Verbindungen mit gelagertem Shiraz oder Rioja ein.*
- *Zu Käsen mit gepresstem Teig und Käse mit gepresstem, nachgewärmtem Teig passen fruchtige, nicht zu kräftige Rotweine oder würzige, reife Weißweine. Käse von eher sanftem Charakter wie Taleggio verlangen nach leichten Weinen wie einem Fendant aus dem Wallis. Auch Rotwein passt hier, aber es sollte ebenfalls ein leichter ohne zu viel Tannine sein: Ein Südtiroler Vernatsch etwa oder ein Blauburgunder wäre eine interessante Kombination. Aromatische Käse wie Pamigiano Reggiano oder Pecorino benötigen einen standfesten Begleiter, hier käme eine Riesling-Spätlese infrage, auf jeden Fall ein Wein mit leichter Süße. Auch Cheddar hat gerne einen roten Partner, und zwar einen mit ausgeprägten Tanninen.*
- *Käse mit Innenschimmel wie Roquefort, Gorgonzola oder Stilton harmonieren sehr gut mit edelsüßen Weinen wie Gewürztraminer, Eiswein oder Gold- und Rosenmuskateller. Auch Portweine mit großer Süße und Frucht passen hervorragend.*
- *Wer eine ganze Käseplatte vom milden Ziegenfrischkäse über reife Hartkäse bis zum kräftigen Edelpilzkäsen anbietet, liegt mit einem Sauvignon blanc immer richtig, er ist quasi der Allrounder unter den Weinen, der mit jedem Käse harmoniert.*

Käse und sonstige Drinks

- *Bier passt besonders gut zu salzhaltigen Käsen.*
- *Champagner passt gut zu Ziegenkäse und Frischkäse.*
- *Cidre harmoniert mit Käsen mit gewaschener Rinde.*
- *Portwein und Sherry passen zu sehr alten Käsen und Käsen mit Innenschimmel, die nicht zu salzig sind.*
- *Schnäpschen gefällig? Ein Kirschschnaps ist Pflicht vor, zu und nach einem wohlig-warmen Käsefondue. Ein Enzianschnaps wäre die passende Begleitung zu einer deftigen Brotzeit mit bayerischem Käse.*

Natürlich passen auch nichtalkoholische Getränke zu Käse – allen voran ein Glas frische, kalte Milch. Auch schwarzer Tee passt, aber keine aromatisierten Früchte- oder Kräutertees. Fruchtsäfte, Cola oder Limonade lassen sich ebenfalls mit Käse kombinieren, sie sollten dann aber nicht zu stark gezuckert sein.

Käse und Fruchtiges

Eine wunderbare Partnerschaft! Süß-fruchtige Aromen passen wunderbar zu den meisten Käsen, aber auch, wenn die Früchte eher pikant oder süßsauer abgeschmeckt sind, bringen sie beim Käsegenuss das gewisse Etwas. Besonders harmonisch sind folgende Kombinationen:

- *Frischer Ziegenkäse und Traubengelee oder Trauben-Nuss-Chutney*
- *Roquefort und Mostarda (eingelegte Senffrüchte)*
- *Bergkäse und Feigenchutney*
- *Pecorino und Kastanienhonig oder Orangenchutney*
- *Manchego und Quittengelee oder Aprikosensenf*
- *Brie und Zitronengelee oder Honig*
- *Edamer und eingelegter Ingwer*

Allerdings ist die Kombination mit Früchten oder Nüssen nicht immer eine Geschmacksbereicherung: Sehr aromatischen Käse kombiniert man besser mit einem frischen Blattsalat und einem säuerlichen Dressing.

Käse und Butter

Ob man Butter zum Käse reichen sollte oder nicht, hängt vom persönlichen Geschmack ab. Erlaubt ist, was schmeckt. Jedoch sollte man darauf achten, dass sich beispielsweise der Fettaufbau von Schaf- und Ziegenkäse von dem der Kuhmilch unterscheidet und die Kombination aus Butter und Ziegen- oder Schafkäse deswegen nicht immer zusammenpasst.

Käse und Brot

Hier gilt: Gegensätze ziehen sich an! Das Brot sollte den Geschmack vom Käse unterstützen, indem es ein geschmackliches Gegengewicht bildet. Zu säurebetontem Käse reicht man mildes Baguette, Weichkäse mit Außenschimmel passen sehr gut zu Milch- oder Walnussbrot, während Käse mit gewaschener Rinde eine tolle Kombination zu Vollkornbrot sind. Feste Käse und Käse mit Innenschimmel sollte man mit Roggenbrot servieren.

ERSCHBAUMER
HOFKÄSEREI

FROMAGE ANCRE
TRADE MARK
QUALITÉ EXTRA

RABATT-SPARBUCH
BUTTER Lindner
Frische die Sie kaufen können!
Name
Anschrift
Ausgabetag
Einlösetag
LINDNER
Pf 20 Pf
320

NOVA ORBIS TABVLA, IN LVCEM EDITA, A.F. DE WIT.

Milch und Käse in aller Welt

»Meine Erzeuger waren Rüpel, sie machten mich härter als Stein,
kein Messer kann mich schneiden, kein Feuer mich schmelzen,
die Hunde bellen mich an, können mich aber nicht fressen«.

Großbritannien

Ähnlich wie in Frankreich wurde Käse (vorwiegend Hartkäse) auf den Britischen Inseln schon zur Römerzeit hergestellt. Einer der ältesten ist der CHESHIRE, der nach Rom exportiert wurde und dort die Käseliebhaber der Upper Class erfreute. Einst wurde sogar einmal ein Käsemacher gehängt, weil er sein Rezept für Cheshire nicht preisgeben wollte. Hartkäse aus entrahmter Milch war wirklich hart und war unter der Bezeichnung »weißes Fleisch« als Fleischersatz Grundnahrungsmittel der armen Bevölkerung. Neben Hartkäse produzierten die Bewohner der Britischen Inseln auch eine Art Weichkäse, der in flachen Tonschalen reifte. Die Produktion der Weichkäse fand so gut wie ausschließlich im Sommer statt, da man die Kühe im Herbst schlachtete. Der »schlechteste Käse des Mittelalters« stammt aus den Regionen Essex und Suffolk, wenn man einem Spruch mit typisch britischem Humor Glauben schenken darf.

Die guten, traditionellen britischen Käsesorten entstanden erst im Laufe des 17. Jahrhunderts, als Ziegen- und Schafmilch von Kuhmilch verdrängt wurde. Die besten Käse kamen damals aus Gloucestershire, Lancashire und Somerset, wo Händler sie auf Bauernmärkten erwarben und in den Landesteilen verkauften, die keine so guten Käse hatten. Zu dieser Zeit begannen die Londoner Käsehändler auch ihre Waren auf Wasserwegen in entlegene Gebiete und sogar nach Übersee zu verschiffen. So gelangte der CHEDDAR schon damals zu Weltruhm.

Auch aus Irland und Schottland kamen namhafte Käse, obwohl die Milch meist zu Butter und Frischkäse verarbeitet wurde. Ein schottisches Rezept aus dem 15. Jahrhundert beschreibt die Herstellung von CABOC, einem kleinen Frischkäse.

Eine besondere Käsemahlzeit gehört wie auch der englische »Five o'Clock« oder »High Tea« zur typisch britischen Tradition: der PLOUGHMAN'S LUNCH. Im Grunde ist diese Spezialität nichts anderes als eine Käseplatte, auf der man die verschiedenen Käsesorten des gesamten Königreiches und dazu

passendes Brot, Cornichons, Silberzwiebelchen, Obst und Nüsse versammelt.

Die englische Antwort auf den Roquefort heißt BEENLEIGH BLUE und stammt aus der Grafschaft Devonshire. Er hat eine dünne Naturrinde und der leicht krümelige Teig ist von unregelmäßigen Blauschimmeladern durchzogen. Sein Duft erinnert an Nüsse, der Geschmack ist ebenfalls nussig und weinig, dabei sahnig-mild und sehr aromatisch. Am besten passt der Beenleigh Blue zu Crackern und weißem Portwein, er eignet sich aber auch als Zutat zum Salatdressing (Blue Cheese Dressing) oder überbacken auf Crostini.

Auch Irland kann mit einem hervorragenden Blauschimmelkäse aufwarten, der aus der Milch von Holsteinerkühen gewonnen wird. Der elfenbeinfarbene Teig des CASHEL IRISH BLUE ist von blauem Schimmel durchsetzt, wird mit der Zeit immer weicher und schmeckt dann mildsäuerlich. Nach etwa vier Monaten entwickelt der Cashel dann einen würzig-kräuterigen Geschmack mit pikantem Touch. Hervorragend schmeckt er mit Crackern, Nüssen oder Brot.

Anfänglich entstand der LEICESTER aus der Milch, die bei der Zubereitung von Stilton übrig blieb. Dieser wurde Möhrensaft hinzugefügt, der ihm seine intensive orangene Farbe verlieh. Heute verdankt er die Karottenfarbe allerdings Annatto, dem Samen des Orleansstrauches. Der Leicester ist ein cheddarähnlicher Käse in Wagenradform, der eine trockene Rinde und einen kompakt-elastischen Teig hat. Er duftet leicht süßlich und nussig und schmeckt feinsäuerlich.

Aus der gleichnamigen Stadt in Nordostengland kommt der WENSLEYDALE mit umtuchter oder gewachster Naturrinde. Früher wurde er von den Mönchen der Abtei Jervaulx aus Schaf- und Ziegenmilch hergestellt, heute benutzt man zur Produktion jedoch hauptsächlich die Milch von Kühen und einen kleinen Anteil an Schafmilch. Sein Aroma erinnert an Milch und Gras, der Geschmack ist fein-säuerlich und fruchtig. In England serviert man ihn zu Apple Pie oder englischem Früchtekuchen, der ja nicht sehr süß ist. Selbstverständlich kann man auch Cracker oder frisches Landbrot dazu servieren, ebenso wie Äpfel, Birnen oder Trauben. Es gibt ihn auch mit getrockneten Cranberries, in einer geräucherten und einer Blauschimmel-Variante.

Skandinavien

Auch wenn man Dänemark, Schweden, Norwegen und Finnland nicht sofort mit Käse in Verbindung bringt, können sich die Länder im hohen Norden mit ihren Produkten durchaus sehen lassen. Die Wikinger kannten schon im 9. Jahrhundert das Geheimnis des Käsemachens, angeblich haben einige von ihnen ihr Leben diesem Wissen zu verdanken, als sie von Mauren gefangen wurden und diesen ihr Käse-Know-how verrieten. Die Wikinger waren ständig mit ihren Schiffen unterwegs und führten auch Kühe mit – sehr praktisch und fast schon ein Luxus, auf hoher See mit frischer Milch versorgt zu werden. Auch lange haltbaren Käse wie den GAMMELOST (gammel = alt, ost = Käse) hatten sie an Bord. Wenn sie irgendwo an Land gingen, etwa in Frankreich oder auf den Britischen Inseln, kreuzten sie ihr Milchvieh mit den Rindern dieser Länder. Einige Rassen wie z. B. die braunen Rinder der Normandie und die Guernsey- und Gloucesterrinder stammen von den Wikinger-Kühen ab.

In allen skandinavischen Ländern beginnt der Tag oft mit einem Glas frischer Milch oder Buttermilch, manchmal aufgepeppt mit Heidel- oder Moltebeeren (Maulbeeren). Was Käse angeht, so ist im Norden besonders gewürzter Käse, dem Kümmel, Kreuzkümmel oder Nelken ein ganz besonders Aroma verleihen, beliebt. Aber auch süßlicher Käse hat viele Liebhaber.

Dänemark

Dänemark ist das kleinste der skandinavischen Länder. In Bezug auf Produktion und Export von Milchprodukten hat es eine gut hundertjährige Tradition. Man glaubt es kaum, dass die dänischen Bauern, die nur sechs Prozent der arbeitenden Bevölkerung darstellen, dreimal so viel Nahrung produzieren wie die fünf Millionen Dänen verzehren können. Überschüsse werden exportiert, was Dänemark zu einem der weltgrößten Exporteure von Milchprodukten macht. Der Grund ist der fruchtbare Boden, auf dem bestes Futter wächst, aber auch die fortlaufende Forschung auf dem Milchsektor mit dem Ziel größtmöglicher Qualität.

CASTELLO klingt nach Bella Italia, ist aber ein echter Däne und neben dem Danablu einer der bekanntesten Sorten. Er wird als Weißer und als Blue Castello aus Kuh- und Schafmilch hergestellt. Der Teig ist relativ weich, durch den hohen Fettgehalt schmeckt er sehr sahnig und mild.

Auch im Norden wollte man eine eigene Antwort auf den französischen Roquefort haben. Die Bauerntochter Hanne Nielsen (1829–1903), die Pionierarbeit in Bezug auf die dänische Käseproduktion leistete, stellte 1874 den ersten dänischen Blauschimmelkäse her. Inspirieren ließ sie sich dabei vom französischen Roquefort, den sie auf einer ihrer vielen Reisen kostete. 1927 entwickelte Marius Boel dann den ersten DANABLU, »Danish Blue Cheese«, der heute Käse mit geschütztem Ursprung ist. Er hat zwar nicht allzu viele Gemeinsamkeiten mit seinem französischen Vorbild, ist aber sehr lecker und äußerst beliebt auf Brot oder mit Gemüse oder Kartoffeln.

Eine andere besondere Delikatesse Dänemarks ist der ARLA-HÖHLENKÄSE, der 35 Meter tief unter der Erde im dänischen Monsted in Jütland reift. Dänische Mönche begannen vor etwa 1 000 Jahren mit der Kalksteingewinnung. Hier verlaufen die größten Kalksteinhöhlen der Welt auf über 60 Kilometern. Sie bieten den Käselaiben ideale Bedingungen. Dazu kommt die kohlensäurehaltige Luft, die dem Käse sein unverwechselbares Aroma verleiht.

Der Name ESROM bezieht sich auf das Kloster Esrom im nördlichen Seeland in Dänemark, deren Bewohner diesen aromatischen Käse schon lange herstellten, bevor er in Vergessenheit geriet. Typisch ist seine rechteckige, flache Form und die Alufolie, in die er gewickelt ist. Esrom ist ein mildaromatischer Käse, der vom Frühstück bis zum Abendessen ein passender Begleiter zu Brot ist und sich auch gut als Toast- oder Hamburgerbelag eignet. Traditionell ist der ursprungsgeschützte Käse Bestandteil des Nationalgerichts »smørrebrød«, der kalten Platte mit unzähligen belegten Broten.

Norwegen

»Gjet« ist norwegisch für Ziege und »ost« heißt Käse – von Ziegenkäse ist hier also die Rede und nachdem die Nordländer es ja gerne süß mögen, ist auch der GJETOST ganz nach skandinavischem Geschmack. Die dafür benötigte Molke wird langsam eingedickt, bis der Milchzucker kristallisiert und teilweise karamellisiert. Der süße Käse gehört in seinem Heimatland auf den Frühstückstisch zu Knäckebrot und zu ebenso leicht süßlichem Roggenbrot. Gjetost gehörte vermutlich schon zu den Nahrungsmitteln der Wikinger.

JARLSBERG ist ein traditioneller Käse aus dem gleichnamigen Gebiet in Südnorwegen. Er ähnelt dem Emmentaler, ist aber etwas kleiner. Der Jarlsberg reift in der salzhaltigen, feuchten Luft der Fjorde und in der Höhenluft der Fjells (Hochebenen). Der nussige Geschmack ist auch außerhalb Europas sehr beliebt, er wird vor allem in die USA exportiert.

Schweden

Milchprodukte sind in Schweden sehr beliebt, mussten aber immer harte, lange Winter überstehen und wurden deshalb mit Bakterienkulturen versetzt. Es entstanden Sauermilch, Dickmilch, saure Sahne und natürlich Käse. Als der Benediktinermönch Ansgar als Bote von Ludwig dem Frommen, einem Sohn von Karl dem Großen, in Schweden unterwegs war, bekam er bei den Wikingern die Möglichkeit, Klöster zu errichten. Die Bauern, die ihre Abgaben an die Klöster bezahlen mussten, taten dies dann mit Käse, dessen Rezepturen Ansgar sammelte.

GRÄDDOST ist der bekannteste schwedische Käse, den es seit 1952 gibt. Bei der Reifung wurden die Käselaibe erstmals in Kunststofffolie gewickelt, um Paraffin zu sparen. Der Geschmack ist sahnig (grädd = Rahm), mild, leicht säuerlich und manchmal nussig. Es gibt auch fettreduzierte, gewürzte oder mit Knoblauch versetzte Sorten. In Schweden kommt er auch auf die Pizza.

In Schweden werden dank des Handels zwischen Nord- und Ostsee viele »Nachschöpfungen« der niederländischen Schnittkäsesorten hergestellt. Beispiele dafür sind die in Schweden sehr beliebten Sorten SVECIA, der nach einer Reifezeit von nur acht Wochen verzehrt werden kann, oder der HERRGÅRDOST, der dem Emmentaler nachempfunden ist und genauso mild schmeckt wie sein Schweizer Bruder.

Einer der wenigen Käse, die in Schweden noch traditionell und bäuerlich hergestellt werden, ist der HUSHÅLLSOST, ein kleiner Kuhmilchkäse mit bis zu 60 Prozent Fett.

Finnland

Reine Natur mit Tausenden von Seen und dichten Wäldern: Finnland ist stolz auf seine unbelastete Umwelt. Die Käseproduktion reicht bis ins 16. Jahrhundert zurück, die moderne Käseproduktion begann jedoch erst Mitte des 19. Jahrhunderts, als der Schweizer Rudolf Klossner mit der Emmentaler-Herstellung begann. Am bekanntesten und beliebtesten sind Emmentaler und Edamer, aber es gibt unzählige andere Sorten, die nur in Finnland erhältlich sind.

Neben einem Frischkäse namens RUSKAJUUSTO aus Rohmilch ist vielerorts der LEIPÄJUUSTO, ein Hartkäse aus Kolostralmilch, sehr beliebt. Diese finnische Spezialität aus der sogenannten Biestmilch, also der Milch, die die Kühe direkt nach dem Kalben abgeben, wird vor dem Reifen über Feuer geröstet. Der Verzehr von Kolostralmilch ist in der EU nicht erlaubt – für aufgeschlossene Käsefreunde heißt es deshalb: Nach Finnland fahren und Käse probieren!

Eine andere beliebte Käsespezialität ist Rentierkäse, der in den arktischen Regionen in Kaffee getrunken wird. Die Finnen essen ihn aber auch mit Vanillesauce oder erhitzen den Käse in etwas Sahne, backen ihn im Ofen und servieren ihn dann mit goldfarbener Moltebeerenkonfitüre.

Holland

Denken wir an Holland, dann tauchen Bilder von bunten Tulpenfeldern auf, von pittoresken Grachten in malerischen Städten, wir denken an die Alten Meister wie Rembrandt, Breughel und Vermeer, aber auch an saftig-grüne Landschaften, in denen schwarz-bunte Kühe neben Windmühlen friedlich grasen. Und dann denken wir sogleich an Käse, das berühmteste Produkt des kleinen Landes. Holland gehört zu den führenden Käseländern weltweit. Die mineralreichen Marschböden entlang der Meeresküste und an den vielen Flüssen und Kanälen geben das gute Futter für die Friesen-Kühe, die zu den produktivsten Kühen der Welt gehören: 8 000 bis 12 000 Liter Milch gibt so eine Kuh pro Jahr, aus der die Käsefabriken insgesamt rund 674 000 Kilogramm Käse machen.

Urkundlich erwähnt wurde die Käseherstellung erstmals im 9. Jahrhundert. In Leeuwarden, Haarlem und Linden war die Käseproduktion schon im Mittelalter im vollen Gange, hier wachte die »Kaaswaag« über Größe und Gewicht der Käselaibe. Zu jener Zeit war der Edamer der wichtigste Exportartikel Hollands, als »cleijne edammer caesekens« wurden die Käsekugeln von der damaligen Hafenstadt Edam in die Ostseeländer, nach Deutschland, Frankreich und über die Alpen bis nach Italien transportiert. Aufgrund ihrer besonders langen Haltbarkeit fanden sie nicht nur Einzug an Europas Tafeln, sondern auch in die fernen niederländischen Kolonien in Südostasien und in die Karibik.

Die Käsestadt Alkmaar besaß schon 1365 die erwähnte Käsewaage, 1612 waren es schon vier. Der erste Käsemarkt fand im Jahr 1593 statt. Der Platz, »Waagplein«, wurde im Laufe von zwei Jahrhunderten achtmal vergrößert – ein Zeichen für die Bedeutung, die der Käse in Alkmaar hat. Im 17. Jahrhundert wurde der Käsemarkt jeweils freitags und samstags abgehalten, im 18. Jahrhundert sogar viermal die Woche. Heute findet der Käsemarkt von Mitte April bis Mitte September jeden Freitag ab zehn Uhr statt – eher Folklore für Touristen, aber mit einem historischen Hintergrund. Dem offiziellen Start geht eine Menge Arbeit voraus, die schon um sieben Uhr morgens mit dem Stapeln der Käse beginnt. Alle Käseträger haben pünktlich zu sein. Wer sich verspätet, wird auf das »Schandbrett« geschrieben und muss Strafe zahlen, wie es seit Jahrhunderten Brauch ist. In Alkmaar, dem wichtigsten Handelszentrum für Gouda und Edamer, trafen sich Hersteller, Händler und Käufer. Die Prozedur ist heute noch gleich: Der Käse wird abgeklopft, sein Aussehen begutachtet, mit einen Käsebohrer wird ein Stückchen Käse herausgebohrt, das man zwischen den Fingern reibt, beschnuppert und verkostet, um seinen Geschmack und das Verhältnis von Fett und Wasser zu prüfen. Hat man sich endlich auf einen Preis geeinigt, so beginnt die Arbeit der Käseträger, ein farbenfrohes Spektakel, wenn sie ganz in Weiß gekleidet und mit bunten Hüten auf dem Kopf die verkauften Partien auf hölzernen Tragen zur Waage bringen. Auf jeder Bahre, die zwischen den Trägern hängt, finden rund acht bis zehn Goudalaibe Platz, die Bahre wiegt noch einmal 25 Kilogramm. So um die 130 Kilogramm zu transportieren verlangt von den Käseträgern Kraft und Geschicklichkeit. Auf dem Waagplein mit dabei sind auch die Käsemädchen – junge Frauen, die in traditionelle holländische Trachten mit Spitzenhauben und Holzpantoffeln gewandet sind. Heute sind diese Käsemädchen besser bekannt als »Frau Antje«. Sie werben für den holländischen Käse und lassen sich auch mit Touristen fotografieren.

Einer der bekanntesten Käse der Welt und neben dem Gouda das Aushängeschild Hollands ist der EDAMER. Früher wurde Edamer aus Rohmilch gemacht, heute kommt er meist aus Fabriken und von Großproduzenten. Ein Edamer ist an seiner Kugelform und der roten oder gelben Paraffinkruste (für Exportkäse), die ihn frisch hält, leicht zu erkennen. Die Farbe ist goldgelb, der Teig elastisch und er schmeckt mild, rein und würzig. Edamer passt eigentlich immer und überall. Interessant ist die Kombination mit in Sirup kandierten Ingwerstückchen – da eröffnen sich ganz neue Geschmackswelten!

Wie der Edamer ist auch der GOUDA der Inbegriff des holländischen Käses und schon seit dem 16. Jahrhundert dort bekannt. Sein Name leitet sich von dem gleichnamigen Städtchen nordöstlich von Rotterdam ab. Der in Rad- oder Blockform hergestellte, zwölf Kilogramm schwere Käse ist in drei unterschiedlichen Reifegraden erhältlich: jung (vier bis acht Wochen gereift), mittelalt (ab zwei Monaten Reifung), alt (ab acht Monaten Reifung) und uralt (ab 18 Monaten Reifung). Der alte und der uralte Gouda verdanken ihre kristalline Struktur der langsamen Reifung, während derer die Flüssigkeit im Käseteig verdunstet. Der Geschmack ist sahnig-kräftig, fruchtig und erinnert ein wenig an Liebstöckel. Was trinkt man dazu? Wie wäre es mit einem ebenso alten, holländischen Genever?

Belgien

Belgien erlebte seine Käse-Blütezeit ebenfalls zu Lebzeiten von Karl dem Großen. 1167 wurde der Stadt Loo die Genehmigung zum Käsemachen erteilt und die dann einsetzende Käseherstellung verdrängte sogar die damals vorherrschende Tuchproduktion. Viele dieser Käsesorten sind heute verschwunden, aber ein paar exzellente Spezialitäten haben sich erhalten und erfreuen das Herz des Käsefreunds. Zu einer Käserenaissance kam es erst Ende des letzten Jahrhunderts, als die Nachfrage nach Käse in Belgien wieder stieg. Über 300 Käsesorten werden zwischenzeitlich in dem kleinen Belgien wieder hergestellt und verkauft.

So zum Beispiel der LIMBURGER. Das Original kommt nicht aus dem deutschen Limburg, sondern aus dem Herzogtum Limburg in Belgien, wo er von Mönchen kreiert wurde. Der belgische Limburger ist ein äußerst kräftiger Geselle, vornehm ausgedrückt könnte man Aroma und Geschmack als stark bezeichnen. Limburger passt hervorragend zu kräftigem Bauernbrot, dazu Zwiebeln oder auch eine Vinaigrette, als Getränk am besten Bier, Milch oder ein kräftiger Rotwein. Eine andere berühmte Käsespezialität ist der HERVE, ein streng riechender Rotschmierkäse aus Lüttich.

Frankreich

»Es ist schwer, ein Land zu regieren, das 246 Sorten Käse hat«, sagte General de Gaulle über seine Heimat in den 60er Jahren – inzwischen hat sich viel getan, und der Präsident hätte es heute noch viel schwerer!

Wohl kaum ein Land auf der Welt hat eine solche Käsevielfalt höchster Qualität zu bieten wie La Grande Nation. Schon zur Römerzeit war Frankreich als Käseproduzent beliebt, ROQUEFORT und CANTAL wurden schon damals nach Rom exportiert, wo sie dem wohlhabenden Bürgertum vorbehalten waren. Nach Abzug der Römer im 7. und 8. Jahrhundert machten sich dann die Klöster daran, die Kunst der Käseherstellung weiterzuführen und zu optimieren. Karl dem Großen gebührt Dank und Respekt dafür, denn er liebte Käse, probierte ständig neue, ihm offerierte Sorten und unterstützte die Kunstfertigkeit der Mönche tatkräftig. Neben dem ältesten Käse, dem Cantal, machten sich alsbald auch BRIE und COMTÉ daran, die Käsewelt zu bereichern und die Tafeln der Käseliebhaber zu erobern. Damals galt es als Zeichen der Hochachtung am Hof, Käse zu verschenken.

Bis zum 15. Jahrhundert stand für die unteren Bevölkerungsschichten nur Frischkäse oder sehr kurz gereifter Käse auf dem Speiseplan, während die Reichen und Adeligen es sich leisten konnten, ein Jahr oder auch länger auf einen Käse zu warten. Das änderte sich aber im 16. Jahrhundert, als sich der Frischkäse anschickte, auch in besseren Kreisen Begierde zu wecken. Zu dieser Zeit entstanden köstliche Desserts und süße Pasteten, die nicht nur nach dem Hauptgang, sondern auch vor und zwischen den Gängen serviert wurden.

Neben den Klöstern waren es natürlich die Bauern, die die Milch ihrer Kühe, Schafe und Ziegen zu immer neuen Käsesorten verarbeiteten – die Auswahl wurde stetig größer. Heute sind es 42 Käsesorten, die Ursprungsschutz genießen (Appelation d'Origine Contrôlée = AOC), darunter bekannte wie BRIE, ROQUEFORT oder MIMOLETTE, aber auch eher unbekannte wie CHAOURCE, MAROILLES oder PÉLARDON. Dazu kommen unzählige andere Käse, die oft nur lokale oder regionale Bedeutung haben. Vorsichtige Schätzungen gehen von mittlerweile vielleicht 500 verschiedenen Käsesorten aus. Die Franzosen sind natürlich stolz darauf, mehr Käsesorten zu produzieren als das Jahr Tage hat. Aber auch im Land der Feinschmecker werden die Käse hauptsächlich industriell hergestellt, also in Molkereien und aus pasteurisierter Milch. Trotzdem ist die Auswahl an traditionell gefertigten Rohmilchkäsen von kleinen Höfen oder Genossenschaften gigantisch. In Frankreich ist der Käsegang zum Abschluss eines Menüs fast obligatorisch – Käse schließt ja den Magen – und ein gut bestückter Käsewagen ist das Aushängeschild und der ganze Stolz eines Restaurants.

Zu den schönsten Gebieten, in denen Käse hergestellt wird, gehört die Auvergne im Herzen Frankreichs. Die beeindruckende, gewellte Landschaft mit ihren grün bewachsenen, erloschenen Vulkankegeln bringt eine vielfältige Flora hervor, die mit ihren andernorts schon selten gewordenen Kräutern und Gräsern den hier grasenden Kühen, Schafen und Ziegen bestes Futter bietet. Hauptsächlich Rinder der Rassen Salers und Aubrac, beide widerstandsfähig und robust, geben die Milch für die ausgezeichneten Käse. Auch große Schafherden kann man beobachten, besonders im Hoch- und Spätsommer, wenn hier täglich ein paar Dutzend Lämmchen zur Welt kommen. Die Auvergne hat auch einen ganz besonders guten Blauschimmelkäse hervorgebracht: Wenn der BLEU D'AUVERGNE auch einmal als mittelfranzösisches Pendant zum Roquefort gedacht war, so steht der ursprungsgeschützte Käse seinem berühmten Kollegen aus dem Süden in nichts nach. Er entstand erst um das Jahr 1845, als der Bauer Roussell wagemutig seinen Käse mit Schimmelkulturen impfte. Als Luxusgetränk dazu empfiehlt sich der legendäre Chateau d'Yquem. Ein Sauternes oder ein anderer restsüßer Weißwein schmeckt aber ebenso hervorragend dazu wie Feigenchutney oder Trauben. Älter ist ein anderer Käse mit Innenschimmel aus dem Herzen Frankreichs, der FOURME D'AMBERT, dessen Wurzeln bis ins 9. Jahrhundert reichen. Damals aus Rohmilch, heute überwiegend aus pasteurisierter Milch hergestellt, sollte man ihn mit Äpfeln oder Birnen zum Käsegang servieren.

Bei so viel Käseliebe ist es nicht verwunderlich, dass die Auvergne auch viele Rezepte mit Käse kennt. Die beiden bekanntesten sind ALIGOT und TRUFFADE, beides nichts für Figurbewusste, aber einfach köstlich! Aligot ist eigentlich nichts anderes als ein besonders sahniges Kartoffelpüree mit Käse, wogegen sich die Truffade (die übrigens nichts mit Trüffeln zu tun hat) als üppige Kalorienbombe wie ein Fest für ausgehungerte Holzfäller anhört: In Öl ausgebratene Speckstreifen werden mit Knoblauch und Kartoffelscheiben gegart und mit jungem Cantal in einer Pfanne so lange gerührt, bis der Käse Fäden zieht und sich mit den anderen Zutaten auf das Innigste verbunden hat. Formidable et bon appetit!

In puncto Ziegenkäse macht den Franzosen so leicht keiner was vor: Das Zentrum der Ziegenzucht ist Poitou im Mittelwesten nahe der Atlantikküste. Angeblich wurde CHABICHOU hier schon im 8. Jahrhundert von den Sarazenern eingeführt. Der Name leitet sich vom arabischen »chebli« (Ziege) ab. Wunderbar passt zu Chabichou ein Gläschen Sancerre oder Pouilly-Fumé, aber auch der berühmte, mit Cognac verfeinerte Süßwein Pineau de Charentes.

»Es war einmal ein Königssohn« – so beginnen viele Märchen und so beginnt auch die Geschichte des »uralten« SAINT-MARCELLIN, ein weicher Ziegenkäse, der in Frankreich seit dem 15. Jahrhundert bekannt ist. Als der junge Louis, Thronfolger in der Dauphiné, der heutigen Region Rhône-Alpes, einmal auf der Jagd von einem Bären fast zu Tode erschreckt wurde, stärkten ihn Bauern mit einem Stückchen dieses Käses. Fortan ließ er als König Ludwig XI. seinen »kulinarischen Retter« an seiner Tafel servieren.

Auch im hohen Norden Frankreichs kennt man sich mit dem Käsemachen aus. Der MIMOLETTE, ein Hartkäse, der mit Annatto, dem Samen des Orleansstrauches gefärbt wird, stammte ursprünglich aus Holland und wurde bis ins 17. Jahrhundert auch einfach nur Holländer genannt. Als Finanzminister Colbert dann die Einfuhr ausländischer Ware verbot, begann man mit der Herstellung vieler bis dato importierter Produkte, darunter auch der Mimolette. Er reift mithilfe von Käsemilben, die sich vom äußeren Schimmel ernähren, ein von der EU seit 2004 erlaubter Vorgang. Auch wenn sich mancher bei der Vorstellung graust: Diese Art der Reifung trägt zu einer erheblichen Geschmacksverbesserung bei!

FROMAGE ÉTOILE
QUALITÉ SUPÉRIEURE

Deutschland

Über fünf Millionen Kühe stehen in Deutschlands Ställen oder grasen auf grünen Weiden und saftigen Almen von Schleswig-Holstein bis zu den bayerischen Alpen. Im Norden überwiegen die Schwarzbunten, während im Süden die Rotbunten zu Hause sind. Rund 26 große Molkereigenossenschaften verarbeiten die täglich anfallenden Milchmengen. Rund 60 Liter Milch trinkt jeder Deutsche im Jahr und der Käseverbrauch liegt pro Person bei rund 21 Kilogramm.

In Deutschland wird Käse überwiegend aus pasteurisierter Milch hergestellt. Hunderte von verschiedenen Sorten vom milden Frischkäse bis zum würzigen Hartkäse, vom Ziegenkäse aus Sylt bis zum Allgäuer Bergkäse werden produziert. Käse aus deutschen Regionen gibt es zwar seit dem Mittelalter, als man anfing, Lab zum Dicklegen der Milch zu verwenden, eine Käseproduktion in großem Stil findet sich aber erst seit rund 150 Jahren. Viele gut gelungene »Kopien« sind darunter, wie z. B. der ursprünglich aus Belgien stammende LIMBURGER, der MÜNSTER aus dem Elsass oder der EMMENTALER aus der Schweiz. Noch produziert Bayern deutschlandweit am meisten Milch – mit der kleinsten Leistung pro Tier. Im Osten entstehen jedoch die größten Betriebe, während im Rest der Republik viele Kleinbauern ihre Ställe schließen.

Besonders die kräftigen Bergkäse sind beim Verbraucher beliebt. Die Bergkäseherstellung in den Oberstdorfer Alpen wurde erstmals 1059 urkundlich erwähnt. Damals gab es im Allgäu zwei Arten von Alpen: die Galtalp für die Jungviehaufzucht und die Sennalp für die Milchproduktion. Im Tal hingegen dominierte der Flachsanbau, dessen blauen Blüten die Region den Beinamen »blaues Land« verdankte. Anfang des 19. Jahrhunderts ersetzte die Baumwolle langsam den Flachs und seine meist häusliche Produktion brach zusammen. Die Sennereien wurden von den bald entstehenden Dorfkäsereien abgelöst – das Allgäu wurde grün.

LIMBURGER stammt ursprünglich aus Limburg in Belgien und nicht etwa aus dem deutschen Limburg an der Lahn. Die deutsche Version ist ein aromatischer Weichkäse, der im Allgäu hergestellt wird. Er duftet intensiv und hat einen ausgeprägt kräftigen Geschmack. Die Rinde ist rötlich-braun, der Käseteig cremefarben, mattschimmernd und weich, aber nicht fließend. Dazu passt kräftiges Landbrot, Pumpernickel, rohe Zwiebeln oder man macht ihn wie Mainzer Käse mit Vinaigrette an.

Wer noch nie einen OBAZDA in einem bayerischen Biergarten genossen hat, dem ist eine ganz typische und sehr leckere Spezialität entgangen. Eigentlich ist Obatzter kein Käse, sondern eine Käsezubereitung, die ursprünglich als Resteverwertung gedacht war. Sie wird aus bayerischem oder französischem reifem Camembert hergestellt, den man entrindet und mit der Gabel zerdrückt und dann mit weicher Butter, Zwiebelwürfeln, Kümmel und Paprikapulver vermengt. Sollte er zu fest geraten sein, kann man ihn mit einem Schuss Weißbier geschmeidig machen. Eine andere Variante lässt Butter und Paprika weg und gibt stattdessen saure Sahne, Petersilie, Schnittlauch und Knoblauch, vielleicht auch ein wenig Weißwein dazu. Diese deftige Käsespezialität verlangt jedenfalls nach einer Maß Bier, Schwarz- oder Graubrot und einem Stamperl Enzian!

Ein kräftiger urbayrischer Geselle ist auch der WEISSLACKER, der bestens zu Bier und Brezn schmeckt. Deshalb wird er wohl auch Bierkäse genannt. Es handelt sich beim Weißlacker um einen würzigen Käse, der dank seiner Rotschmiere von intensivem Geruch ist. Weißlacker heißt er auch wegen seiner wie gelackt aussehenden Oberfläche. Ausgeheckt haben diese dufte Spezialität die Brüder Josef und Anton Kramer im fernen 1874 im Allgäu und schon zwei Jahre später meldeten sie das Patent darauf an – der Weißlacker rühmt sich seither, der älteste patentierte Käse der Welt zu sein. Versuchen Sie den Weißlacker als Zutat zu Käsespätzle oder im Wurstsalat mit Allgäuer Bockwurst. Übrigens: Im Kühlschrank braucht er unbedingt ein »Einzelzimmer«, sprich ein Einmachglas oder eine sonst wie hermetisch abgeschlossene Dose, sonst denken die Nachbarn noch, der Alpenverein samt ungewaschener Socken wäre bei Ihnen zu Gast!

In Norddeutschland hat sich in den letzten 15 Jahren eine eigene Käse-Szene entwickelt, die ihr Hauptaugenmerk vor allem auf die Vielfalt regionaler, norddeutscher, handwerklich hergestellter Rohmilch- und Hofkäse legt. Alte, typisch norddeutsche Sorten sind wiederentdeckt, neue entwickelt worden. In Schleswig-Holstein führt seit 1999 eine Käsestraße von Erzeuger zu Erzeuger. Und einmal im Jahr trifft sich die Szene auf dem Norddeutschen Käsemarkt im Freilichtmuseum Kiekeberg.

Einer dieser hervorragenden Käse »made in Norddeutschland« ist der GRUMMER BERG, ein Bergkäse aus dem Oldenburgischen. Ein Bergkäse aus dem flachen Norddeutschland? Grummersort, der herstellende landwirtschaftliche Betrieb, liegt zwischen Bremen und Oldenburg und ist umgeben von saftigen Wiesen, auf denen eine Vielfalt an Kräutern wächst, die mit den Hochgebirgsalmen durchaus vergleichbar ist. Das schmeckt man auch im Käse: kräftig, nussig und süßlich-herb, wie es sich für einen Bergkäse gehört. Und wer einmal einen Ziegenricotta aus der Milch der seltenen Thüringer Waldziegen probieren möchte, der sollte sich an die Ufer des Schaalsees nicht weit von Hamburg aufmachen. Dort befindet sich der Hof »Kunst & Käse«, der neben dieser ausgefallenen Leckerei auch viele andere Produkte aus Ziegenmilch anbietet.

Der Osten Deutschlands ist nicht rot, sondern weiß: Der ALTENBURGER ZIEGENKÄSE ist ein Symbol für Qualität aus dem thüringisch-sächsischen Gebiet. Rund um Gera und den ehemaligen Landkreisen Grimma, Borna, Wurzen, Zeitz, Geithain und Altenburg darf diese Spezialität hergestellt werden. Obwohl er Ziegenkäse genannt wird, ist die Beimengung von Ziegenmilch auf 15 Prozent beschränkt, der überwiegende Milchanteil kommt von der Kuh. Der Ziegenkäse aus Thüringen passt bestens zu einer kräftigen Brotzeit mit Graubrot, Gurken, Zwiebelchen und Roter Bete.

Eine besondere Kuriosität lässt sich in Sachsen-Anhalt, in dem schönen Dörfchen Würchwitz, finden. Spinnmilben verhelfen dem WÜRCHWITZER MILBENKÄSE zur Reifung. Zunächst wird die Milch zu Quark eingedickt, und dann können sich die Krabbeltierchen – Verwandte der Hausstaubmilbe – daran gütlich tun, bis sie den simplen Frischkäse zum echten Würchwitzer Spinnenkäse geadelt haben. Diese Delikatesse geht auf ein 500-jähriges Rezept zurück, das irgendwann einmal in der Versenkung verschwunden war, bis sich sachsen-anhaltinische Feinschmecker wieder darauf besonnen haben. Heute hat der Milbenkäse wieder seinen Platz in der Gesellschaft gefunden. Am besten gedeiht er in nicht zu kalten Kellern in Holzkisten, die man mit Frischkäsebällchen (Bio!) bestückt. Außerdem brauchen die kleinen Affineure Roggenmehl als Beilage zur Hauptspeise. Ihre Ausscheidungen dringen in die Käsebällchen ein und fermentieren sie, was erst zu einer Gelb-, nach drei Monaten zu einer bernsteinfarbenen Färbung führt. Kenner warten allerdings, bis der Käse nach einem Jahr außen fast schwarz ist. Die Käselaibe werden mitsamt ihrer lebendigen Bewohner verspeist. Graubrot und Bier passen hervorragend, andere bevorzugen Kakao. Wer sich dieses Spektakel einmal anschauen und vielleicht selbst probieren möchte, der reise im Juni nach Würchwitz zum alljährlichen »Käsemilben-Frühschoppen«. Neben seiner geschmacklichen Qualität sei noch auf den gesundheitlichen Aspekt hingewiesen: Wer Milbenkäse isst, hat unter Hausstaubmilben nicht zu leiden, sondern ist quasi »schluckgeimpft«. Na dann guten Appetit!

Schweiz

Die Wendung »Schweizer Käse« ist uns ebenso geläufig wie »Schweizer Schoki«. Beide stehen für Qualität und typische Produkte aus der Schweiz, bei denen man gleich Alphornbläser auf grünen Wiesen, saubere Dörfer mit bunt bemalten Häusern und natürlich immer wieder propere, genüsslich wiederkäuende Kühe auf sommerlichen Almen vor Augen hat. Aus der Schweiz kommt der wohl berühmteste Käse der Welt, der EMMENTALER, vielerorts einfach »Schweizer Käse« genannt.

Was die Milch- und Käsewirtschaft betrifft, so stellten schon die Räter und Kelten eine Art Käse her, indem sie Milch über einem offenen Feuer gerinnen ließen und diese dann mit Zweigen zerschnitten und rührten, ähnlich wie das heute die Käseharfe macht. So erzeugten die Menschen in den Alpen lange vor unserer Zeit einen Käse, der wegen seiner harten Rinde Wind und Wetter trotzte und lange haltbar war. Vermutlich war dies der Urahn des Greyerzers, der erstmals 1115 in den Kirchenbüchern der Abtei Rougemont, die nahe dem Städtchen Greyerz liegt, erwähnt wurde. Schweizer Alpkäse haben eine lange Tradition und sind in großer Vielfalt und in verschiedenen Fettstufen erhältlich. Jedes Tal bzw. jede Region trägt etwas zur Schweizer Käseplatte bei. Darunter finden sich natürlich auch einige Käsesorten, die eher unbekannt sind wie der BRIENZER MUTSCHLI, der SAANEN, der HASLIBERGER und der PUSCHLAVER KÄSE aus dem Puschlav (Valposchiavo), das im Süden an das italienische Valtellina grenzt. Heute werden hier alle Käse aus biologischer Milch gefertigt, denen zur Geschmacksbildung auch biologisches Meersalz zugesetzt wird.

Ein waschechter Schweizer ist der FREIBURGER VACHERIN, nicht mit dem VACHERIN MONT D'OR zu verwechseln. Der geschmeidige, kräftige Käse mit dem elfenbeinfarbenen oder auch gelben Teig stammt aus dem Kanton Fribourg (Freiburg) und ähnelt eher dem italienischen Fontina. Auch er ist eine Antiquität und schon seit Mitte des 15. Jahrhunderts bekannt. Vacherin leitet sich vom lateinischen »vaccarinus« ab, was Sennerei bedeutet. Er duftet zartwürzig bis fruchtignussig und schmeckt ein wenig nach Heu und Karamell. Was man dazu trinkt? Natürlich einen süffigen Weißwein wie den Schweizer Fendant und ein Gläschen Kirschlikör.

Im waadtländischen Jura und seinen Ausläufern hat der berühmte VACHERIN MONT D'OR seinen Ursprung, nur hier und im französischen Nachbargebiet wird er zwischen Oktober und April schon seit Mitte des 19. Jahrhunderts handwerklich gefertigt. Er trägt das Ursprungszeugnis AOC und seine Entstehung ist mit den Wiesen und Wäldern seiner Heimat eng verbunden. Kleine Käsereien stellen diesen köstlichen Weichkäse her, der mit echter Tannenrinde ummantelt und in einer Schachtel aus Tannenholz verpackt ist. Einen Monat sammelt er Geschmack in den Reifekellern. Der Vacherin Mont d'Or ist ein ausgezeichneter Dessertkäse, seine milde Cremigkeit vermischt sich mit einem Hauch Tannin aus der Rinde, der elfenbeinfarbene Teig zergeht auf der Zunge.

Der SCHABZIGER ist ein absolutes Original, auf das die Schweizer zu Recht stolz sind. Der originelle – für manche Gaumen gewöhnungsbedürftige – blassgrüne Käse aus den Glarner Alpen hat die Form von kleinen Kegeln. Entrahmte Milch und Buttermilch werden mit Zigerklee (Bockshornklee) gewürzt, der in Südtirol Schüttelbrot und Vinschgerln

seine charakteristische Würze verleiht. Hier gibt er den »Zigerstöckli« ihren ganz besonderen, eigenwilligen Duft und Geschmack. Darf man alten Aufzeichnungen glauben, so wurde er schon im 8. Jahrhundert im heutigen Kanton Glarus hergestellt. Stiftsdamen des Klosters Säckingen kamen als erste auf die Idee mit dem würzigen Kraut. Verbrieft ist jedenfalls, dass die kleine Pyramide das erste Markenprodukt der Schweiz ist, nachdem die Klosterdamen schon ab 1463 jeden fabrizierten Käse mit einem eigenen Stempel versahen. 1772 erließ die Glarner Regierung dann genaue Produktionsregeln. Schabziger heißt er auch, weil er nicht in Stückchen gebrochen wird, sondern wegen seiner Härte über Speisen gerieben wird. Im Handel sind auch eigene Schabzigermühlen erhältlich, in denen man die Käse gleichzeitig aufbewahren und bei Bedarf reiben kann – er verleiht Nudelgerichten, Fondue oder auch einem simplen Butterbrot eine sehr würzige Note.

Der ROYALP oder SCHWEIZER TILSITER ist ein inzwischen herkunftsgeschützter Käse, der dem ursprünglich ostpreußischen Tilsiter nachempfunden wurde. Im Jahr 1893 befand sich der Schweizer Otto Wartmann auf der Rückreise von Tilsit (das heute russische Sowetsk) in seine Thurgauer Heimat; im Koffer das Rezept für Tilsiter. Die Schweizer Variante unterscheidet sich von dem Original durch ihre Kompaktheit und regelmäßige Lochung. Wenn er zwei bis drei Monate reift, dann schmeckt er mild, bei einer Reifung bis zu sieben Monaten schmeckt er eher kräftig. Der Original Tilsiter ist vor allem in Norddeutschland sowie entlang der Ostseeküste von Russland bis Südschweden beliebt.

Österreich

Von Vorarlberg, Tirol, Salzburger Land und Oberösterreich bis Kärnten, Steiermark, Niederösterreich und Burgenland bewirtschaften rund 50 000 österreichische Milchbauern fast die Hälfte der Nutzfläche. Pro Kopf verbrauchen die Österreicher knapp 80 Kilogramm Milch- und Joghurtprodukte im Jahr und mit 20 Kilogramm Käse hat sich der Käseverzehr in den letzten Jahren fast verdoppelt. 8 000 Milchbauern bieten die sogenannte «Heumilch« an, das ist Milch von Kühen, die im Sommer ausschließlich Gras und Kräuter fressen und im Winter nur mit Heu und Getreideschrot gefüttert werden – absolut silofrei und absolut gesund, frisch und lecker. Diese Milch eignet sich auch besonders gut für die Käseherstellung. Die besten heimischen Käse dürfen sich jährlich mit dem »Käse-Oscar« schmücken, der in jeder Kategorie verliehen wird.

In Österreich findet man eine Vielzahl unterschiedlicher Käsesorten, dazu beste Süß- und Sauerrahmbutter und jede Menge Joghurt- und Quarkprodukte.

Bei den Käsen steht natürlich der Bergkäse an erster Stelle. Die bekanntesten Berg- und Almkäse kommen aus Vorarlberg, Tirol und Kärnten, dem südlichsten österreichischen Bundesland. Hier ist der GAILTALER ALMKÄSE der unumstrittene König der Almen. Seine Tradition lässt sich bis ins 14. Jahrhundert zurückverfolgen: Seine erste Erwähnung fand er schon im Jahr 1375! Für die Herstellung mischt man Kuhmilch mit Ziegenmilch im Verhältnis 90:10. Er schmeckt hervorragend zu Bauernbrot, Birnen und Kastanien sowie einem österreichischen, nicht zu trockenen Weißwein. Die TIROLER BERGKÄSE, TIROLER ALMKÄSE, ZILLERTALER BERGKÄSE und VORARLBERGER BERGKÄSE sind seit über 150 Jahren Klassiker und typische Vertreter ihrer Art. Auch sie tragen das Ursprungszeugnis, werden aus silofreier Heumilch gefertigt und müssen mindestens sechs Monate reifen, um sich als idealer Begleiter zur Jause oder Marende zu empfehlen.

Einer der bekanntesten österreichischen Käse ist der MONDSEER aus Oberösterreich. Seine Ahnentafel lässt sich auf etwa 1830 zurückdatieren, denn er wurde zu dieser Zeit in der Sennerei des gleichnamigen Schlosses gefertigt. Auch er trägt die geschützte Ursprungsbezeichnung und macht sich gut mit Brot oder Kartoffeln.

Die Vorarlberger Antwort auf den Tiroler Graukäse ist der MONTAFONER SURA KÄS', ein extrem magerer Sauermilchkäse, der seine Wurzeln im 12. Jahrhundert hat, als jährlich zehn Laibe davon an das Bistum Chur geliefert werden mussten. Damals wie heute genießt man ihn mit Zwiebeln, Essig und Öl, deftigem Bauernbrot oder Pellkartoffen.

Eine ganz besonders beliebte Spezialität aus Rohmilch ist der RÄSSKÄSE, ein Schnittkäse aus Heurohmilch mit intensiver Rotschmiere, geschmeidigem Teig und einem sehr pikanten Aroma. »Räss« ist alemannisch und bedeutet so viel wie pikant oder scharf. Rässkäse ist in zwei Varianten im Handel erhältlich, »nass« (vier Monate gereift) und »trocken« (mindestens fünf Monate gereift).

Italien

Seit den Zeiten der Römer ist Italien ein Schlaraffenland für Käseliebhaber, denn nachdem die Römer frische Milch eher verabscheuten, verarbeiteten sie die Milch – überwiegend von Ziegen und Schafen – mithilfe von Feigensaft zu Käse. Als man dann auf die Käsegewinnung mittels Lab umstieg und sich die Molke vom Käsebruch trennte, war das Zeitalter der feinen Käse gekommen: Schon ab dem 1. Jahrhundert n. Chr. konnte die Bevölkerung unter etlichen Käsesorten wählen, die wohlhabende Bevölkerung ließ sich Käse aus Frankreich, England und Griechenland importieren. Der damalige Geschmack bevorzugte oft die Verbindung von salzig und süß, das heißt man genoss süße Kuchen mit Käse und Käse mit süßen Saucen wie Honig, wie es auch heute wieder in Mode gekommen ist, man denke an die vielen Chutneys, die man zum Käsegang reicht. Auch Brote und Gebäck wurden mit Käse gewürzt.

Frischkäse mit oder ohne Kräuter kam vom Frühstück bis zum Nachtmahl auf den Tisch, auch als Zwischenmahlzeit oder als Vorspeise eines ausgiebigen Dinners. Auch Vorfahren der Grana- sowie Parmesankäse waren bei den Römern schon bekannt und beliebt. Ab dem frühen Mittelalter dann begann in der Po-Ebene dank der Mönche eine regelmäßige Käseproduktion, die das fruchtbare Feuchtgebiet in Norditalien als Weideland für ihre Milchtiere schätzten. Nach und nach verdrängten die Kühe die Schafe, deren Milch bis dahin hauptsächlich zur Käseproduktion verwendet wurde. Im 14. Jahrhundert berichtete Giovanni Boccaccios Decamerone von einem riesigen Käseberg aus geriebenem Parmesan, auf dem Menschen mit der Herstellung von Ravioli und Makkaroni beschäftigt waren.

Besondere Bedeutung kommt den Alpengebieten im Norden des Stiefels zu. Das »weiße Gold« wird besonders in Südtirol hochgeschätzt. Die sonnenverwöhnte Region stellt als erste und einzige ausschließlich Produkte aus gentechnikfreier Milch her. An erster Stelle steht natürlich die frische Milch der Bergwiesen, gefolgt von Butter und etlichen leckeren Käsesorten. Eine Besonderheit bildet hier wiederum der berühmte TIROLER GRAUKÄSE, der im Ahrntal, einem Seitental des Pustertals, auf handwerkliche, traditionelle Art entsteht. In letzter Zeit kann man besonders in Südtirol einen Trend zu traditionell gefertigten Rohmilchkäsen beobachten. Immer mehr Bauern liefern die Milch ihrer Kühe nicht mehr an die Molkerei, sondern produzieren hochwertige Käsesorten, die man entweder im Hofladen oder auf einem der vielen Bauern- und Wochenmärkte kaufen kann.

Eine der ältesten Käsesorten ist der ASIAGO mit typischem mild-säuerlichen Geschmack von den Hochebenen im Trentino, wo er schon seit über 1 000 Jahren hergestellt wird, früher aus Schafmilch, heute aus fettarmer Rohmilch von Kühen. Nach einjähriger Reifezeit wird er vor allem als Reibekäse verwendet. Zu den Käsen, deren Geschichte bis in die Zeit der Völkerwanderung zurückgeht, zählt der CACIOCAVALLO, der alten Schriften zufolge früher aus Stutenmilch gewonnen wurde. Die Käselaibe sehen aus wie dicke Tropfen oder am oberen Ende zusammengebundener Säcke und schmecken mild und delikat.

In den letzten Jahren tritt verstärkt ein bisher eher unbekannter Verwandter des Parmigiano Reggiano, der GRANA PADANO auf die italienische Parmesankäsebühne. Oft wird er mit seinem berühmteren Kollegen verwechselt, dem er in Aussehen und Struktur ähnelt. Der Grana Padano ist im Ge-

schmack jedoch milder, weil er kürzer reift und für seine Herstellung darf im Gegensatz zum Parmigiano Reggiano Milch unterschiedlicher Herkunft verwendet werden. Von den Verbrauchern wird der Grana immer mehr geschätzt und er findet in ganz Norditalien vor allem als Reibkäse Verwendung.

Die italienische Käseküche ist, wie man sich denken kann, ungeheuer reichhaltig und vielfältig. Die mit Mozzarella bedeckte, im Ofen gebackene Pizza macht da nur den Anfang. Im Piemont kennt man eine dem Schweizer Fondue ähnliche Zubereitung namens FONDUTA, die aus geschmolzenem, mit Eigelb angereichertem Fontina-Käse gemacht wird, den man auf Toastbrotscheiben streicht. Die lombardische Küche verwendet Milch gerne für herzhafte Gerichte, wie in Milch und Sahne geschmorter Kalbsbraten. Das Ergebnis ist wunderbar mürbes Fleisch in einer cremigen Sauce. Sehr originell sind auch die Lammkeulenscheiben mit geriebenem Pecorino oder Caciocavallo, der mit Eigelb verrührt über das Fleisch gegeben wird. Und sogar Fisch kann mit Milch und Sahne zu ungeahnten Gaumenfreuden führen: Die mit Bechamelsauce überbackenen und mit Spinatblättern geschichteten Seezungenfilets aus der Toskana sind eine köstliche Versuchung.

Eine der berühmtesten Nachspeisen der Welt ist die PANNA COTTA, eine mit Gelatine gefestigte Sahnecreme, die mit frischen Früchten oder Karamellsirup und einem Gläschen Marsala genossen wird. Sahne hat auch ihren Platz im piemontesischen MONTE BIANCO, einem üppigen Dessert aus gekochten Kastanien, denen eine fluffige Sahnehaube das Aussehen eines schneebedeckten Berges gibt. Und was wäre die Welt ohne TIRAMISU? Einfach um eine süße Köstlichkeit ärmer: Aufgeschlagene Mascarponecreme wird mit Biskuit geschichtet und mit Weinbrand oder Amaretto beträufelt. Traumhaft!

CASU MARZU – ERINNERUNGEN AN EINE REISE NACH SARDINIEN

Wir befinden uns mitten in den sardischen Bergen, da, wo noch Hirten mit ihren Schafherden umherziehen, wo sich Fuchs und Hase gute Nacht sagen. Kaum ein Tourist verirrt sich hierher, es ist still, die Landschaft erhaben und einfach wunderschön. Unsere Gastfamilie, die einen kleinen agriturismo betreibt, verwöhnt uns tagtäglich mit typisch sardischen Gerichten, da gibt es Gerichte mit klangvollen Namen wie Malureddus, Culingionis und Culurgionis, Pistocheddu, Coccoiddus – und es gibt »casu marzu« – von dem ich schon mal irgendwo gelesen hatte, aber nicht glaubte, dass es diesen »verdorbenen Käse«, wie er wörtlich übersetzt heißt, wirklich gibt.

Ein Spinnenbiss bereitet mir einen geschwollenen Arm, dass keine Uhr mehr passt und höllische Schmerzen, das hat sogar der nonno mitgekriegt und reibt die Bissstelle mit seinem Ehering ein – Gold soll angeblich sofort Wunder wirken. Auch Margarita, die Schwiegertochter, trägt mit ihrem Kettchen und dem goldenen Kreuz zu meiner Heilung bei.

Und dabei frage ich doch tatsächlich nach dieser Käsespezialität, eine Art Frischkäse, dem angeblich Maden zu seiner Reifung verhelfen. Sie durchpflügen ihn, fressen und verdauen und buddeln ihm viel Luft zu, was ihn sowohl geschmacklich als auch strukturell in eine »Delikatesse« verwandelt. Flugs stehen drei, vier irdene Schüsseln vor mir, jede mit »casu marzu« gefüllt, in verschiedenen Reifegraden. Ich bin sprachlos: In der letzten brodelt und wimmelt es von unzähligen winzigen Würmern, die durch die Masse ziehen, lustige Brücken und Bögen schlagen, manche katapultieren sich sogar aus der Schüssel hinaus und vergnügen sich draußen weiter…

Und jetzt? »Ma signora, deve provare, ma si! È buono!« Die Kinder kommen gerade aus der Schule und stürzen sich auf die Schüsseln: »Oh, casu marzu, mmmhh!« Es hilft alles nichts, weder mein Spinnenbiss noch der Hinweis darauf, dass ich gar keinen Hunger habe. Es wird ein Korb mit hauchdünnem, sardischem Fladenbrot – carta da musica – auf den Tisch gestellt und vorgeführt, wie das geht: Ordentlich in den wabernden Käse stippen und rein in den Mund, genüsslich schmecken und runterschlucken! Ich denke einfach an Kräuterquark, wappne mich mit dem Brot und suche fieberhaft nach einer Ecke in dem Käse, wo vielleicht gerade keine Made ihr Unwesen treibt, dippe blitzschnell und habe in zwei Sekunden meine Portion verschluckt, ohne zu schmecken versteht sich. Trotzdem macht sich ein irgendwie käsig-ranziger, scharfer Hautgout bemerkbar, dem ich mit ein paar ordentlichen Schlucken Cannonau, dem herrlichen sardischen Rotwein, den Garaus mache. Ich traue meinen Augen nicht: Hausherr Mario schiebt sich noch eine kleine Made, die vorwitzig wieder zwischen seinen Lippen hervorgeschlängelt kommt, zurück in den Mund! Dann siegt aber doch die Neugier und ich lasse mir erklären, wie dieser »Käse« entsteht. Dafür gehen wir in den Schafstall, genauer gesagt, in eine blitzsaubere Nebenkammer mit Melkgeschirr und ungefähr zehn Schüsseln mit frischer Schafmilch. Diese Milch bekommt nun Besuch von »Pilophila casei«, einer kleinen Fliege, die ihre Eier nur auf dieser Milch absetzt, und nach kurzer Zeit ist dann solch eine Schüssel mit »casu marzu« servierfähig. Das Ganze war lange Zeit von Staats wegen verboten, aber wir sind schließlich in den Bergen im Gennargentu, da, wo früher die Räuber wohnten, da nimmt man es mit der fernen Regierung nicht so genau. Außerdem wird heute ganz genau darauf geachtet, dass sich Madame Pilophia casei nicht etwa vorher an vergammeltem Fleisch gütlich getan hat. Mario erklärt mir auch noch, dass irgendwann, wenn die Maden den Käse zu seiner »optimalen« Reife gebracht, ihn also fix und fertig verdaut haben und selbst zu Fliegen werden, die ganze Masse mit und ohne Maden (viele haben sich ja schon davongemacht) vermahlen, in Gläser gefüllt und auf einer der Wochenmärkte oder »sagre«, den Festen zu Ehren eines Heiligen, verkauft wird. Die Delikatesse findet reißenden Absatz! Na dann, buon appetito!

Spanien

»Käse ist die Unsterblichkeit der Milch«, sagte der spanische Schriftsteller Ramón Gomez de la Serna (1888–1963) – und da ist viel Wahres dran! Aus Spanien kommen einige der allerbesten Käsesorten der Welt, hauptsächlich sind es Hartkäse, aber auch Blauschimmelkäse. Meist werden die Spezialitäten aus Schaf- und Ziegenmilch gefertigt, Kuhmilch erlangte in letzter Zeit aber immer größere Bedeutung. Früher wurde die gesamte Produktion im Land selbst verzehrt, jedoch hat sich die Qualität des spanischen Käses langsam herumgesprochen, sodass er mittlerweile auf der ganzen Welt käuflich ist.

Die grünsten Weiden liegen im Norden Spaniens an der Atlantikküste. In Kantabrien z.B. grasen schwarz-weiße (eigentlich: schwarz-bunte) friesische Kühe in der frischen, kühlen Seeluft. Besonders im April und Mai sprießt hier das Frühlingsgras zusammen mit Blumen und Kräutern, die die Milch dieser Kühe besonders schmackhaft und gesund machen. Viele kleine Milchbauern stellen ihre eigenen Käse her, die es nur hier gibt.

In ganz Spanien wird in den ländlichen Gebieten saure Rohmilch von Kühen, Schafen oder Ziegen verzehrt, die mit Zitronensaft gesäuert und nach ein bis zwei Tagen mit Zucker serviert wird. Meist heißt diese Spezialität CUAJADA, im Baskenland aber MAMIYA und in Navarra GATZAMBERA. Eine andere beliebte Nachspeise ist die LECHE FRITA, wörtlich gebratene Milch. Dafür kocht man Milch mit etwas Mehl und Zucker auf, würzt sie mit Vanille und Orangenschale und füllt diese Masse in eine gefettete Form. Nach dem Auskühlen schneidet man die nun feste Creme in Stücke, wendet sie in verquirltem Ei und Bröseln und backt sie in heißem Öl goldgelb. Nun noch etwas Zimtzucker darüberstreuen und fertig.

Der wohl bekannteste spanische Käse ist der MANCHEGO, den schon Don Quijote begeistert verzehrte, wenn wir seinem Schöpfer Cervantes Glauben schenken dürfen. Dieser Käse aus der Milch der Manchega-Schafe ist schon äußerlich leicht am Abdruck des Espartograses zu erkennen, der rund um den Käse verläuft, außerdem am Muster der Abtropfform, »flor« genannt, auf der Ober- und Unterseite. Die besten Qualitäten gewinnt man in La Mancha natürlich aus Rohmilch, in der noch die ganze Kraft der Natur mit ihren unendlich vielen Kräutern und Gräsern steckt. Je nach Reifedauer ist sein Aroma mehr oder weniger pikant, salzig oder säuerlich. So ein Stückchen Manchego schmilzt am Gaumen, man braucht dazu höchstens ein bisschen knuspriges Weißbrot und »una copa de Vino de Jerez«, also Sherry fino.

Ein anderer Schafkäse und einer der ersten mit geschützter Ursprungsbezeichnung ist der RONCAL aus dem gleichnamigen Roncal-Tal in Navarra, wo es sich die Schafe der Latxa- und Rasa-Rasse auf grünen Wiesen gut gehen lassen. Nur sieben Dörfer dürfen den Roncal herstellen. Seinen Geschmack könnte man als buttrig, aromatisch und leicht pikant beschreiben.

Der CABRALES ist der spanischen Edelkäse schlechthin. Er wird aus Rohmilch von Schafen, Ziegen und Kühen gewonnen und in den Höhlen Asturiens im Norden Spaniens gereift, wo die feuchtkalten Winde der Biscaya für das Klima sorgen, das der Käse für seine Reifung braucht. Cabrales ist

cremefarben und von blauem Schimmel durchsetzt, sein Geschmack ist ausgeprägt, sehr würzig, fast etwas scharf. Am besten schmeckt er zu kräftigem Landbrot, ergänzt durch aromatische Tomaten, schwarze Oliven und ein Glas »Sidra« (spanischer Apfelwein). Wenn man ihn nach dem Essen serviert, wäre ein Sherry Oloroso die perfekte Begleitung.

Auch die Balearen haben etwas Besonderes in puncto Käse zu bieten: MAHÓN ist nicht nur die Hauptstadt der Insel Menorca, sondern auch der Name des Käses, der hier seit Jahrhunderten hergestellt wird. Die Affineure heißen hier »recogedores-afinadores«, »recoger« bedeutet einsammeln, weil diese Spezialisten die jungen Käse bei den Bauern einsammeln, ihn reifen lassen und pflegen, bis er seinen optimalen Zustand erreicht hat. Dann duftet Mahón nach Milch und Blumen, er schmeckt würzig und feinsäuerlich, ein wenig nach Karamell und gerösteten Nüssen. Ein idealer Käse für die Käseplatte, dazu Feigen oder Datteln und frisches Brot.

TETILLA, »Brüstchen« auf Deutsch, heißt eine weitere Käsespezialität aus Spanien und genauso sieht sie auch aus. Tetilla duftet milchig, nussig-zitronig und zergeht auf der Zunge. Ideal als Tapa mit Quittenchutney!

Wer in Barcelona oder sonstwo in Katalonien unterwegs ist, darf sich auf keinen Fall den Genuss eines MATÓ entgehen lassen, das ist ein ganz frischer Ziegenkäse, der traditionell mit Honig verzehrt wird: MIEL (katalanisch mel) Y MATÓ ist eine klassische Nachspeise, ein paar geröstete Pinienkerne darüber macht sie noch etwas feiner. In Ibiza kennt man ein anderes Dessert namens FLAO mit sehr frischem Schafkäse als Füllung zwischen mit Anis und Olivenöl gewürztem Teig.

Griechenland und Zypern

Griechischer Joghurt ist bei uns wahrscheinlich das bekannteste Milchfrischprodukt Griechenlands. Bis vor kurzem gab es in Griechenland noch keine systematische Haltung von Milchvieh und lange Zeit wurden Milch und Milchprodukte sogar aus Holland importiert, um den Bedarf zu decken. Heute ist Epirus im Nordwesten des Landes ein wichtiger Erzeuger fast aller landwirtschaftlicher Produkte, darunter auch Milcherzeugnisse. Hier ist auch der Sitz des größten Milchverarbeitungsbetriebs Griechenlands. Joghurt wird aber immer noch gerne in den eigenen vier Wänden hergestellt. Dafür erhitzt man frische Milch und gibt eine kleine Menge schon fertigen Joghurt hinzu. Nach mindestens zwölf Stunden bei Zimmertemperatur ist der Joghurt fertig. Lecker, weil er so sahnig und frisch schmeckt.

Die Käseherstellung hat in Griechenland eine lange Tradition und wurde schon von Homer in der Odyssee und von anderen Schriftstellern wie Herodot oder Aristoteles beschrieben. Die Griechen stehen an erster Stelle im Pro-Kopf-Verbrauch an Käse weltweit, nämlich die unglaubliche Menge von 100 Kilogramm pro Familie und Jahr, und griechischer Feta steht wiederum an erster Stelle des Käseverzehrs.

FETA findet man vom Balkan bis Südrussland, in der Türkei, in Ägypten und in Arabien. Seit 2006 darf laut internationaler Regelung nur Feta heißen, was aus reiner Schafmilch hergestellt ist und aus Griechenland stammt. Seit Oktober 2007 trägt Feta die geschützte Ursprungsbezeichnung AOC und wird nur aus Schafmilch von traditionell gehaltenen, einheimischen Rassen in den Regionen Epirus, Thrakien, Makedonien, Thessalien, Mittelgriechenland, Peloponnes und Lesbos hergestellt. In Griechenland isst man Feta von morgens bis abends, pur oder im berühmten griechischen Bauernsalat.

Die Griechen kennen in Sachen Käse aber nicht nur den Feta, sondern auch etliche andere Käsesorten, die überwiegend aus Schaf- oder Ziegenmilch, aber auch aus Kuhmilch hergestellt werden. Die Kykladen warten mit einem Edelpilzkäse aus Schafmilch auf und vom Dodekanes kommt ein in Wein eingelegter Hartkäse, ebenfalls aus Schafmilch. Epirus im Nordwesten Griechenlands bringt einen dem Mozzarella ähnlichen, gebrühten Käse, den METSOVÓNE, hervor, den man zu langen Würsten formt und zum Räuchern aufhängt. Man kann ihn pur als Vorspeise genießen, grillen oder reiben.

HALLOUMI ist ursprünglich in Zypern und der Türkei beheimatet, mittlerweile wird er aber im ganzen östlichen Mittelmeerraum hergestellt. Wie Feta kommt auch der Halloumi aus der Salzlake, er ist ebenfalls rindenlos und in seiner Struktur etwas elastischer als Feta. Allerdings schmeckt er milder und milchiger. Kleine Einschlüsse von Minze sind charakteristisch. Man reicht ihn traditionell mit Oliven, Olivenöl und Kräutern als kleinen Imbiss oder brät ihn ohne Fett in der Pfanne oder auf dem Grill.

KEFALOTIRI besteht aus Rohmilch von Ziegen und/oder Schafen, hat einen weißlichen, kompakten Käseteig mit vielen winzigen Löchern und ist im Aroma würzig und nussig, der Geschmack ist eher mild. Er wird auch auf Zypern und im gesamten Nahen Osten hergestellt, wo er etwas gelblicher ausfällt und der Geschmack mit pilzartigen und blumigen Aromen ausgeprägter ist.

Armenien

Von den armenischen Bergen kommen nicht nur Frischkäseprodukte wie Joghurt oder Quark, sondern auch der Lakekäse PANIR, der unterschiedlich lang in mehr oder weniger konzentrierter Salzlösung aufbewahrt wird. Früher benutzte man zur Aufbewahrung auch Schafhäute, die heute aber aus der Mode gekommen sind. Manchmal bereichern Petersilie oder Dill den Geschmack. Quark stellen die Bauern aus Buttermilch her, den abgeschöpften Rahm verwerten sie zu süßer und saurer Sahne. Der MAZUN genannte Joghurt aus Schafmilch gilt als unverzichtbares Dessert, das oft mit Honig beträufelt serviert wird. Und wenn die Armenier Durst bekommen, greifen sie besonders gern zu dem säuerlichen TAN aus Joghurt, Molke und Wasser.

Georgien

Nirgendwo sonst auf der Welt leben so viele über Hundertjährige wie im Kaukasus. Gesundheit und Vitalität bis ins biblische Alter ist hier nichts Außergewöhnliches und Grund dafür bilden in erster Linie die Lebens- und Ernährungsgewohnheiten der Menschen, die dort leben. Und da – wie könnte es anders sein – spielen Milch und Milchprodukte eine große Rolle. Allen voran der hausgemachte Joghurt namens MAZONI, ein eher dünnflüssiger Joghurt, den die Georgier praktisch von morgens bis abends als idealen Durstlöscher und Proteinquelle zu sich nehmen. Für den Mazoni verwendet man meist Milch aus Büffel-, Kuh- oder seltener Schafmilch. Mazoni kann man pur, mit etwas Zucker oder Früchten zum Frühstück genießen, mit Wasser verdünnt trinken oder als Basis für eine warme Suppe verwenden. Dafür dünstet man klein gehackte Zwiebeln in Butter glasig, gibt den mit Mehl verrührten Joghurt und verquirlte Eier dazu, lässt alles kurz aufkochen und streut frische Kräuter wie Koriander, Estragon und Dill darüber. Mazoni ist aber auch traditionelle Zutat im georgischen Fladenbrot, dem CHATCHAPURI. Der Teig besteht aus Mehl, Mazoni und Salz, die Füllung aus Sulguni-Käse. Chatchapuri isst man von morgens bis abends, alltags und zu Feierlichkeiten gleichermaßen – niemals darf es fehlen. SULGUNI ist ein Frischkäse aus Büffelmilch, der entweder frisch oder geräuchert im Handel ist, in etwa vergleichbar mit Mozzarella. Er gehört auch in den traditionellen Maisbrei, eine Art weiße Polenta, in die der Käse hineingeknetet oder als Beilage in Scheiben gereicht wird.

Aserbaidschan

Aserbaidschan kann auf eine über 10000 Jahre alte Schafwirtschaft zurückblicken. Im Sommer, wenn die Bauern mit ihren Herden über die Bergweiden ziehen, werden die Schafe geschoren und ihre Milch zu Butter und Käse verarbeitet. In einem Beutel aus Schaffell, in der mit Salz eingeriebenen äußeren, haarigen Seite, reift der traditionelle Sauermilchkäse MOTAL fast von selbst. Überhaupt wird frischer Schafkäse gerne als Snack mit Kräutern und Gewürzen wie Koriander, Nelke und Minze zwischendurch gegessen. Ähnlich wie in Armenien sind Joghurtsuppen populär, sie werden kalt mit Gurkenstückchen, Koriandergrün, Basilikum und Dill verrührt. Auch das Butterschmalz ist in Aserbaidschan bekannt und kommt in der aserbaidschanischen Nationalspeise, dem PLOW, reichlich zum Einsatz. Das Reisgericht wird mit Lammfleisch und Kräutern, in der Festtagsvariante mit Rindfleisch und Kastanien und als süßes Dessert mit Rosinen, getrockneten Aprikosen oder Pflaumen gefüllt.

Ukraine

Auch in der Ukraine verwendet man Milch und Milchprodukte häufig. Eines der Nationalgerichte und weltweit Synonym für russische bzw. ukrainische Küche ist der Borschtsch, die gehaltvolle Suppe aus Fleischbrühe, Roter Bete, Kohl und Kartoffeln, der erst der Klacks saure Sahne bzw. SMETANA das gewisse Etwas verleiht. Wie gut Salzhering mit Käse zusammen passen, zeigt die ukrainische Fischpastete, für die pürierter Salzhering mit Butter, in Milch aufgeweichtem Brot, Senf und geriebenem pikanten Hartkäse vermischt und zu Brot serviert wird. Und was Maultaschen für Schwaben, Ravioli für Italiener und Empanadas für Spanier sind, das sind WARENYKY für die Ukrainer: Pikant oder süß gefüllte Teigtaschen, die immer mit zerlassener Butter oder mit ordentlich Smetana serviert werden. Butter ist übrigens auch im Inneren des ukrainischen »Überraschungseis« versteckt. Dafür füllt man eiskalte Butter in geklopfte Hühnerbrüstchen, wickelt sie zu Rouladen, paniert sie in Mehl, Ei und Bröseln und frittiert sie in Öl goldgelb. Vorsicht beim Anstechen!

Russland

Die Milch spielte und spielt in Russland eine große Rolle. Sie gilt als eines der wichtigsten Nahrungsmittel und stammt meist von Kühen, hin und wieder aber auch von Schafen, Ziegen und Stuten. Auf dem Land leben viele Menschen heute noch so autark wie möglich: Ein Haus mit Garten, ein paar Hühnern, Schweinen und ein oder zwei Kühen versorgt eine ganze Familie mit Kartoffeln, Gemüse, Fleisch und natürlich Milch. Milch wird roh, gekocht oder gesäuert verzehrt, sehr beliebt sind Quark und saure Sahne, die übrig bleibende Molke verfüttert man wieder an die Tiere.

Die Tataren brachten ab dem 13. Jahrhundert zahlreiche unbekannte Milcherzeugnisse nach Russland, so etwa gesäuerte Suppen, Joghurt und Kefir. Bis heute wird Milch in geschlossenen Töpfen im Dorfbrunnen aufbewahrt, wo sie schön frisch bleibt. Nach einiger Zeit kann die Sahne abgeschöpft und zu Butter geschlagen werden, die übrig gebliebene Magermilch wird getrunken oder zu Süßspeisen und Quark verarbeitet. Russland produziert zwar enorme Mengen an verschiedenen Käsesorten, diese werden aber ausschließlich im eigenen Land verspeist.

Entlang der Wolga, des längsten Flusses Europas (3960 Kilometer), siedeln viele verschiedene Ethnien, darunter turksprachige, muslimische Tataren und Baschkiren, christlich-orthodoxe Angehörige der finno-ugrischen Sprache, Mari, Udmurten und buddhistische Kalmücken. In diesen landwirtschaftlich geprägten Gebieten ernähren sich die Menschen hauptsächlich von Fleisch, Flussfisch, Getreide, Honig und Wild – und sehr gerne auch von Milch und Sauermilchprodukten, die in jeder Region ein bisschen anders zubereitet werden. Eine Honigspeise mit viel Sahne bildet einen beliebten Nachtisch der Tataren und Baschkiren, ein Fischtopf mit Zwiebeln, Möhren und saurer Sahne ist bei den Tschuwaschen angesagt und in die tatarische Fleischpastete mit Hammelfüllung gehört auch Kefir und saure Sahne. Die bis ins 19. Jahrhundert als Nomaden lebenden Kalmücken ernährten sich hauptsächlich von Milch- und Fleischprodukten. Der KALMÜCKENTEE ist eine Spezialität aus aufgebrühtem schwarzem oder grünem Tee, der mit Milch, Butter und Salz angereichert und mit geriebener Muskatnuss gewürzt wird.

Typisch russisch ist der Brauch, eine Schale frisch gemolkene Milch in den Ofen zu stellen, bis sich PENKA gebildet hat, eine braune Haut auf der Oberfläche, die sich nach dem Abschöpfen immer wieder neu bildet. Verwendung findet diese Haut als Trennlage zwischen kunstvollen Nachspeisen aus Reis oder Creme.

Butter (MASLO) macht man aus abgeschöpftem Rahm und Milchsäurebakterien in einem hohen Holzgefäß im ländlichen Russland immer noch per Hand. Übrigens haben die Russen das deutsche Wort Butterbrot als »Buterbrod« übernommen – sie bezeichnen damit aber fast immer herzhaft belegte Brote.

Ungefähr dann, wenn wir Europäer Karneval feiern, ist in Moskau die Butterwoche, MASLENIZA, angesagt. Masleniza – das heißt Spaß, Ausgelassenheit, Fröhlichkeit und auch Wiederbelebung einer fast vergessenen Tradition, die ihren Ursprung im heidnischen Brauch des Winteraustreibens hat. Dann wird noch mal ordentlich auf den Putz gehauen, bevor endgültig die Fastenwochen beginnen. Die Straßen der

Hauptstadt und vor allem das Zentrum und viele Bezirke werden Schauplatz eines ausgelassenen Volksfestes. In der Butterwoche ist schon jeglicher Fleischkonsum verboten. Nur Milchprodukte, Käse und Fisch sind erlaubt. Mittelpunkt sind die ganze Woche lang die in vielen Haushalten eigens in Butter gebackenen BLINYS und die Masleniza selbst, eine Strohpuppe, die symbolisch zum Winteraustreiben verbrannt wird. In früheren Zeiten war dieser Brauch eng verbunden mit gegenseitigen Besuchen bei Verwandten oder Freunden. Serviert wurden dann eine Tasse Tee (oder vielleicht ein Schlückchen Wodka?) und ein paar Blinys. Der Teig dafür besteht aus Buchweizen- und Weizenmehl, Hefe, Milch und Eiern und wird in kleinen gusseisernen Pfannen in Butter dünn wie Crêpes ausgebacken. In der Butterwoche gehen die Blinys buchstäblich als »goldgelbe Sonne« auf: Warm, rund und rötlich schimmernd künden sie von der prallen Frühlingssonne, die nun bald wieder scheinen wird. Blinys sind nicht nur in der Butterwoche in der russischen Küche beliebt. Buchweizenplinsen gehören zum russischen Alltag wie der Wodka zum Fisch und dürfen auf keiner Tafel fehlen. Sie symbolisierten schon in der vorchristlichen Zeit Fruchtbarkeit und wurden von vielen Dichtern gepriesen.

Russen sind wahre Schlemmer und lieben üppiges Essen, wenn möglich mit vielen Freunden oder Verwandten. Besonders zu großen Festen wie Geburtstagen, Weihnachten oder Ostern trifft man sich in großer Runde. Quark in jeder Form gehört dann zu den Favoriten in der russischen Küche. Zu Ostern bereiten russische Hausfrauen die mächtige PASSCHÁ zu, eine Art Pyramide aus Quark, Butter und Schlagsahne, die mit kandierten Früchten bunt und prächtig verziert wird. Einfacher, aber darum nicht weniger köstlich, sind die mit Quark und Äpfeln gefüllten Pfannkuchen oder die süßen Törtchen aus Quark, Smetana und ganz wenig Mehl, die in Butter goldbraun gebraten und mit Beeren oder Marmelade serviert werden. SMETANA entsteht, wenn man frische Milch einen Tag in flachen Schüsseln stehen lässt, dann den Rahm abnimmt und der abgeschöpften Sahne Buttermilch zum Säuern hinzufügt. Nun kommt das Ganze in den warmen Ofen, wobei immer wieder etwas Sahne hinzugegossen wird. Wenn das Gefäß voll ist, schlägt man die Sahne durch, erhitzt sie nochmals und stellt sie anschließend kalt. So entsteht eine fast süße, reichhaltige Creme, die sich mit unserer sauren Sahne kaum vergleichen lässt.

Sacha (Jakutien)

Ganz weit im sibirischen Nordosten des riesigen Russlands liegt Jakutien. »Sacha« nennen die Einwohner die wohl kälteste Region der Erde, Temperaturen von unter minus 30 °C sind an der Tagesordnung, minus 70 °C sind keine Seltenheit. Die Bewohner dieses Landstrichs, der zu 40 Prozent nördlich des Polarkreises liegt, züchten seit Urzeiten Rentiere und jagen Pelztiere wie Zobel oder Polarfuchs. In der Küche und den Essgewohnheiten dieser Taiga- und Tundrabewohner spielen rohes Fleisch, Fisch und Fett eine große Rolle. Weiter im Süden haben sich die Einwohner auf Pferdezucht spezialisiert, weshalb hier Stutenmilch neben der Kuhmilch ganz oben auf dem Speiseplan steht.

Bei den Temperaturen ist es nicht verwunderlich, dass die Bewohner so gut wie alles einfrieren, besonders im Winter geht das ganz leicht. Hier braucht man keinen Kühlschrank und kein Gefrierfach – man stellt die Lebensmittel einfach vor die Tür bzw. in eine verschließbare Kammer, wo sie vor Tieren sicher sind. Auch die Milch wird so in runden Gefäßen eingefroren und dann als weiße Scheiben übereinandergestapelt – praktisch.

TAR ist im Grunde nichts anderes als eingefrorene Milch, allerdings auf natürliche Art gesäuert. Dafür sammeln die Jakutier den ganzen Sommer lang übrig gebliebene Milch und Milchprodukte in Birkengebinden und würzen diese Mischung dann mit Beeren, Kräutern oder essbaren Wurzeln. Mit dem einsetzenden Frost friert die ganze Masse ein und bei Bedarf hackt man sich etwas von dieser Eisspeise ab und verwendet sie zum Naschen oder Kochen. Das ist Milchgenuss auf Jakutisch!

USA

Die Vereinigten Staaten von Amerika sind der weltweit größte Käseproduzent. Mit der Käseherstellung begann man allerdings erst Mitte des 19. Jahrhunderts und es gibt eigentlich auch keinen typisch »amerikanischen« Käse. Die Ureinwohner Amerikas kannten keine Kühe und die Rezepturen der heute bekannten bzw. hergestellten Käse stammen von den Einwanderern der Alten Welt. So wird zum Beispiel heute der ursprünglich italienische BEL PAESE auch in New Jersey produziert. Den größten Anteil an der Käseproduktion haben allerdings der CHEDDAR oder cheddarähnliche Sorten. Mangels eigener Käsetradition und dadurch auch mangelndem Qualitätsbewusstsein geben die Amerikaner oft den gummiartigen, abgepackten Käsescheiben den Vorzug oder sie greifen auf Schmelzkäse zurück. Viele Amerikaner wissen es auch nicht besser und kennen eben nur diesen Käse z. B. durch den berühmten CHEESEBURGER oder die allseits beliebten MACARONI AND CHEESE. Es ist aber ein Trend zu Rohmilchkäsen von Kleinproduzenten zu beobachten. Diese bemühen sich, erstklassigen Käse herzustellen und kennzeichnen ihn mit der Aufschrift »Farmhouse Cheese«, also aus bäuerlicher Produktion. Selbstverständlich bieten die Feinkostläden in ganz Amerika alle möglichen Käsespezialitäten aus Europa an.

Milch und Milchprodukte sind dagegen bei den Amerikanern in allen Varianten sehr beliebt und weit verbreitet. Sie trinken die Milch pur, am liebsten eiskalt und zum Frühstück mit Cornflakes oder anderen Zerealien. In der warmen Käseküche haben sich die Amerikaner etwas Einmaliges einfallen lassen: Weltberühmt sind die CHOWDERS, Fisch- oder Muschelsuppen mit Milch und / oder Sahne. Ihre Heimat ist die Ostküste der Vereinigten Staaten, wo die besten Fische und Meeresfrüchte gefangen bzw. gezüchtet werden und als FISH CHOWDER oder BOSTON CLAM CHOWDER auf den Tischen der Restaurants landen. Beide Suppen basieren auf gewürzter Fischbrühe mit Milch oder Sahne und Einlagen aus Fisch bzw. Herzmuscheln, oft mit Scheiben von knusprigem Bacon gekrönt. Und was wäre ein »echter« amerikanischer Salat ohne die passende Sauce? Mit BLUE CHEESE DRESSING peppt man wirklich jeden grünen oder gemischten Salat auf: Einfach Blauschimmelkäse mit Joghurt, Quark und Mayonnaise mischen und mit Pfeffer und vielleicht einem Spritzer Zitronensaft würzen und fertig!

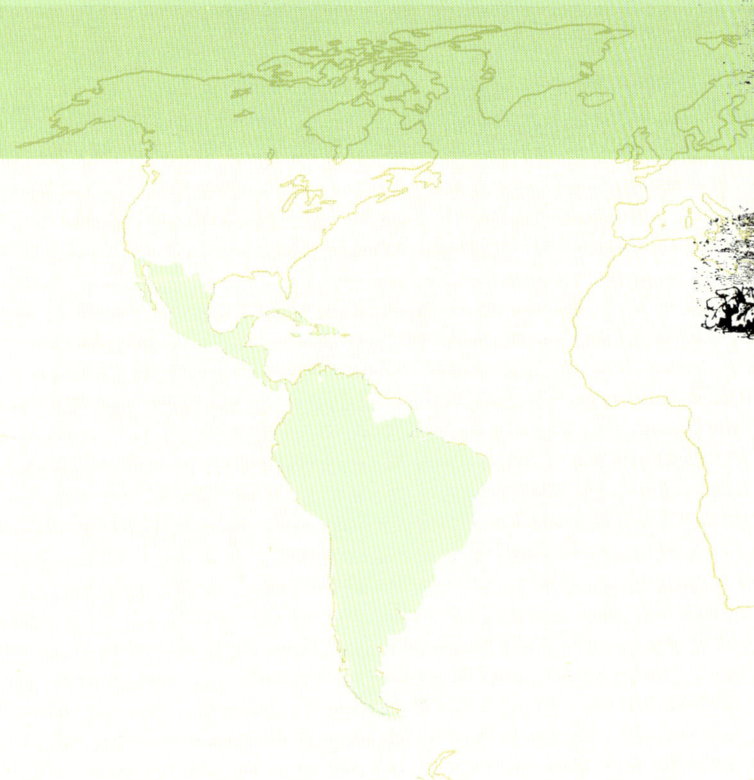

Lateinamerika

Von Mexiko bis Feuerland ist der Kontinent kulinarisch ausgesprochen interessant und vielfältig – man denke nur an die Gemüse, von denen bei uns bis zu Kolumbus' Entdeckung der Neuen Welt überhaupt kein Mensch gehört hatte: Tomaten, Bohnen, Mais, Kartoffeln, Paprika. Dazu Pflanzen und Gewürze, die zwar aus dem indomalaischen oder afrikanischen Raum stammen, aber schließlich über Amerika zu uns kamen wie Bananen, Ananas, Muskatnuss, Ingwer. Jeder Genussmensch kommt in Lateinamerika also auf seine Kosten, nur nicht der Käsefreund. Zwar kann man so gut wie überall alle bekannten gereiften Käsesorten wie Mozzarella, Gouda oder Emmentaler kaufen, es existiert jedoch so gut wie keine eigene Käseproduktion wie in Europa. Von vereinzelten Restaurants oder Gegenden einmal abgesehen, existiert Käse hauptsächlich in seiner Form als Frischkäse, Quark oder Joghurt. Dieser ist allerdings exquisit. QUESO FRESCO ist nur ganz kurz gereifter Quark, gerade schnittfest, porzellanweiß und mit vielen kleinen Löchern. Er schmeckt leicht säuerlich nach Milch und passt hervorragend zu einem frisch gegrillten Maiskolben. Zum Frühstück auf einer Bananen-Hacienda wird BOLOS DE VERDE serviert, eine typische Köstlichkeit aus pürierten, in Fett ausgebackenen grünen Kochbananen, in deren Innern ein Stückchen Queso fresco schmilzt: himmlisch!

Ein Gericht mit »richtigem« Käse gibt es aber doch: QUESO RELLENO, gefüllter Käse, stammt ursprünglich von den holländischen Antillen, Aruba und Curaçao, und heißt hier – das Spanische verballhornend – KESHY YENA. Zum einen kommt der von den Holländern in die Karibik importierte Edamer zum Zug, zum anderen das, was der Koch gerade vorrätig hat. Das können gehackte Garnelen, Fisch oder auch Hackfleisch sein. Vom Käse (circa zwei Kilogramm) entfernt man die rote Wachsschicht, schneidet einen Deckel ab und höhlt ihn bis auf einen Rand von gut 1,5 Zentimetern aus. Die Farce wird mit Zwiebeln, Knoblauch, Gemüse und Gewürzen nach Geschmack und Gutdünken (z. B. auch Oliven, Kapern, Rosinen, Chilis, Tomaten) gebraten und mit einem Teil des ausgehöhlten, geriebenen Käses vermischt. Anschließend füllt man diese Masse dann in den ausgehöhlten Käse, verschließt ihn wieder, setzt ihn in ein passendes Gefäß und lässt das Ganze im Ofen garen. Das Ergebnis ist eine sanft blubbernde, zart schmelzende Delikatesse. Dieses Gericht fand seinen Weg von der Karibik durch holländische Kaufleute auch nach Yucatán.

Milch dagegen wird selbstverständlich überall gerne und viel getrunken und ist auch in vielen Gerichten enthalten, deren Rezepturen sich regional nur leicht unterscheiden. Vor allem in Desserts und Süßspeisen spielt Milch eine Rolle,

etwa in der aus Spanien nach Lateinamerika gekommenen LECHE FRITA, eine mit Mehl gebundene eingekochte Milchcreme, die paniert und ausgebacken und mit Marmelade oder Zimtzucker serviert wird. Für uns ungewöhnlich ist der FRIJOL COLADO, das ist eine Süßspeise aus roten Bohnen, die in gewürzter Milch gekocht werden. Bei dem MANJAR DE QUINOA, also dem Quinoa-Pudding, wird eine der ältesten Getreidesorten der Welt mit Zimt, Nelken und Kokosflocken in Sahne und Milch sämig eingedickt. LECHE ASADA wiederum bezeichnet einen Milchflan, der mit Lorbeer gewürzt wird und nach Karamell schmeckt.

Dass Milch auch in der pikanten Küche verwendet wird, veranschaulichen so leckere Gerichte wie CHUPE DE PESCADO, eine Art Cremesuppe mit Fisch, LOCRO DE PAPAS, Kartoffel-Milchsuppe mit Frischkäse und Avocado oder auch die Rinder- oder Schweinebraten, die langsam in Milch weich geschmort werden.

Peruaner lieben extrem scharfe Speisen, kein Wunder, schließlich streitet sich die Wissenschaft noch, ob die Chilischote nun aus Peru oder aus Mexiko stammt. Sicher ist, dass in Peru seit jeher höllisch scharf gekocht wird. Ein Beispiel ist der wunderbare Quark-Dip, der zu mildem Mais gereicht wird oder der Yuccawurzel den peruanischen Pfiff gibt. Je nach gewünschter Schärfe püriert man frische rote Chilischoten (besser vorher entkernen) und mischt sie mit Quark, Zwiebeln, Salz und etwas Milch. Das Ergebnis ist erstens ganz einfach, zweitens ganz lecker und drittens ganz scharf!

Australien

Was Milch und Käse angeht, so ist »down under« ein Paradies – wenn auch nicht für Fans von Rohmilchkäse, denn der ist dort nicht erlaubt. Milch bzw. Milchprodukte müssen pasteurisiert und homogenisiert sein. Zu groß ist in Australien noch die Angst vor Keimen und Ansteckungsgefahr. Deshalb ist auch der private Import sämtlicher Lebensmittel strikt verboten. Doch der Druck der Rohmilchfans wächst, und so dürfen schon zwei Rohmilchkäse, der Parmigiano Reggiano und der Roquefort, staatlich eingeführt werden. Wahrscheinlich dauert es auch auf der anderen Seite der Welt nicht mehr lange, bis sich der feinschmeckende Verbraucher in Sachen exquisite Käse durchgesetzt hat.

Aber auch aus pasteurisierter Milch lässt sich guter Käse machen. In den grünen, fruchtbaren Regionen Victoria, New South Wales, South Australia, Western Australia, Queensland und Tasmania grasen rund 1,7 Millionen Kühe, deren Milch zu schmackhaften Käsesorten verarbeitet wird. Käseproduktion in großem Stil ist noch recht jung, erst in den 1950er Jahren schlossen sich mehrere Käsereien zusammen, um einen anderen Käse als den allzeit gegenwärtigen Cheddar herzustellen. Bei der ASCPC (Australia Speciality Cheese Producer's Committee) kann man unter allen, auch in Europa gängigen Käsesorten wählen: BLUE VEIN, COTTAGE CHEESE, CREAM CHEESE, CAMEMBERT, EDAM, FETA, GOUDA, HALLOUMI, MOZZARELLA, PARMESAN, PECORINO, PROVOLONE, RICOTTA – alles Käse, die in guter Qualität in Supermärkten und Discountern angeboten werden. Seit 1920 treiben kleine Produzenten die Produktion von frischem, handwerklich hergestelltem Käse höchster Qualität voran. Um sich von den »kommerziellen« Käsesorten zu distanzieren, gründeten sie 1994 die »Australian Specialist Cheesemakers' Association«. Sie gewannen mit ihren Produkten schon etliche Preise auf internationalen Wettbewerben und Ausstellungen.

Von den englischen Vorfahren wurde in Australien der PLOUGHMAN'S LUNCH übernommen, ein herzhafter Imbiss mit knusprig geröstetem Brot, Pickles, Cheddar, Roastbeef und Tomaten, gekrönt mit einem gekühlten australischen Bier, alternativ auch mit einem der hervorragenden einheimischen Weine. Wie kreativ die Köche mit den australischen Käsesorten umgehen, zeigen einige Frischkäsezubereitungen, die mit exotischen Früchten wie Aprikosen, Papaya, Cranberries und Zitrusfrüchten kombiniert werden. Oder wie wäre es mit einer original australischen Tarte mit geröstetem Kürbis, Edelpilzkäse und Mango?

Kulinarische Köstlichkeiten mit Milch und Käse

Im 20. Jahrhundert gründete Maurice-Edmon Sailland, Frankreichs bedeutendster Gastrokritiker zu dieser Zeit, die »Académie Gastronomique Française«. Die Mitglieder dieser Akademie wussten die kulinarischen Hochgenüsse eines exquisiten Käses durchaus zu schätzen und wiesen ihm seinen festen Platz in der Abfolge der Gänge eines klassischen Menüs vor dem süßen Finale zu. Seither spielen Milch und Milchprodukte, allen voran natürlich der Käse, eine zentrale Rolle in der Spitzengastronomie.

Spitzenkoch Frank Buchholz, der mit 16 Gault-Millau-Punkten und dem ersten Michelin-Stern in Mainz ausgezeichnet wurde, sowie Frank Schmidt, Food & Beverage Manager des Vier-Sterne-Hotels Schloss Montabaur, haben jeweils vier ihrer schönsten Rezepte mit Milchprodukten und Käse verraten.

Parmesanschaum mit warmem Lammcarpaccio und altem Aceto

REZEPT VON FRANK SCHMIDT

Für zwei Personen

Parmesanschaum

100 ml Sahne
100 ml Milch
100 ml Buttermilch
65 g Parmesan, frisch gerieben
je 1 Thymian- und Rosmarinzweig
1 Knoblauchzehe, gerieben
2 Blatt Gelatine

Lammcarpaccio

2 Lammhüften ohne Fettdeckel zu je 120 g
je 1 Thymian- und Rosmarinzweig
1 Knoblauchzehe
1 EL Olivenöl
10 g Butter
etwas alter Aceto Balsamico (z. B. Fondo Montobello) zum Beträufeln

Parmesanschaum: Zuerst die Sahne mit Milch, Buttermilch und Parmesan aufkochen. Thymian, Rosmarin und den geriebenen Knoblauch hinzugeben und 20 Minuten auf kleinster Flamme ziehen lassen. Dann die Kräuterzweige herausnehmen und die Gelatine in der warmen Masse auflösen. Mit dem Pürierstab mixen und durchpassieren. In einen Sahnespender füllen, mit der Patrone verschließen und 4 Stunden im Kühlschrank kalt stellen.

Lammcarpaccio: Die Lammhüften in Olivenöl anbraten, die Kräuterzweige und den Knoblauch hinzugeben und bei 120 °C für etwa 12 Minuten in den Ofen geben. Herausnehmen und 5 Minuten ruhen lassen. Die Pfanne, in der das Lamm gebraten wurde, nochmals aufstellen, Butter hinzufügen und aufschäumen lassen. Die Lammhüfte kurz in der schäumenden Butter wenden und aus der Pfanne nehmen. Anschließend das Fleisch in hauchdünne Scheiben schneiden.

Anrichten: Die Fleischscheiben fächerförmig auf eine Platte oder einen Teller legen, mit dem Bratfond und dem Aceto beträufeln und den Parmesanschaum aufspritzen. Dazu passt geröstetes Kartoffelbrot oder Baguette.

Gebratener Handkäse mit Traubenpesto und Endivie

REZEPT VON FRANK SCHMIDT

Für zwei Personen

Traubenpesto

100 g Petersilie
100 g Rucola
75 g grüne Weintrauben
1 EL Kürbiskerne
1 EL Walnüsse
Saft von ½ Zitrone
1 EL Walnussöl
30 ml kaltgepresstes Rapsöl
75 g Parmesan, frisch gerieben
Salz, Pfeffer

Handkäse

2 Handkäse
½ Kopf Endiviensalat
1 Zwiebel
30 ml Weißweinessig
30 ml Maiskeimöl
1 TL Sonnenblumenkerne
1 TL Haferflocken
1 Ei
etwas Mehl

Traubenpesto: Die Petersilie und den Rucola zuerst mit einem Messer grob hacken, die Weintrauben entkernen und die Kürbiskerne mit den Walnüssen ohne die Zugabe von Fett in einer Pfanne anrösten. Alle Zutaten im Mixer grob pürieren und abschmecken.

Handkäse: Aus Essig, Öl und der fein gewürfelten Zwiebel eine Marinade herstellen und den Handkäse zwei Tage darin einlegen. Die Sonnenblumenkerne und Haferflocken mischen. Den Handkäse trocken tupfen, in dem verquirlten Ei wenden und mit der Flocken-Kerne-Mischung panieren. In heißem Butterschmalz von beiden Seiten braten. Zwischenzeitlich den Endiviensalat putzen und in grobe Stücke schneiden.

Anrichten: Ein wenig Marinade des Käses über den Salat geben, den Käse anlegen und mit dem Pesto beträufeln.

ziegenkäse im kürbismantel mit kapernvinaigrette

REZEPT VON FRANK SCHMIDT

Für zwei Personen

ziegenkäse

100 g Ziegenkäse (z. B. Picandou)
30 g Mascarpone
2 EL Honig
1 Kürbis
50 g Butter
50 g Honig für Schmelze
Flor de Sal Hibiscus (mallorquinisches Meersalz, aromatisiert)
Pfeffer

vinaigrette

2 EL Honig
je 1 Prise Salz und Zucker
Pfeffer aus der Mühle
20 ml Aceto Balsamico
20 ml Walnussöl
20 ml Olivenöl
1 Schalotte
1 Tomate
1 EL Kapern
1 TL Blattpetersilie, gehackt

salat

100 g Salatherzen

ziegenkäse: Ziegenkäse mit einer Gabel zerdrücken und den Mascarpone unterarbeiten. Mit zwei Esslöffeln Honig und dem Flor de Sal abschmecken. Den Kürbis mithilfe der Aufschnittmaschine in dünne Scheiben schneiden und in gesalzenem Wasser kurz blanchieren. Abschrecken, abtropfen lassen und in Quadrate schneiden. Die Ziegenkäsemasse auf die Kürbisscheiben dressieren und zu Cannelloni einrollen. In einer Pfanne die Butter mit dem Honig schmelzen und über die Cannelloni gießen. Mit Salz und Pfeffer würzen und bei 160 °C circa 8–10 Minuten garen.

vinaigrette: Zuerst den Honig erhitzen und noch warm mit Zucker, Pfeffer und Salz verrühren. Anschließend erst den Balsamico und dann das Oliven- und Walnussöl nach und nach unterarbeiten. Die Tomate einritzen, blanchieren, häuten, entkernen und würfeln. Die Schalotte ebenfalls fein würfeln und in wenig Olivenöl glasig anschwitzen. Tomatenwürfel hinzugeben und vom Herd nehmen. Dann die Kapern, die Vinaigrette und die Petersilie dazugeben und nach Belieben mit Salz und Pfeffer nachwürzen.

anrichten: Den Salat putzen und auf zwei Teller verteilen. Die Ziegenkäse-Kürbis-Cannelloni anlegen und alles mit der Vinaigrette beträufeln.

warmer crottin de chavignol mit Brennnesselcreme und Pekannusskrokant

REZEPT VON FRANK SCHMIDT

Für zwei Personen

pekannusskrokant

200 g Pekannüsse
100 g Zucker
30 ml Weißwein

Brennnesselcreme

100 g Brennnesseln
50 g Crème fraîche
1 Blatt Gelatine
1 Spritzer Zitrone
1 Msp. Natron
Meersalz, Pfeffer

crottin de chavignol

2 kleine Crottins de Chavignol
100 g gelber Löwenzahnsalat
20 ml Walnussöl
20 ml Sherryessig
1 EL Honig
Salz, Pfeffer

pekannusskrokant: Zucker mit Weißwein aufkochen und weiter erhitzen, bis die Mischung honigfarben ist. Die Nüsse hinzugeben und vom Herd nehmen. Dann die Masse auf ein Backpapier gießen, ein zweites Backpapier oben auflegen und mit dem Nudelholz ausrollen. Vorsicht, die Masse ist sehr heiß. Den erkalteten Krokant grob zerkleinern.

Brennnesselcreme: Zuerst etwas Wasser mit Natron zum Kochen bringen und die Brennnesseln circa 10 Sekunden darin blanchieren. Abgießen und mit kaltem Wasser abschrecken. Die Brennnesseln dann gut ausdrücken und mit der Crème fraîche glatt mixen. Ein wenig dieser Creme erwärmen und die eingeweichte Gelatine darin auflösen. Unter den Rest der Creme arbeiten und mit Zitronensaft, Salz und Pfeffer abschmecken.

crottin de chavignol: Aus Essig, Öl und Gewürzen ein Dressing herstellen und den Löwenzahn darin marinieren. Den Crottin de Chavignol bei 160 °C circa 5 Minuten in den Ofen geben.

anrichten: Den Pekannusskrokant in die Mitte eines länglichen Tellers geben und den noch warmen Crottin de Chavignol daraufsetzen. Links davon einen Klecks der Brennnesselcreme auf den Teller geben und auf der rechten Seite etwas Löwenzahnsalat anrichten.

Terrine von geräuchertem Mozzarella und Aubergine mit gebratenem Kaninchenrücken

REZEPT VON FRANK BUCHHOLZ

Für vier Personen

Terrine

160 g Kaninchenrückenfilet
200 g geräucherter Mozzarella
2 Auberginen
30 Tomaten
1 EL Champagneressig
1 EL Gin
1 TL Zucker
6 Blatt Gelatine
140 g gemischte Blattsalate
Olivenöl zum Braten
Meersalz
Pfeffer aus der Mühle

Die Auberginen längs in dünne Scheiben schneiden, in etwas Olivenöl anbraten, mit Salz und Pfeffer würzen und auf einem Stück Küchenpapier abtropfen lassen. Zehn der Tomaten einritzen, blanchieren, häuten, vierteln und entkernen. Den Mozzarella in 5 Millimeter dünne Scheiben schneiden. Alles beiseitestellen.

Die restlichen 20 Tomaten klein schneiden, den Strunk entfernen, dann im Mixer mit dem Champagneressig, Gin, Zucker, Salz und Pfeffer mixen. Die Masse in ein Passiertuch geben und den Fond auffangen (es sollte 400 Milliliter Flüssigkeit ergeben.) Den Fond erhitzen und die eingeweichte und ausgedrückte Gelatine einrühren.

Eine Terrinenform mit Folie auslegen und die Seiten mit einem Teil der Auberginenscheiben auslegen, sodass sie über den Rand überstehen. Dann abwechselnd Tomatenviertel, Mozzarella und Aubergine in die Terrinenform schichten. Jede Schicht mit Tomatenfond angießen. Zum Schluss die überstehenden Auberginenscheiben einklappen, sodass die Oberfläche geschlossen ist. Die Form beschweren und im Kühlschrank für circa 4 Stunden kalt werden lassen.

Das Kaninchenrückenfilet in acht Medaillons schneiden, mit Salz und Pfeffer würzen und in etwas Öl beidseitig anbraten.

Anrichten Die Terrine in 2 Zentimeter dicke Scheiben schneiden. Eine Scheibe der Terrine auf den Teller setzen. Den Blattsalat marinieren und danebensetzen. Die gebratenen Kaninchenmedaillons darauflegen.

Ricotta-Nuss-Ravioli mit Balsamico-Oliven-Vinaigrette

REZEPT VON FRANK BUCHHOLZ

Für vier Personen

Ravioliteig

250 g Nudelgrieß
300 g Mehl Type 405
6 Eigelb
5 Eiweiß
1 TL Salz
1 EL Olivenöl
1 EL weiche Butter

Füllung

50 g gemischte Nüsse, gehackt
150 g Ricotta
10–12 große Basilikumblätter
1 Ei zum Bestreichen
Mehl zum Bestreuen
Meersalz
weißer Pfeffer aus der Mühle

Vinaigrette

10 schwarze Oliven
10 grüne Oliven
1 Romatomate
6 Basilikumblätter
1 Msp. Senf
2 EL gelagerter Aceto Balsamico
2 EL junger Aceto Balsamico
2 EL Gemüsebrühe
50 ml reduzierter Madeira
8 EL mildes Olivenöl
Meersalz
weißer Pfeffer

Garnitur

einige Blätter Oregano
Parmesan, frisch gerieben

Nudelteig: Alle Zutaten in einer Küchenmaschine mit einem Knethaken auf niedriger Stufe 10 Minuten kneten. Den Teig auf der Arbeitsfläche nochmals circa 5–10 Minuten nachkneten, dann in Folie einschlagen und mindestens 1 Stunde kalt stellen.

Füllung: Die Nüsse trocken in einer Pfanne goldgelb anrösten. Danach auskühlen lassen. Den Ricotta in einer Schüssel glatt rühren, das Basilikum und die Nüsse unterrühren und alles mit Salz und Pfeffer gut abschmecken.

Vinaigrette: Die Oliven entsteinen und klein würfeln. In einer Schüssel den Senf mit beiden Essigsorten, der Brühe, dem Madeira und Salz und Pfeffer glatt rühren. Zuletzt das Olivenöl nach und nach einrühren. Das Basilikum in feine Streifen schneiden und vor dem Anrichten unter die Vinaigrette mischen.

Ravioli: Den Ravioliteig halbieren und zu 1 Millimeter dünnen Platten ausrollen. Auf eine der Teigplatten die Ricottamischung in kleinen Häufchen aufsetzen. Die Zwischenräume mit verquirltem Ei bestreichen, die zweite Teigplatte auflegen und an den Rändern in den Zwischenräumen blasenfrei andrücken. Ravioli mit einem Ravioliausstecher ausstechen, mit Mehl bestäuben und auf ein Tuch legen.

Anrichten: Die Ravioli in 2 Liter kochendem Salzwasser etwa 2 Minuten garen, abgießen und auf Tellern anrichten. Mit der Vinaigrette überziehen und mit Parmesan und Oregano garnieren.

Lasagne von der Buttermilchmousse mit Orangen-Mandelblättern

REZEPT VON FRANK BUCHHOLZ

Für vier Personen

Buttermilchmousse

250 ml Buttermilch
3 Blatt Gelatine
75 g Zucker
Saft von 1 Zitrone
Saft von 1 ½ Limetten
200 ml Sahne
400 g Erdbeeren
Puderzucker
Grand Marnier

Orangen-Mandelblätter

110 g Zucker
65 g Mandelmehl
65 g flüssige Butter
65 ml Orangensaft
35 g Mehl

Garnitur

Beeren der Saison

Buttermilchmousse: Buttermilch in eine Schüssel geben, Gelatine in kaltem Wasser einweichen. Den Zucker in eine Schüssel geben und mit dem ausgepressten Saft von den Limetten und der Zitrone leicht erwärmen, bis sich der Zucker auflöst. Nun die eingeweichte und ausgedrückte Gelatine einrühren, bis sie sich aufgelöst hat, und durch ein Sieb in die Buttermilch geben. Die Buttermilch auf einem Eiswasserbad kalt rühren und anschließend die leicht geschlagene Sahne unterheben, in eine Schüssel füllen und kalt stellen. 200 Gramm der Erdbeeren mit Puderzucker pürieren, passieren und mit Grand Marnier abschmecken.

Orangen-Mandelblätter: Alle Zutaten mit einem Rührgerät circa 3–5 Minuten zu einer homogenen Masse rühren. Nun aus einem Plastikdeckel (z. B. von einem Eimer) eine runde Schablone mit einem Durchmesser von 8 Zentimetern ausschneiden. Der Rand muss dabei unbeschädigt bleiben, da das Loch die Schablone darstellt. Mithilfe dieser Schablone die Masse dünn zu Kreisen auf Backpapier aufstreichen. Im Ofen bei 200 °C Ober-/Unterhitze circa 5–6 Minuten backen. Nach dem Backen auf dem Tisch auskühlen lassen und in eine luftdichte Box geben.

Anrichten: Einen kleinen Klecks Buttermilchmousse in die Mitte des Tellers geben und ein Mandelblatt drauflegen. Nun mit dem Spritzbeutel einen Ring Buttermilchmousse auf das Mandelblatt spritzen. Die restlichen 200 Gramm Erdbeeren in kleine Würfel schneiden und mit Grand Marnier und Puderzucker marinieren. Einen Löffel davon in die Mitte der Buttermilchmousse geben. Das nächste Mandelblatt mit Puderzucker bestreuen und oben daraufsetzen. Noch einmal einen Punkt Mousse aufspritzen und mit einem Minzblatt garnieren. Die Erdbeersauce um die Buttermilchmousse ringförmig nappieren. Mit Beeren der Saison ausgarnieren.

quarksoufflé mit rosmarinbirnen

REZEPT VON FRANK BUCHHOLZ

Für vier Personen

birnen-rosmarin-kompott

250 g Birnen
150 g Zucker
3 g Pektin
1 Zweig Rosmarin
1 Nelke
1 Zimtstange
10 ml Zitronensaft

soufflé

200 g Quark
3 Eigelb
70 g Zucker
Abrieb von ½ Zitrone
4 Eiweiß
Butter und Zucker für die Förmchen

birnen-rosmarin-kompott: Die Birnen schälen, entkernen, würfeln und mit der Hälfte des Zuckers zum Kochen bringen. Den restlichen Zucker, vermischt mit Pektin, Rosmarin, Nelke und Zimtstange, dazugeben. Das Kompott kurz aufkochen, dann den Zitronensaft unterrühren und die Zimtstange sowie die Nelke entfernen. Das Birnenkompott in gebutterte und gezuckerte Souffléförmchen füllen und zum Gelieren kalt stellen.

soufflé: Eigelbe mit der Hälfte des Zuckers in der Küchenmaschine schaumig aufschlagen. Dann den Quark und die abgeriebene Zitronenschale in die Eigelbmasse rühren. Die Eiweiße in der Küchenmaschine steif schlagen, den restlichen Zucker dazugeben und noch circa 1 Minute weiterschlagen, bis das Eiweiß richtig fest ist.

Das aufgeschlagene Eiweiß unter die Quarkmasse heben und die Masse auf dem gelierten Kompott verteilen. Die Förmchen im Wasserbad im auf 180 °C vorgeheizten Ofen circa 15–20 Minuten backen. (Wichtig: Während des Backens den Ofen nicht öffnen!) Mit Puderzucker bestreuen und sofort servieren.

Glossar

A

Affineur: Fachkraft für die Käsereifung und -pflege.

Affinieren: Das Pflegen der Käselaibe bis zum optimalen Reifegrad.

Almkäse: Auch Alpkäse genannt. Darunter fallen alle Käsesorten, die auf Almen in Bergregionen der Alpen hergestellt werden.

AOC: Abkürzung von Appelation d'Origine Contrôlée. Das ist ein Schutz und eine Garantie für Qualitätsprodukte. Es bestimmt die Milch, die Region, die Herstellungsmethode und die Dauer der Reifung.

Aroma: Fruchtjoghurt wird oft mit Aromen versetzt, um den natürlichen Fruchtgeschmack zu verstärken. Man unterscheidet zwischen natürlichen Aromastoffen, die aus natürlichen Ausgangsstoffen wie zum Beispiel echter Vanille gewonnen werden, naturidentischen Aromastoffen, die synthetisch nachgemacht werden (Vanillin), und künstlichen Aromastoffen, die synthetisch ohne natürliches Vorbild hergestellt werden.

B

Bergkäse: Bezeichnung für eine Standardsorte, die überall hergestellt werden kann – sie hat keine regionale Begrenzung. Lediglich die Trockenmasse, die Größe und eine Mindestreifezeit von 90 Tagen sind festgelegt.

Bibeleskas: Im Elsass gebräuchliche Bezeichnung für Quark.

Bifidusjoghurt und Bifidusmilch: Enthalten lebende Bifiduskulturen, die im Darm eine probiotische Wirkung erzielen können. Meist kommen noch weitere Milchsäurebakterien dazu, weil Bifiduskulturen alleine die Milch zu langsam säuern.

Bleu: Bedeutet blau und auf Käse bezogen Blauschimmelkäse.

Brebis: Französisch für Schaf.

Brimsen: Österreichische Bezeichnung für Frischkäse aus Schafmilch.

Bruchmasse: Wird Milch zur Gerinnung gebracht, trennen sich die festen Bestandteile von den flüssigen. Diese festen Bestandteile werden als Bruchmasse bezeichnet.

Butterkäse: Diese Bezeichnung ist gebräuchlich für viele halbfeste Schnittkäse, deren Fett i. Tr. nicht über 55 Prozent liegt.

C

Cage du Fromage (Käsekäfig): Ein kleiner Holzkasten, dessen Seitenteile mit Fliegendraht bespannt sind, damit die Luft zirkulieren kann und der Käse trocknet.

Cendré: Französisch für geascht. Bei der Asche handelt es sich um aufbereitete und pulverisierte Holzkohle. Diese wird vornehmlich zum Bestreuen von Ziegenkäse verwendet.

Chèvre: Französisch für Ziege.

Curd: Englisch für Bruch.

D

Diätjoghurt: Für Diabetiker geeigneter Joghurt und Fruchtjoghurt, bei dem der normale Haushaltszucker durch Zuckeraustauschstoffe, Fruchtzucker und/oder Süßstoff ersetzt wird.

Dicklegen: So nennt man den Prozess, der die Milch durch Hinzufügung von Lab oder Säurekulturen zur Gerinnung bringt.

Dorfkäsereien: Handwerklich arbeitende Betriebe, die nur die Milch bestimmter Bauernhöfe aus einem kleinen Umkreis verarbeiten.

E

Einfrieren: So gut wie alle Milchprodukte, einschließlich der Milch selbst, können problemlos eingefroren werden – mit zwei Ausnahmen: Joghurt und saure Sahne flocken dabei aus.

Eiweiß: Milchprodukte enthalten generell viel hochwertiges Eiweiß, d. h. lebensnotwendige Eiweißbausteine, die der Körper zum Aufbau von körpereigenem Eiweiß benötigt. Besonders wichtig ist die Eiweißquelle aus Milchprodukten bei Vegetariern. Das in Sauermilchprodukten enthaltene Eiweiß ist besonders leicht verdaulich.

F

Farbstoffe: In der EU sind Farbstoffe in Sauermilchprodukten mit Fruchtzubereitungen gesetzlich erlaubt. Es kommen hauptsächlich Carotinoide aus Pflanzenextrakten oder Betanin aus Roten Rüben zum Einsatz. In Österreich ist laut österreichischem Lebensmittel-Codex die Zugabe von Farbstoffen in Sauermilchprodukten verboten.

Farmhouse Cheese: Englisch für Bauernkäse, auf Französisch Fromage fermier. Meist handelt es sich um traditionell gefertigte Käse auf Rohmilchbasis.

Fermentation: So nennt man den Prozess, der einen Teil des Milchzuckers der Milch über diverse Zwischenstufen durch verschiedene Mikroorganismen in Milchsäure umsetzt, wodurch Sauermilchprodukte wie Joghurt, Buttermilch und saure Sahne entstehen.

Fett: Je nach Fütterung und Rinderrasse beträgt der Fettgehalt der Rohmilch rund vier Prozent. Bei der Weiterverarbeitung in der Molkerei wird die Milch dann je nach Sorte auf einen bestimmten Fettgehalt eingestellt.

Fett i. T.: Fett in der Trockenmasse. Wenn dem Käse jede Flüssigkeit entzogen wird, verbleibt die Trockenmasse. Die Angabe bezieht sich auf den Anteil von Fett in dieser Trockenmasse.

Filata-Käse: Alle Käse, deren Bruch mit heißer Flüssigkeit überbrüht, geknetet und zu Stangen gezogen wird, z. B. Mozzarella.

Fromage fermir: Französisch für Bauernkäse, siehe auch Farmhouse Cheese.

FSH-Milch: Beim »Falling Stream Heater«-Verfahren wird die Milch buchstäblich im freien Fall für knapp zwei Sekunden mit heißem Dampf auf 125 °C erhitzt. Dieses schonende Verfahren führt dazu, dass die Milch wie frische und nicht wie gekochte Milch schmeckt. Außerdem ist sie gekühlt über zwei Wochen haltbar und behält ihren vollen Vitamingehalt. Sie ist als fettarme und als Vollmilch erhältlich, teilweise auch als Biomilch in Reformhäusern und Bioläden.

G

Gewürze: Käse können mit den unterschiedlichsten Gewürzen aromatisiert werden, die ihnen einen völlig anderen Geschmack verleihen: Ganze oder zerstoßene Pfefferkörner (grün oder schwarz) oder Kümmel gehören zu den am häufigsten verwendeten.

Girolle: Käseschaber für einen Käse mit gepresstem Teig. Vor allem bekannt mit Tête de Moine.

Gütesiegel (Siehe AOC)

H

Heumilchkäse: Ist in Österreich ein gebräuchlicher Ausdruck für Käse aus Milch von Kühen, die im Sommer ausschließlich Almen beweidet und im Winter nur Getreideschrot und Heu und kein Silofutter bekommen haben. Bergkäse muss immer aus Heumilch hergestellt werden.

Homogenisierung: Durch Homogenisieren wird das natürliche Aufrahmen des Fettes in der Milch verlangsamt. Dabei wird die Milch bei 50–70 °C unter großem Druck durch eine feine Düse gepresst. Die Fettkügelchen werden so fein zerkleinert und gleichmäßig (homogen) verteilt, dass es nur noch unmerklich und nach langer Zeit zu einem Aufrahmen kommt. Auch der Geschmack wird dadurch vollmundiger.

Hüttenkäse: Magerer, körniger Frischkäse.

K

Kälberlab: Das meistverwendete Lab für die traditionelle Käseherstellung. Es enthält die Enzyme Chymosin und Pepsin und ist für die Gerinnung der Milch verantwortlich.

Kasein (auch Casein): Das Milcheiweiß der Kuhmilch besteht zu rund 80 Prozent aus Kasein, das in feinsten Partikeln in der Milch verteilt ist und zur Käseherstellung gewonnen wird. Durch Zusatz von Säure oder Lab wird es abgeschieden.

Kalzium: Kalzium ist unentbehrlich für den Knochen- und Zahnaufbau, die Blutgerinnung, die Muskelkontraktion und die Stabilisierung der Zellen. Vor allem für eine stabile Knochenstruktur ist Kalzium äußerst wichtig und stellt einen wirksamen Schutz vor Osteoporose dar. In keinem anderen Nahrungsmittel tritt Kalzium so konzentriert auf wie in Milch und Milchprodukten.

Käsebohrer: Ein einfaches Prüfgerät, mit dem man dem Hartkäse Proben entnimmt, um Reife und Qualität zu beurteilen.

Käsedraht: Zwei kurze Holzstücke, die mit einem Draht verbunden sind; wird zum Schneiden von Hartkäse verwendet.

Käseflora: Gesamtheit der Mikroorganismen, die in der Milch enthalten sind und die die Herstellung und Reifung des Käses beeinflussen.

Käseharfe: Mit diesem Gerät wird die dickgelegte Milch zerschnitten. Es besteht aus zwei Metallstäben, zwischen die Drähte gespannt sind.

Käsehobel: Gerät zum Schneiden von Hartkäse.

Käsehorden: Spezielle, stapelbare Käsepaletten, auf denen der Käse gelagert und gereift wird.

Käsemilben: Hierbei handelt es sich um 0,5 Millimeter große Milben, die besonders gern bei der Reifung von Tommes und Mimolette eingesetzt werden. Da die Milbe ein Schimmelvertilger ist, entwickeln sich andere Enzyme bei der Reifung. Durch die Oxidation wird damit die Reifung beeinflusst.

L

Lab: Lab ist ein Ferment aus dem Kälbermagen, das eine Gerinnung der Milch ohne zu säuern bewirkt. Im Lab ist das Enzym Chymosin zur Dicklegung der Milch und damit zur Käseherstellung enthalten. Es gibt auch pflanzliches Lab wie z. B. aus Disteln oder Artischocken.

Labersatzstoffe: Entweder Pilzarten, die speziell für die Milchgerinnung kultiviert wurden, oder gentechnisch veränderte Mikroorganismen, die diese Funktion ebenfalls übernehmen.

Lactobazillen (siehe Starterkulturen)

Laktose: Die Milch enthält als Kohlenhydrat 4,6–5 Prozent Laktose, die aus Glukose (Traubenzucker) und Galaktose besteht. Darmbakterien bauen Laktose bei der Verdauung teilweise in Milchsäure um. Laktose liefert nicht nur Energie, sondern fördert auch die nützliche Tätigkeit der Mikroorganismen im Darm.

Laktoseintoleranz: Hierbei kann der Milchzucker, die Laktose, vom Körper nicht in seine Bestandteile Glukose und Galaktose gespalten werden, da dem Körper das Enzym Laktase fehlt oder es nicht ausreichend im Organismus vorhanden ist. Klassische Symptome der Unverträglichkeit sind Blähungen und Durchfall sowie Übelkeit und Erbrechen.

Lichtmethode: Praktik zur Veränderung des Fortpflanzungszyklus bei Ziegen und Schafen, indem die Lichtverhältnisse der Sommer- oder Wintermonate simuliert werden.

Lochbildung: Entstehung von Hohlräumen im Käselaib durch Kohlendioxid.

M

Milchsäurebakterien: Vergären den Milchzucker zu Milchsäure und senken den pH-Wert.

Milchzucker (siehe Laktose)

Molke: Flüssiger Bestandteil der geronnenen Milch.

N

Naturrein: Bei Joghurt darf zum Beispiel nur von »naturrein« die Rede sein, wenn er vollkommen frei von Aromastoffen ist.

Nachwärmen: Der Vorgang, wenn das ausgerührte Bruchkorn in der Molke noch einmal nachgewärmt wird, um ihm Flüssigkeit zu entziehen.

O

Obers: In Österreich gebräuchliche Bezeichnung für süße Sahne (auch Rahm).

P

Pasteurisieren: Nach dem französischen Mikrobiologen und Chemiker Louis Pasteur benanntes Verfahren, bei dem die Milch schonend für kurze Zeit (15 bis 40 Sekunden) auf 71–74 °C erhitzt und sofort wieder abgekühlt wird.

Penicillium candidum: Weiße Schimmelkultur für Käse mit Außenschimmel wie z. B. Camembert. Sie riecht frisch und ein wenig nach Champignons.

Penicillium glaucum: Lateinischer Name eines Blauschimmelpilzes.

Penicillium roqueforti: Schimmelpilz für die meisten Blau- und Grünschimmelkäse wie Roquefort, Gorgonzola und Stilton.

Pikieren: Das Anstechen des Käseteiges mit Nadeln, damit sich der Blau- oder Grünschimmel besser entwickeln kann.

Präbiotika: Ballaststoffe (z. B. aus der Zichorienwurzel), die das Wachstum erwünschter Mikroorganismen, der Probiotika, fördern und aktivieren.

Präbiotika: Aus dem Griechischen (pro bios = für das Leben) übernommene Definition für lebende Mikroorganismen, die in Joghurt-Milchsäurebakterien enthalten sind. Diese Kulturen fördern das optimale Verhältnis der Bakterien im Darm und tragen so zur Stärkung der Darmflora bei. Dadurch werden die Abwehrkräfte des menschlichen Organismus gestärkt. Diese allgemein gesundheitsfördernde Wirkung tritt jedoch nur ein, wenn man täglich probiotische Lebensmittel verzehrt.

Propionsäurebakterien: Sie sind für die runden, großen Löcher im Käse, z. B. beim Emmentaler, verantwortlich, indem sie die Milchinhaltsstoffe vergären lassen und dadurch Kohlendioxid entsteht.

R

Rahm: In Österreich gebräuchliche Bezeichnung für Sahne (auch Obers).

Reifegrad: Wird normalerweise in vier Stufen eingeteilt: viertelreif, halbreif, dreiviertelreif und vollreif. Ziegenkäse stellt eine Ausnahme dar, dort spricht man von frisch, halbtrocken oder trocken.

Reifekeller: Alle Räumlichkeiten, in denen ein Käse reift.

Reifekulturen: Bauen Eiweiß und Fett durch Enzyme ab. So werden verschiedene Aromen und Geschmacksstoffe gebildet. Die Reifekulturen sind Rein- oder Mischkulturen und bestehen aus verschiedenen Mikroorganismen.

Rohmilch: Direkt ab Hof verkaufte, unbehandelte Milch. Rohmilch sollte möglichst sofort verzehrt werden, weil sich die darin enthaltenen Keime trotz Kühlung schnell vermehren können. Empfindliche Menschen, Säuglinge, Schwangere, Stillende, kranke und alte Menschen sollten besser zu pasteurisierter Frischmilch greifen.

Rohmilchkäse: Dieser Käse wird aus nicht über 40 °C erhitzter Milch hergestellt. Bei diesem Vorgang können die natürlichen Bakterien erhalten bleiben und dem Käse einen charakteristischen und regionaltypischen Geschmack verleihen. Eine andere Bezeichnung ist Traditionskäse.

Rotkulturen, Rotschmiere: Rotschmiere enthält das Brevibacterium linens, das den Käseteig von außen nach innen reifen lässt. Sie verleiht den Käsen die rötliche Färbung und trägt zu seiner charakteristischen Reife bei, wie z. B. bei Tilsiter, Limburger und Romadur.

S

Salzbad: Eine 15- bis 20-prozentige Salzlösung, in die die frisch geformten Hartkäse für zwei bis drei Tage eingelegt werden, was sowohl Geschmacks- als auch Rindenbildung fördert.

Schimmelkulturen: Speziell gezüchtete Oberflächen- und Innenschimmelkulturen, die zur Sicherung der Produktion dem Käse aufgesprüht oder eingeimpft werden.

Schmiere: Äußere Schicht bei allen Käsen mit gewaschener Rinde, bestehend aus säureabbauenden Bakterien. Sie wird durch regelmäßiges Abwaschen mit Salzwasser (oder anderen Flüssigkeiten) gefördert.

Sömmern: Auf »Österreichisch« die Almhaltung von Milchkühen und Jungvieh.

Silofreie Milch: Diese Milch stammt von Kühen, die kein Silofutter erhalten haben. Voraussetzung für die Herstellung von Rohmilchkäsen (Traditionskäsen).

Sterilisieren: *Wärmebehandlung der Milch, die dem Haltbarmachen dient. Die Milch wird 20 bis 40 Minuten auf 109–115 °C erhitzt, z. B. zur Herstellung von Kondensmilch.*

Starterkulturen: *Meist hauseigene Milchsäurebakterien, die den Milchzucker zu Milchsäure wandeln und jeder Käseproduktion zugegeben werden.*

T

Topfen: *In Österreich gebräuchliche Bezeichnung für Quark.*

Traditionskäse: *Käse, die handwerklich und auf traditionelle Art und Weise hergestellt werden und deren Rezepturen oft schon einige Hundert Jahre alt sind.*

Trockenkammer: *Der erste Reifekeller, in den die Käse nach der Herstellung gelangen.*

U

Ultrahocherhitzung: *Die Ultrahocherhitzung wird zum Haltbarmachen von Milch angewandt. Dabei wird die Milch ein bis vier Sekunden auf mindestens 135 °C erhitzt. Die ultrahocherhitzte Milch, auch H-Milch genannt, ist ungeöffnet mindestens sechs Wochen, in der Regel jedoch drei bis vier Monate haltbar.*

V

Vaca / Vacca / Vache: *Spanisch / italienisch / französisch für Kuh.*

Verkäsung: *Die Verarbeitung von Milch zu Käse.*

Z

Zentrifugieren: *Zentrifugieren bzw. Separieren ist der Vorgang, mit dem die frisch angelieferte Rohmilch mithilfe von Zentrifugen (Separatoren) grob gereinigt und von Schmutzpartikeln befreit wird. Zudem wird beim Zentrifugieren das Fett von der restlichen Milch getrennt. Dadurch kann der gewünschte Fettgehalt eines Milchprodukts anschließend eingestellt werden.*

Adressen und Events

Die Weltmilchnacht

Salzburg hat sich etwas ganz Besonderes und Kreatives ausgedacht, um die Milch und ihre guten Eigenschaften zu würdigen: Die Weltmilchnacht, die im Mai 2008 schon zum achten Mal veranstaltet wurde. Würdiger Rahmen ist der barocke Mirabellgarten, der sich in das »Zauberland Mikrobinien« verwandelt und einen äußerst vergnüglichen Blick auf den Mikrokosmos der Milch wirft. Rund 40 Akteure erweckten dabei die Bestandteile der Milch wie Vitamine, Fett, Kohlenhydrate und Eiweiß zum Leben. Gut 10 000 vorwiegend in Weiß gekleidete Besucher konnten sich in diesem weißen Milchparadies vergnügen und dabei natürlich auch die verschiedensten Milchprodukte verkosten. Diejenigen, die sich nicht an den weißen Dresscode hielten, wurden zu einer kleinen Spende aufgefordert, die dann noch einem wohltätigen Zweck zugute kam.

www.salzburg.com

Der Internationale Tag der Milch

Jährlich am 1. Juni feiert die Traditionsmolkerei Weihenstephan mit vielfältigen Attraktionen und Informationen rund um das weiße Gold den «Internationalen Tag der Milch« im Münchner Olympia-Park. Ab 13 Uhr können die Besucher an einer Milchbar die leckeren und gesunden Produkte genießen und auch bei Spielen und Wettkämpfen kann man genussvolle Preise gewinnen. Der »Internationale Tag der Milch« blickt bald auf eine 50-jährige Tradition zurück.

www.molkerei-weihenstephan.de

Sterzinger Joghurttage

Die im September stattfindenden Sterzinger Joghurttage im Südtiroler Sterzing gibt es schon seit elf Jahren. Das vielfältige Rahmenprogramm bietet von jedem und für jeden etwas. Neben Kräuterwanderungen, einer Besichtigung einer Teppichweberei oder Besuch eines Bauernhofes präsentieren viele Hotels und Restaurants dann auch besondere Gerichte und Menüs mit Joghurt.

www.joghurttage.com

Käsefestival Bad Tölz

Die malerische Altstadt des bayerischen Städtchens Bad Tölz bildet die Kulisse für das erste Käsefestival im Juni 2009. Käseproduzenten und Winzer aus Deutschland und dem europäischen Ausland zeigen die Vielfalt ihrer Produkte. Das Festival hat den Anspruch, in Zukunft die wichtigste Veranstaltung rund um die traditionelle Käseherstellung zu werden. Neben einer Ausstellung zur handwerklichen Verarbeitung der Milch bietet ein buntes Rahmenprogramm etwas für jeden Geschmack. Vorträge zu Rinderrassen, Milch und Käse, Kochshows, Käsemarkt, Kinderprogramme, Degustationen, Schaukäsen unter aktiver Mithilfe des Publikums und vieles mehr machen Appetit auf Käse in seiner ganzen Vielfalt.

www.kaesefestival.de

Käsefestival Sand in Taufers

Im März 2010 findet im Pustertal das 9. Käsefestival statt – ein Fest für Freunde des gelben Goldes, das alle zwei Jahre weit über 10 000 Besucher anlockt. Über 500 Käsespezialitäten aus Südtirol und ganz Europa warten auf Interessierte, die an geführten Verkostungen teilnehmen können, darunter auch fast ausgestorbene regionale Raritäten und sogar den »Würchwitzer Milbenkäse« probieren dürfen!

www.kaesefestival.com

Käsefestival in Kärnten

Jeweils am letzten Septemberwochenende kommen Tausende von Käsefans nach Kärnten, um die verschiedenen Käsespezialitäten, auch aus den Nachbarländern, zu verkosten. Dazu gibt es natürlich ein umfangreiches Rahmenprogramm mit Trachtenumzügen, bäuerlichem Handwerk und vielem mehr. Dieses Festival wurde 2007 als einziges kulinarisches Festival in den Guide Michelin aufgenommen.

www.kaese-festival.at

Erlebnismuseum

Einen Besuch wert ist das Erlebnismuseum im Südtiroler Grödnertal. Hier wird die Welt der Grödner Bauern und ihrer stolzen Kühe auf kreative Weise anschaulich gemacht. Kleine und große »Bauern« können dabei auch ihre Künste als Melker an künstlichen Kühen demonstrieren.

www.gardenalat.it

Museo del Parmigiano-Reggiano

In der Nähe von Parma befindet sich dieses Museum, das auf sehr anschauliche Art Geschichte und Herstellung und alles rund um den berühmten Käse vermittelt.

www.museodelcibo.it

Holländisches Käsemuseum

Das holländische Käsemuseum befindet sich mitten im Zentrum der Käsestadt Alkmaar und widmet sich der Herstellung von Molkereiprodukten durch die Jahrhunderte, dem Handel und dem Leben auf dem Land. Die Sammlung besteht unter anderem aus historischen Gebrauchsgegenständen, Film- und Bildmaterial sowie Gemälden.

www.kaasmuseum.nl

Käsestraße Schleswig-Holstein

Sie führt einmal rund um Schleswig-Holstein und verbindet Käse produzierende Betriebe. Auf über 500 Kilometern kann man viele Sehenswürdigkeiten bestaunen, bei einigen Käsereien auch Käse einkaufen. Über Käsemärkte, Schaukäsen und Käsedegustationen, Hofbesichtigungen und Führungen informiert die Website.

www.kaesestrasse-sh.de

Westallgäuer Käsestraße

Auch der Süden Deutschlands hat seine Käsestraße: Elf traditionelle Sennereien, über das wunderschöne Allgäuer Alpenland verteilt, bieten allerlei Interessantes und Spannendes rund um das Thema Milch und Käse.

www.westallgaeuer-kaesestrasse.de

weitere Käsestraßen:

www.milchundkaesestrasse.de
www.milchhandwerk.info
www.kaesestrasse.at

Schaukäserei Drei Zinnen

Nach einem informativen Blick auf die Schautafeln im Eingangsbereich kann sich der interessierte Besucher unter fachkundiger Führung die gesamte Käseproduktion erklären lassen und im Anschluss die Käsesorten verkosten.

www.schaukaesereidreizinnen.com

Psairer Bergkäse Bio

Die Genossenschaft im Südtiroler Passeiertal bietet hochwertige Erzeugnisse aus Biomilch (Butter, Sahne, Käse aus Kuh- und Ziegenmilch) sowie bäuerliche Produkte. Ganz neu ist der »Kaffeekäse« mit Zugabe von biologisch angebautem Kaffee.

www.psairerbergkaeserei.com

Alpkäserei Wasserberg

Das wunderschöne Muotatal ist eines der urigsten und typischsten Schweizer Bergtäler. Bei Familie Gerold Gwerder kann man zwischen Juni und Oktober an einer Besichtigung der Almen teilnehmen, zusehen, wie echter Alpkäse entsteht und so einen Einblick in das Älplerleben bekommen. Ende Oktober/Anfang November findet dann die »Muotitaler Alpchäsmärcht« statt, ein Volksfest mit Musik und Käsemarkt.

www.alpkaeserei-wasserberg.ch

Käserei Fügen

Im schönen Zillertal kann sich der interessierte Besucher in der Schaukäserei die Milchverarbeitung und Käseherstellung anschauen, dazu gibt ein Käsemuseum Einblick in die Geschichte von Milch und Käse. Natürlich stehen sämtliche Produkte von Butter über Milch bis zu den Käsespezialitäten wie etwa Graukäse oder Hochfügener Almkäse zum Verkauf bereit.

www.kaeserei-fuegen.at

Sennerei Schweineburg

Hier wird der Original Allgäuer Bergkäse hergestellt, außerdem kann man an Wanderungen teilnehmen.

www.allgaeuer-bergkaese.de

Stundenplan

für

....

Mit seinem ersten Erdenschrei
wünscht sich das Kind
die Milch, den Brei.
Und alles ist damit beschäftigt
dem Wunsch zu folgen,
der berechtigt.
Was so der kleine Maxl lehrt,
das ist auch später nicht verkehrt.

Zeit	Montag	Dienstag	Mittwoch	Donnerstag	Freitag	Samstag

Trifft man sich auf dem
Sportplatz später,
da meint voll Anerkennung jeder:
„der Max ist wirklich
gar nicht ohne,
der hat das Zeug zur
Sportkanone.
Man möcht' nicht glauben,
welche Kraft,
das Training und
die Milch verschafft!"

Denn als der Maxl größer ward,
hat sich dies deutlich offenbart,
Gibt's ein Geräufe dann und wann,
stellt unser Maxl seinen Mann.
Die Milch, das zeigt sich immer wieder,
gibt Muskelkraft und starke Glieder.

So sehr wir Max den Sportruhm gönnen
das Leben fordert mehr an Können.
Der Max recht gern zur Schule geht,
im Lernen seinen Mann er steht!,
Und rät dem Andern mit der weichen Birne:
„Milch ist gesund, auch für's Gehirne!"

Verzeichnis der Milchsorten und Milchprodukte

Drink Pfunds Milk!

Verzeichnis der Käsesorten

Register

J

K

L

M

N

O

P

Allgäuländer
Bergbauern

Bildnachweis

Die Basis, Wiesbaden

Auf den Seiten 2–4, 12, 24, 25 oben, 40, 49, 79 unten, 84 unten, 86 rechts, 87 rechts, 100–101 Mitte, 102 links, 158 links, 164, 223, 237

Illustrationen auf den Seiten 57 Mitte, 58, 62 rechts, 170, 179, 187 unten rechts, 192, 193 unten, 194 unten, 195 unten links, 197 unten, 199 rechts oben, 200 rechts oben, 201 oben

5555 Meisterwerke auf den Seiten 22, 163, 164, 171, 181, 198, 235, 238

Dresdner Molkerei Gebrüder Pfunds GmbH, Dresden

Auf den Seiten 21 rechts, 38

Fotolia

Auf den Seiten 4 oben links (© Ludwig Berchthold), 5 oben rechts u. 48 rechts (© makuba), 8 rechts (© photol) 8 links unten (© Rhodan), 8 links oben (© Rémy Masselglia) 10 oben u. 52 (© claudia Otte), 11 links (© Libun), 13 rechts (© Géraldine Royer), 23 (© mahesch hariani), 25 unten (© Alfonso d'Agostino), 27 oben (© terranova_17), 28 (© MB), 34 (© Lucky Dragon), 39 (© Andrew Barker), 41 oben (© Herbie), 42 links (© N M), 42 rechts (© Azaliya), 43 links (© Philophoto), 44 (© dagel), 46 links (© Pako), 46/47 oben (© Scott Latham), 46/47 unten (© O.M.), 48 links (© asmilk), 49 rechts oben (© Saúl GM), 49 rechts unten (© devilpup), 50 links (© Vladimir Mucibabic), 50 rechts (© batya), 51 links (© elza), 50 Mitte links (© Erica 39), 50 Mitte rechts (© Reiner Wellmann), 50 rechts (© Sébastien Delaunay), 54 (© GeoM), 57 rechts (© Otmar Smit), 59 (© stephcoffman), 60/61 (© Eric Isselée), 62 links (© alphaspirit), 63 unten (© flyfisher), 63 oben (© Jens Klingebiel), 66 rechts (© Jurgita Mozuraite), 70 rechts u. 73 oben rechts u. 83 links (© Eckehard Völkening), 71 links (© Marc Dietrich), 73 rechts (© angelo.gi), 74 links (© SGiustiPHOTO), 77 links (© Dmitry Naumov), 82 u. 211 u. 214 links (© Andre), 83 rechts (© mylefthand), 96 oben rechts (© anweber), 96 unten (© Alta. C), 100 rechts unten (© didden), 103 links (© Lianem), 103 rechts (© Ingo Steckhan), 104 unten (© Uschi Hering), 106 unten (© victoria p.), 107 oben (© wilderness), 107 unten (© Anne Rolland), 110 rechts unten (© didden), 112 unten (© Klinger), 115 oben u. 210 (© Sven Weber), 116 unten (© Henk Bentlage), 131 unten (© Christa Eder), 134 links (© Teamarbeit), 134 rechts (© bofotolux), 139 oben links (© fotokate), 139 oben rechts (© Natalia Bratslavsky), 140 oben links (© Isabella Roy), 140 oben rechts (© Monica Cerve Llai Cattani), 140 unten (© Nimbus), 144 links (© Olga Khopshanosova), 144 rechts oben (© photomic), 144 rechts unten (© Rupert Willson), 149 (© Dervish_design), 150 links (© Derek Abbott), 155 oben rechts(© Brennan Wesley), 155 unten u. 158 (© Thomas Perkins), 156 rechts (© Sergei Didyk), 159 links (© Nimbus), 159 rechts (© Ina Schönrock), 160 links (© Julien BASTIDE), 167 links (© cybercrisi), 167 Mitte (© Mellimage), 167 rechts (© Peter Jarvis), 168 links (© p!xel 66), 168 rechts (© olivier lassalle), 174 oben Mitte (© Rémi Bornet), 174 oben links (© MaiKai), 174 oben rechts (© ernstboese), 176 unten (© Raymond Thill), 178 oben links (© Lianne Remmler), 178 oben rechts (© Sven Käppler), 178 unten (© MLA Photography), 183 unten (© WernerHilpert), 184 oben (© Alban Egger), 184 unten (© =Soft=), 186 links (© Henri Schmidt), 187 oben rechts (© Petra Gurtner), 189 (© HAMADU), 190 links (© enruta), 190 rechts (© manula), 191 oben rechts (© Steve Lovegrove), 193 oben (© AngelikaM), 195 unten rechts (© Maik Neubert), 196 (© Serg Zastavkin), 197 oben (© lecedre), 199 unten (© Mikko Pitkänen), 201 unten links (© chris74), 201 unten rechts (© Silvia Bogdanski), 202 links (© Pascal Reis), 202 Mitte (© Erika Buresch), 202 rechts (© Nick), 205 oben (© Reika), 206 oben u. 214 Mitte (© blende40), 206 unten (© ivp), 207 (© Andreas Gayer), 208 oben (© Wladimir Tolstich),

208 unten (© Profotokris), 209 oben (© Olga Lyubkina), 209 unten (© emer), 212 (© losif Szasz-Fabian), 213 links (© Anna Khomulo), 213 rechts (© roberto72), 214 rechts (© Michelle Robek), 215 (© spinetta)

Franz J. Haller, Meran, Italien
Auf den Seiten 10 unten, 47 rechts, 48 Mitte rechts, 53 links u. Mitte, 65 unten, 92 unten, 93, 96 oben links, 117 oben links, 123, 129, 140–141, 161, 165, 186 rechts, 188

Pictures by courtesy of the Spanish Institute for Foreign Trade (ICEX)
Auf den Seiten 191 rechts Mitte u. unten, 231 rechts

Björn K. Iversen, Albersweiler
Auf den Seiten 99, 104 rechts, 105, 108, 109, 113, 114, 118, 119 links, 121, 124, 126–127, 130, 131 links, 133, 136, 138 oben, 139 unten, 142-143, 146–148

Landesvereinigung der Bayerischen Milchwirtschaft e.V., München
Auf der Seite 64

Molkerei Weihenstephan GmbH & Co. KG, Freising
Auf den Seiten 21 links, 66 links, 67–69, 77 rechte Spalte, 80 oben u. links unten, 86 links, 87 links

Niederländisches Büro für Tourismus & Convention / Nederlands Bureau voor Toerisme & Congressen (NBTC), Leidschendam, Niederlande
Auf der Seite 172

Sopexa S.A., Deutschland, Düsseldorf
Auf den Seiten 56, 110 oben

Svensk Mjölk, Stockholm, Schweden
Auf den Seiten 89 oben links, 89 oben rechts (© Abrakadabra), 102 rechts u. 153 links u. 155 oben Mitte (© Lena Koller), 153 rechts u. 156 links (© Joel Wåreus), 156 Mitte (© F Björnstierna)

Switzerland Cheese Marketing GmbH, Baldham
Auf den Seiten 29, 30 rechts Mitte u. unten, 31, 48 Mitte links, 53 rechts, 90–91, 125, 152 links, 155 oben links, 160 rechts, 183 oben, 204

Tölzer Kasladen GmbH, Bad Tölz
Auf der Seite 95

Ullsteinbild
Auf den Seiten 8 links oben u. 37 (© ullsteinbild), 12 (© Imagebroker.net), 13 links (© KPA), 15 rechts (© Alinari Archives, Florence), 16 (© KPA), 17 (© KPA), 19 (© KPA)

DANKSAGUNG

Für die freundliche und großzügige Unterstützung bei der Realisierung unseres Projektes möchten wir uns bei unseren Partnern herzlich bedanken:

Bei Familie Emard von der »Käseglocke« in Neustadt an der Weinstraße für die fachliche Beratung bei der Auswahl der fotografierten Käsesorten sowie für die Bereitstellung der exzellenten Produkte selbst, die das Buch mit wunderschönen Aufnahmen bereichern.

ZUR KÄSEGLOCKE
Landschreibereistraße 3
67433 Neustadt/Weinstraße
Telefon: 06321 / 8 89 73
Telefax: 06321 / 8 89 73
www.zur-kaeseglocke.de

Bei der Molkerei Weihenstephan, die uns mit großer Kompetenz und viel Engagement bei Fragen rund um die Milch und deren Produktion zur Seite stand.

MOLKEREI WEIHENSTEPHAN
GMBH & CO. KG
Milchstraße 1
85354 Freising
Telefon: 08161 / 172 0
Telefax: 08161 / 172 100
www.molkerei-weihenstephan.de

Bei den Köchen Frank Schmidt vom Hotel Schloss Montabaur und Frank Buchholz vom Restaurant »Buchholz« für die freundliche Bereitstellung der Rezepte auf den Seiten 206 bis 215.

HOTEL SCHLOSS MONTABAUR
Frank Schmidt
56410 Montabaur
Telefon: 02602 / 14 0
Telefax: 02602 / 14 95 106
www.hotel-schloss-montabaur.de

BUCHHOLZ
Frank Buchholz
Klosterstr. 27
55124 Mainz
Telefon: 06131 / 971 3674
www.frank-buchholz.de

Mit allen Sinnen genießen!

Weitere Titel dieser Reihe:

176 Seiten
ISBN 978-3-86528-604-8
€ (D) 19,90 | € (A) 20,50 | CHF 32,–

180 Seiten
ISBN 978-3-86528-650-5
€ (D) 19,90 | € (A) 20,50 | CHF 32,–

192 Seiten
ISBN 978-3-86528-666-6
€ (D) 19,90 | € (A) 20,50 | CHF 32,–

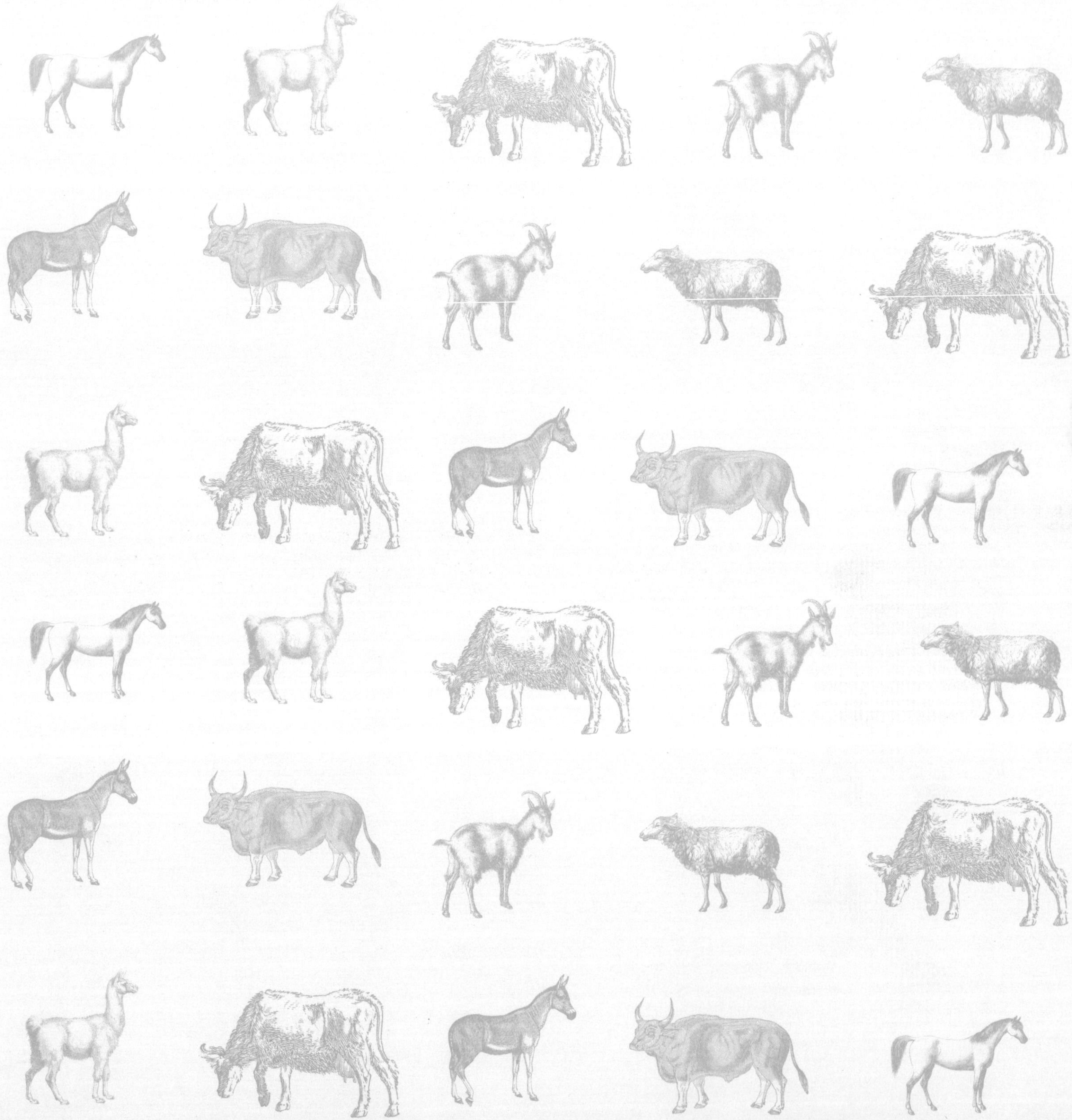